河南省
践行新发展理念
对策研究

河南省发展和改革委员会经济研究所
成果选编（2016）

河南省发展和改革委员会经济研究所　编

社会科学文献出版社
SOCIAL SCIENCES ACADEMIC PRESS (CHINA)

前　言

党的十八届五中全会提出创新、协调、绿色、开放、共享"五大发展理念",集中体现了"十三五"乃至更长时期我国的发展思路、发展方向、发展着力点,是关系我国发展全局的一场深刻变革,具有重大现实意义和深远历史意义。近年来,河南省将推动发展作为第一要务,统筹推进"五位一体"总体布局和协调推进"四个全面"战略布局,加快建设经济强省,打造"三个高地",实现"三大提升",集中发挥优势打好"四张牌",确保决胜全面小康、让中原更加出彩。科学把握国情、省情新变化,聚焦新发展理念,形成一批具有前瞻性、实践性、针对性的研究成果,为全省发展提供理论支撑和决策支持,是河南省研究机构、专业智库的责任与使命。

河南省发展和改革委员会经济研究所是我省政产学研交流的重要平台和省发改委决策咨询服务基地。多年来,研究所以服务全省经济社会发展为着眼点,坚持谋全局、盯前沿、抓热点、解难题,以新发展理念指导研究工作,突出应用对策研究,强化战略前沿研究,在区域经济、产业经济、开放发展、新型城镇化、社会民生等方面,形成了一批丰硕的研究成果。

本书以"五大发展理念"为主线,深入研究经济新常态下我省经济社会发展的主攻方向、主要任务,围绕供给侧结构性改革、新型城镇化推进、开放型经济发展、生态文明建设、农村扶贫攻坚等重大问题,提出培育持续健康发展新功能、构筑城乡区域统筹新格局、拓展对内对外开放新空间、建设天蓝地绿水净新家园、实现获得感幸福感新提升的实施路径和对策建议。本书是研究所全体研究人员集体智慧的结晶,编撰过程中得到各方面的大力支持,在此表示衷心感谢!

目　录

第一篇
推动创新，培育持续健康发展新动能

当前，我国经济社会发展面临着适应新常态、培育新动力、再造新优势的形势。把创新摆在发展全局的核心位置，厚植新的比较优势，培育新的经济增长点，是河南省实现转型发展的关键。本篇以践行创新发展理念为主线，主要研究加快供给侧结构性改革、构建现代产业新体系、培育发展新技术新产业新业态新模式的对策措施，推动产业向中高端迈进，实现新旧动能平稳转换。

经济新常态下培育河南比较优势研究

改革开放以来，河南省乃至我国经济的高速增长，在很大程度上得益于利用廉价的劳动力、土地、资源等传统要素的比较优势。随着经济进入新常态，增长速度、发展方式、经济结构、发展动力出现了新变化，提出了一系列新要求新任务。在这个大背景下，从河南省基础条件分析入手，提出新比较优势的培育思路、方向路径和任务措施，希冀推进河南省现有比较优势持续向更高级别转换，进而促进产业链、价值链向中高端攀升。

一 现状分析

（一）新比较优势的内涵

传统比较优势指一个国家（或地区）生产一种产品的机会成本低于在其他国家生产该产品机会成本的优势，是一种静态的、外在的低水平优势，容易在产业分工中被固化在产业链、价值链低端，甚至可能陷入"资源魔咒"或"比较优势陷阱"。本文中培育新常态下的新优势，强调的是在国际国内市场变化、要素资源流动、新技术突破、产业结构调整等条件下，通过提升公共服务水平、营造优良环境，对影响范围广、带动能力强、颠覆传统经济发展模式的新产业、新技术、新业态进行选择性干预和适当扶持，不断推动资源、要素禀赋、劳动力等已有比较优势向资本积累、知识技术进步等更高级别转换，突破对传统比较优势的依赖，从而获得内生、动态、可持续的动态比较优势。

（二）经济新常态对构建新比较优势的新要求

目前，我国经济正在向形态更高级、分工更复杂、结构更合理的阶段演化，经济发展进入新常态，处于经济增长换挡期、结构调整阵痛期、前期刺激政策消化期的"三期"叠加时期，呈现出速度变化、结构优化、动力转换三大特点；经济增长速度正从高速转向中高速，经济发展方式正从规模速度型粗放增长转向质量效率型集约增长，经济结构调整正从增量扩能为主转向调整存量、做优增量并举，发展动力正从主要依靠资源和低成本劳动力等要素投入转向创新驱动。

新常态下经济增速的换挡，生产要素的边际效率不断下降，不是说明我国今后的经济增长不再需要基本的生产要素支撑，而是要求我们着力加快培育和捕获新的比较竞争优势，从注重生产要素数量扩展向质量提升上转变，通过改良生产要素、提升生产要素质量，不断提高生产要素的边际效率，增强区域经济的竞争力。对于河南省来说，要注重区位交通优势的巩固、能源资源优势的延续、资本市场的培育、信息网络的完善等生产要素体系的优化提升。通过生产要素体系的优化提升，培育新的区域竞争优势。

新常态下经济结构的优化，要求我们从转变经济发展方式、调整经济结构入手，推进"四化"同步发展，逐步增强新兴产业和服务业的支撑作用，着力推动传统产业向中高端迈进，更加注重经济发展质量效率的提高和集约型增长，注重存量调整与做优增量的紧密结合。对于河南省来说，要推动经济发展从资源消耗高、环境污染重向质量效率型发展转变，推动产业发展从工业主导向三次产业协调发展转变，从产业链中低端占主体向中高端占主导转变，更加注重经济发展质量的提高和产业竞争力的提升。

新常态下发展动力的转换，要求我们加快培育和积累能推动创新发展的各种要素，促进技术、体制、管理、模式等全面创新，以提高全要素生产率替代生产要素的规模扩张，以创新驱动替代主要依靠基本生产要素驱动，以经济发展的内涵式增长替代经济发展的外延式扩张。对于河南省来说，在创新导向阶段构建竞争优势，要着力推动发展动力的转换与培育，以高素质人力资源的培养、新一轮科技革命的渗透、新一轮产业革命的推进、新业态新模式新产业的培育，替代传统的劳动力资源优势、矿产资源优势、传统产业优势，以技术创新、服务创新、管理创新、体制创新、模式创新、业态创新等，构建区域竞争优势，驱动新阶段经济快速健康发展。

新常态下的新任务新要求，需要我们加快政府职能转变，将工作重心放在改善经济发展环境、加大公共服务供给、优化宏观经济调控上，完善促进经济发展的政策、法规和体制机制，做好不适合由企业做和企业做不好的事，由促进或抑制某些产业发展转向制定普惠性、普适性的产业政策。对于河南省来说，要加快行政体制机制改革，创新和完善宏观调控方式，完善企业健康快速发展必需的公共服务和公共支撑体系，改良经济发展所必需的生产要素、公共生产条件，弱化对具体产业进行强干预的思路，选择性干预和适当扶持新产业、新技术、新业态，强化扩大就业、稳定物价、调整结构、提高效益、防控风险、保护环境等公共服务产品的供给。

（三）河南省构建新比较优势的基础条件及现状分析

河南省构建区域竞争优势，具有一定的基础条件，但也存在一些亟需解决的问题。

一是区位交通优势明显，但在国内外竞争中存在弱化的风险。河南地处中原腹地，是全国重要的现代综合交通枢纽和物流中心，也是中部地区承接发达国家及我国东部地区产业转移、西部资源输出的核心区域之一，承担着东西经济互补、南北资源流通的重要使命。近年来，河南省不断加大投资力度，积极实施民航优先发展战略，强力推进快速铁路、高速公路建设，着力打造郑州现代综合交通枢纽，推动多式联运一体化运输，不断提升交通信息化、智能化水平，综合交通发展取得了显著成效。但在发展过程中也存在一些系统性和结构性问题，与经济社会快速发展的要求相比仍存在一定差距。与此同时，随着全国新一轮铁路、公路、机场、港口码头建设步伐加快，全国综合交通呈现网络化格局，武汉、西安、合肥等周边中心城市均在全力打造全国性综合交通枢纽，河南省在战略规划和重大项目布局上，面临与周边省份的激烈竞争局面，河南省交通区位优势有相对弱化的趋势风险。需要我们在加强米字形快速铁路网、货运干线铁路、航空、高速公路等交通设施建设,以及新一代信息基础设施、通信枢纽、基础服务平台等建设的基础上,通过新技术、新理念、新模式进一步提升基础设施间的联动协同、服务质量和服务功能,奠定培育新比较优势合集的基础。

二是产业规模大但结构欠优,产业向中高端迈进还有较长的路要走。近年来,河南省大力推动产业结构战略性调整,以产业集聚区、商务中心区和特色商业区等科学发展载体建设为抓手,以开放招商、承接产业转移为"一举求多效"的关键手段,大力发展先进制造业和高成长服务业,产业发展呈现出一系列战略性、结构性、前瞻性的积极变化。总体来看,河南省产业发展仍面临着产业结构不优、创新能力不足、企业竞争力不强等矛盾和问题。主要表现在:三次产业发展不协调,第一产业、第二产业占GDP 比重分别高于全国水平 2.7、8.6 个百分点,第三产业比重低于全国水平 11.3 个百分点;产业内部结构不合理,能源资源型产业占工业的比重达到 40% 以上,高新技术产业增加值占规模以上工业的比重仅为 7.6%,产品的技术含量和附加值不高,大部分产业处在产业链、价值链的低端。这需要我们抓住新一轮工业革命方兴未艾和新一代信息技术蓬勃发展的战略机遇,实现由要素驱动为主向要素驱动和创新驱动并重转变,进一步强化信息化与工业化深度融合、制造业与服务业协同发展,培育河南智造产业发展,打造河南服务品牌优势。

三是劳动力资源丰富,但创新动力不足。河南劳动力资源丰富,总人口位居全国第一,城乡适龄劳动人口全国第一,但人力资源的技术水平较低,高端专业技术人才和中高级专业技能人才较少。创新能力不足,表现在 2014 年,河南省研发投入占 GDP 的比重为 1.14%,仅相当于全国平均水平的 1/2 左右,高新技术产业增加值占规模以上工业的比重仅相当于全国平均水平的 2/3 左右,工业企业中开展 R&D 活动的企业数、新产品销售收入占主营业务收入的比重在中部六省处于落后地位。把劳动力资源优势转化为人才优势、人力资本优势,不断增强创新动力、优化创新体制机制,是河南省构建新比较优势的核心议题。

四是外向型经济发展较快,但发展基础不稳固。近年来,河南省大力发展外向型经济,申请建立了中国第一个航空港经济实验区,开展了跨境贸易电子商务服务试点,开通了郑欧国际货运班列,引进了富士康等一批大型出口型生产企业，内陆开放大通道初步形成，对外开放的体制机制不断完善。2014 年，河南省进出口总额达到 3994.36 亿元，居全国第 12 位，比 2010 年位次前进 4 名；实际利用外商直接投资 149.27 亿美元，在内陆十三省中排名第一。但快速发展中也存在隐患，河南省开放领域相对不足，开放层次尚待提升，开放招商主要集中在工业领域，服务业、农业、社会事业、科技、人才和基础设施领域开放相对不足，对外开放合作水平不高；外贸结构单一，外资企业技术含量不高，龙头企业富士康一家独大，占全省进出口总额的半壁江山，其他外向型企业多属于劳动密集型企业，整体抗风险能力较弱；出口产品结构不优，工业品中以中低端产品为主，服务贸易中交通运输、建筑等传统服务的比重较大。这就需要我们进一步完善开放平台与载体，统筹利用好两种资源，开拓好两个市场，在参与"一带一路"建设中提升新的开放优势，以开放倒逼改革促进发展。

二　重点培育方向

（一）培育思路

在产业分工日益深化、要素流动更加频繁、技术更新换代日新月异的大背景下，以动态的视角、发展的眼光重新审视河南省的区位交通、资源禀赋、产业结构、技术创新、发展环境的变化，把握比较优势从要素资源、劳动力向资本和技术转换变迁的趋势，着力推进用新理念、新技术改良、提升资源禀赋优势，着力推进劳动力资源向人力资本优势转化，着力推进大众创业、万众创新；通过强化技术积累来捕捉培育未来潜在优势，着力推进各类发展载体体制升级来提升巩固要素集聚和辐射带动优势；通过战略性、全局性、长远性的政策措施推动各类资源要素合理配置，努力推动既有比较优势持续向更高级别转换，从而促进产业链、价值链向中高端攀升，切实提高发展的平衡性、包容性、可持续性。

（二）方向路径

1. 不断改良、提升资源禀赋优势

强化区位交通、资源、劳动力在培育内在动态比较优势上的基础性作用，把巩固扩大综合交通枢纽优势放在突出位置，完善硬件设施，提升服务功能，强化互联互通和协同联动，切实将资源禀赋的数量优势转化为质量优势和区域发展新优势。

2. 加快积累适应产业迈向中高端水平的人力资本

坚持教育优先发展战略，实施更加积极的人才政策，推进以人力资本为核心的二次人力资源开发，加快高技能人才培养和高层次创新型人才开发，破解户籍、就业、社会保障、收入分配等制约人力资源合理流动、创新活力激发的体制机制，注重创新创业与人力资本的融合，以人力资本积累弥补人口红利的弱化，推动劳动力资源优势向人力资本优势转变。

3. 统筹两种资源、两个市场的开放合作优势

坚持对外开放基本省策，抓住国家实施"一带一路"倡议的重大机遇，统筹推进海关特殊监管区域和口岸布局建设，扩大郑欧班列、跨境贸易电子商务试点等开放品牌效应，积极申建自由贸易试验区，促进各类开放平台功能集合和联动发展，全面提升在全球产业链和价值链中的地位，提升开放合作优势能级。

4. 推进大众创业、万众创新捕捉，培育未来潜在优势

发挥技术创新在培育动态比较优势中的核心和关键作用，推进以科技创新为重点的全面创新，抓好创新主体、平台、载体、机制、专项、人才等关键环节，充分利用后发优势消化、吸收、再创新，不断提升学习能力、学习速度和创新驱动力，逐步实现由跟踪、跟跑向引领、引跑转型，持续保持动态竞争优势。

三 重点任务措施

面对日趋激烈的全球竞争和区域竞争，需要改良提升资源禀赋，合理配置生产要素，增强创新创业驱动，深化开放合作带动，在关键环节、潜在领域不断突破创新，扩大立体多元的比较优势、竞争优势。

（一）推动创新融合，培育产业持续竞争优势

新常态下，经济增速换档、动力转换，传统行业下行压力加大，在新一轮的产业革命、技术革命的背景下，突出技术创新、融合创新和发展模

式、投入机制创新，培育产业持续竞争优势、拓展新的发展空间，将成为河南省培育新常态下新优势的重点和关键。

1. 突出技术创新，推动制造业逐步向产业链、价值链中高端迈进

当前，国际产业格局加快调整、新兴产业不断涌现、"两化"融合纵深发展，产业链由简单线性关系向多维立体网络发展，生产方式由单纯大规模生产向大规模生产与灵活个性化定制互补转变。河南省在加快建设先进制造业大省进程中，面临两个突出问题和双向市场挤压。从问题表征看，资源、人力等生产要素比较优势弱化，占工业产值比重超40%的钢铁、有色、建材等资源，原材料产业产能总量过剩与结构性过剩并存，主导产品多集中在产业链的前端和价值链的低端，竞争力较弱，安钢、能化等龙头企业生产经营困难；部分关键核心技术缺失，技术创新、模式创新驱动力不足，核心技术对外依存度较高，自主高端新兴领域的重要设备、关键零部件和元器件等大多依赖进口或到沿海采购。从市场环境看，发达国家推行"再工业化"和"制造业回归"战略，巩固智能制造、高端制造等知识密集型、技术密集型制造业的领先优势；发展中国家则以更低的劳动力成本承接劳动密集型产业转移，抢占制造业的中低端。

要避开"比较优势陷阱"，逐步塑造新竞争优势，加快向产业链、价值链中高端跃迁，建议实施三方面措施。一是抓智能化改造，巩固增强现有主导产业优势。加速装备智能化更新，在汽车、机械、电子、冶金、石化、轻纺等重点行业，推广应用工业机器人、数控机床、智能仪器仪表、节能环保装备等重大装备。推进智能研发设计，推动研发设计与生产联动协同，开展众包设计与定制服务，建立及时响应、持续改进、全流程创新的研发设计体系。推进智能生产，应用自动识别、在线监控诊断、自动报警、数据挖掘等智能化技术，提高在线监控、故障诊断和分析水平。推进智能服务，推动产品数据管理、企业资源计划、客户关系管理等系统集成，构建基于云计算的互联网主动营销与服务平台，推行以客户行为分析为基础的小批量定制生产模式。二是抓前沿先导，培育未来潜在竞争优势。抓住新一轮科技革命带来的机遇，密切跟踪潜在的影响范围广、产业带动能力强、颠覆传统经济发展模式的技术创新，持续超前谋划布局，将优势创新资源集聚到移动互联网终端、可穿戴设备、工业机器人、生物医药及基因检测、3D打印、动力电池、先进材料等重点领域，力求在核心

环节技术上取得突破；强化产业链图谱拓展完善与先进技术掌控储备，逐步实现由跟踪、跟跑向引领、引跑转型，保持在先进制造业方面的动态竞争优势。三是抓产能合作与增值服务拓展，化解过剩产能。将产业结构调整与参与"一带一路"建设紧密结合，在更大范围内优化产能布局，瞄准具有市场需求、合作愿望和资源优势的东南亚、南亚、中亚、中东、东欧、非洲、南美洲等重点区域，推动河南省钢铁、有色、建材、装备制造、食品、轻纺等重点领域优势企业走出去。推动龙头企业加快由生产制造商向系统服务商转型，拓展系统成套、工程承包、维修改造、设备租赁等领域的延伸增值服务，为客户提供从硬件到软件、从销售到咨询运营管理的全方位服务，实现以产品制造为核心向产品服务和整体解决方案并重转变。

2. 突出发展重点，推进服务业提质升级

当前，河南省正处在工业化、现代化的中期阶段，完成工业化和城镇化仍是当前经济发展、社会进步的核心任务。在"十三五"期间提前做好培育发展服务经济的谋篇布局，实施服务业高端化发展战略，对于完成第一个百年目标具有重要意义。目前，河南省生产性服务业发展不充分，金融、信息、科技、商务等服务业仅占16%左右，低于全国平均水平约8个百分点；创新要素投入不足，2014年河南省R&D经费占GDP的比重仅为1.14%，仅相当于全国平均水平的55%；城乡二元体制壁垒，特别城乡户籍、身份等二元体制性障碍弱化了新型城镇化与服务经济发展的良性互动效应等。

为加快高成长服务业大省建设，进一步提升服务业在拉动增长、扩大投资、增加财力、吸纳就业中的作用，建议强化三方面措施。一是突出生产性服务业的重中之重。引导企业分离和外包非核心业务，集中优势资源要素加快物流、金融、电子商务产业发展，培育河南服务品牌。大力发展航空、快递、冷链三个优势行业物流，提升物流园区功能，完善城市配送中心、终端配送网点。加快郑东新区金融集聚核心功能区建设，壮大"金融豫军"，提升国际金融服务功能，规范发展互联网金融等新兴业态，打造全国期货交易中心、金融后台服务中心。遵循需求导向，积极培育研发设计、技术转移、创业孵化、知识产权、科技咨询等科技服务，以及节能环保、检验检测认证、服务外包、人力资源服务、售后服务、品牌建设等生产性服务。二是充分挖掘生活性服务业的市场潜能。以共享发展需求为导向，重点发展旅游、养老、健康三个产业，使社会力量逐步成为发展主体，提升生活服务便利化水平。重点推进品牌旅游景区和旅游线路提升、乡村旅游规范发展、旅游配套基础设施完善，强化电子商务、大数据在提升旅游服务质量的作用。积极推进养老以及健康服务业规模化、品牌化和网络化发展，以跨界融合催生新业态，以信息技术开创新模式，以个性特色开拓新空间。三是将服务业"两区"的楼宇经济发展与推进大众创业、万众创新紧密结合。对空置楼宇进行摸底调查、统一整合，引导新建楼宇明确方向、提升功能，通过完善道路、网络、节能、水电气暖等基本设施，对入驻定点创新创业楼宇的"四新"小微企业（新技术、新产业、新业态、新模式）或创业者在房屋租赁、设施设备使用等费用上给予适当补贴，通过政府购买服务的方式鼓励社会举办电子商务营销、信用评价、融资等公共创业创新平台，建立创新创业的"一站式"商事服务平台，实行"一个窗口"受理、限时办理、一次性告知等制度，力争培育一批创新工厂楼宇、众创空间楼宇、科技孵化楼宇，既盘活商务楼宇存量、优化增量，又提振城区经济、增强创新驱动力。

3. 把握动态比较优势变迁脉搏，着力培育新业态新模式

在当今技术更新换代日新月异、分工日益深化、要素流动更加频繁的新形势下，要将培育比较优势的注意力从资源、劳动力转向资本、知识、技术上来，以解决现实问题、满足发展需求为导向，把握产业发展、技术变革、需求升级的前沿动态。短期通过"干中学"，长期通过原始创新、集成创新、消化吸收再创新来不断积累技术和资本优势，突破对传统比较优势路径的依赖。建议突出以下三方面措施。一是大力发展平台经济。将平台经济作为培育服务业新增长点的重要抓手、商业模式创新的重要载体、郑州国际商都建设的重要突破口加快推进，力争在优势领域尽快培育出一批知名度高、竞争力强、辐射范围广的龙头型平台。明确发展重点，发挥郑州商交所、粮批等优势，在粮食、棉花、白糖等大宗农产品，动力煤、钢材、有色、化工等大宗工业品领域，培育大宗商品交易平台；结合中心城区批发市场外迁整合提升，培育特色商业现货交易平台；结合各地智慧城市、数据城市建设，培育一批政务、医疗、养老、教育、旅游等益民服务平台。创新发展模式，在不同业态的组合中发现新模式、新机遇，

通过细化领域寻找空白区域（如社区快递投送柜平台），或引导龙头企业在其优势领域进行"裂变"，通过引入和拓展服务逐步发展成专业服务平台（如引导河南省电气设备制造企业发展专业设备研发设计的众创众包平台）。二是持续创新商业发展模式。加快物联网、云技术、大数据等关键技术创新和运用，推动商业企业加快服务化转型，创新商业业态和模式，鼓励传统商业企业发展线上业务，网络零售企业拓展线下功能，促进线上线下业务、品牌、渠道、顾客等多方面资源整合。大力运用信息化改造提升制造业，实施产业"补链"行动，围绕制造业产业链的薄弱环节以及价值链高端环节，加快发展研发设计、信息技术、融资租赁、检测认证、电子商务等服务。三是持续创新企业服务营销。推动商业企业从静态定位向动态定位转变，适应消费需求变化，不断创新营销模式。运用大数据、云计算、移动通信等科技手段进行精准服务营销，锁定和扩大忠诚客户群体。探索会商旅文体联动新形式，带动综合消费不断增长。

（二）加强二次人力资源开发，培育提升人力资本优势

河南省人口规模大，劳动适龄人口比重高，劳动力资源丰富，比较优势明显。但新常态下，创新发展已成为时代主题，依靠简单劳动力投入无法推动经济持续发展，加之人口老龄化显现，人口红利逐步消退，简单廉价的劳动力比较优势将逐步消失殆尽。在这种倒逼形势下，需要我们进一步加强人力资源二次开发，以超常规方式加快人力资本积累，变人力资源比较优势为动态竞争优势，以人力资本积累弥补人口红利的弱化，推动劳动力资源优势向人力资本优势转变。

1. 提升人力资源的整体素质

持续加大教育投入，提高教育自身发展能力，提升人力资源整体素质。一是抓好提升人力资源素质的基础教育环节。实施学前教育三年行动计划二期工程，扩大公办园和普惠性民办园覆盖率，高质量普及学前教育；以义务教育学校标准化建设为抓手，进一步缩小校际、城乡和区域差距，持续推进义务教育均衡发展；以普通高中改造为抓手，以"多样化、特色化"建设为突破，不断完善保障体系，进一步扩大优质资源范围，有效缓解普通高中"大班额"问题。二是发挥高校提升人力资源素质的主导作用。强力推进高水平大学建设，在重点学科建设、创新型高层次人才培

养、关键领域科技攻关等方面谋求新突破。加强特色骨干高校建设，推动一批基础较好的高校尽快提升综合实力。重点建设一批示范性应用技术类本科院校，发挥其在高技术技能型人才培养方面的生力军作用。加大专科层次高职院校教育教学改革的力度。鼓励若干所师范院校向应用技术类院校转型发展，增强应用型人才培养。优化学科专业结构，提高专业结构与产业结构的吻合度。建立行业需求与高校科技资源及时有效对接制度。建立产学研结合的有效机制，鼓励高校探索以企业为中心的产学研合作模式，主动融入以企业为主体、以应用研发为重点的创新活动。三是把职业教育作为提升人力资源素质的关键环节。发挥河南省职教强省优势，进一步提高发展实力，强化战略地位。持续深入推进全民技能振兴工程，"扩面提质增效"。加快构建从中职、专科、本科到专业学位研究生的技术技能人才培养体系，推动职业教育与普通教育、继续教育沟通衔接，职业教育体系与劳动就业体系互动发展，加快构建横向融通、纵向贯通、开放兼容的现代职业教育体系。充分发挥市场机制的作用，探索建立股份制、混合所有制职业院校，推进院校、行业、企业、科研机构、社会组织等多元主体开展集团化办学。鼓励和支持企业创办职业培训学校。

2. 创新人才流动机制，促进人力资本有效配置

河南省现有人才在地域和社会各部门之间分布不均，过多集中于郑州、洛阳等大城市和行政事业单位，人才流动存在体制机制障碍，严重束缚了现有人才创新创造能力发挥。需要进一步创新人才流动机制，打通人才双向流通通道。推进社会保障制度改革，实现事业单位和企业社会保障制度并轨，破除人才自由流动的制度障碍。推动高校和科研院所按"用时打通"的原则进行改革，变革专家教授薪酬和岗位管理制度，保留一定比例的编制，支持专家教授投入到创新创业活动中来，完善科研人员兼职兼薪管理政策。符合条件的科研院所的科研人员经所在单位批准，可带着科研项目和成果，保留基本待遇，到企业开展创新工作或创办企业。

3. 创新收入分配制度，提高人力资本投资回报

创新与人力资本投入相匹配的收入分配制度，努力形成人力资源开发利用的"正"激励和"强"激励环境。深化收入分配制度改革，发挥市场决定劳动力要素价格的作用，加大人力资本参与收入分配的力度，充分体现人力资本价值，是人力资源开发利用的关键所在。一是制定河南省深化

分配制度改革的实施方案。按照国家深化收入分配制度改革意见要求，尽快研究制定河南省深化分配制度改革的实施方案。二是加大人力资本要素按贡献参与分配的支持力度。建立健全以实际贡献为评价标准的人力资本报酬制度，鼓励企事业单位对紧缺急需的高层次、高技能人才实行协议工资、项目工资等。加强知识产权保护，探索建立科技成果入股、岗位分红权激励等多种分配办法，保障技术成果在分配中的应得份额。对用于奖励科研创新负责人、重要技术人员等重要贡献人员和团队的收益比例，从现行不低于20%提高到不低于50%。国有企业事业单位对职务发明完成人和科技成果转化重要贡献人员的奖励不受单位工资总额限制，在单位工资总额基数以外单列。三是优化工作和发展环境。为人才创设舒适的工作生活环境，强化人文关怀，帮助人才搞好职业发展规划，从物质上和精神上满足人才的合理要求，提供成长、发展、晋升的机会。

（三）改良提升综合交通体系，培育支撑产业结构持续升级的基础优势

当前，世界经济仍处于金融危机后的复苏和变革期，我国经济发展进入新常态，产业结构调整步伐加快，运输需求规模和结构都将发生重大变化，河南是连接东西、贯通南北的战略枢纽，在新形势下承担起服务全国和推动河南发展的双重任务，综合交通优势亟待改良提升。

1. 进一步完善提升综合交通硬件设施

加快完善运输通道，完善交通基础设施空间布局，强化综合枢纽功能，统筹区际、城际、城市、城乡交通协调发展，建成高效的铁路网络、发达的航空网络、便捷的公路网络，构建更高效、更安全、更集约的综合交通基础设施网络体系。一是打造现代综合交通网络。铁路网方面，全面建成米字形高速铁路网，有序推进中原城市群城际铁路网和"四纵六横"货运干线铁路网建设，实现所有省辖市通快速铁路。航空网方面，有序推进支线机场建设，完善提升洛阳、南阳机场功能，建成信阳明港、商丘、豫东北、鲁山机场，建成林州、西华、登封等通用机场，有序推进长垣、淅川等通用机场建设。二是推进综合运输通道建设。依托高速铁路、干线铁路、高速公路、国省道、内河航道，发挥各种运输方式的优势和互补性，建设连接东西、纵贯南北、辐射八方的综合运输大通道。以高速铁路为重点，优化提升新亚欧大陆桥、京港澳通道，加快建设郑渝、郑合、

郑太、郑济通道，形成以郑州为中心的"米"字形主通道格局。拓展完善大广、二广、晋豫鲁、沪陕通道，形成"井"字形侧通道格局。三是强化综合交通枢纽建设。按照"零距离换乘、无缝化衔接"要求，建成郑州南站枢纽，完善提升郑州站、郑州东站和郑州机场三大客运枢纽站功能，打造覆盖中西部、辐射全国、连通世界、服务全球的郑州现代综合交通枢纽。鼓励地区性中心城市依托高铁站、城际站、机场、港口及公路运输场站，大力发展公共交通，加快完善集疏运通道，打造地区性综合交通枢纽。

2. 推动"四港联动、多式联运"发展

立足河南省优势，突出航空港主体地位，提升国际陆港支撑作用，提升公铁集疏能力，推动信息资源整合共享，形成以陆空联运和空铁联运为主导、以公铁联运和铁水联运为重要支撑的多式联运发展框架体系。一是立足航空港，完善提升国际航空货运枢纽功能。重点突破空铁联运，提升发展陆空联运，打造以航空运输为主体的多式联运中心。空铁联运方面，依托郑机城际铁路，研究开发旅客空铁联运产品，逐步扩大业务规模；陆空联运方面，扩大卡车航班辐射范围，推动河南省相关企业尽快组建郑州卡车航班公司。二是立足国际陆港，坚持东联西进战略导向。扩大郑欧班列影响力、吸引力，大力发展铁海联运，增强以铁路运输为主体的多式联运中心的支撑作用。完成郑欧班列南线开行计划，拓展郑州—海港班列—日韩地区的铁海联运业务，推动常态化运行，实现陆海统筹。三是统筹基础设施布局。推动口岸共建、信息共享、场站配套、交通互联，实现航空港、铁路港、公路港、海港便利互通，构建四港联动、多式联运的支撑保障平台。四是强化资源整合。推动规划建设、货源组织、通关通检、对外合作等工作，发挥市场主体作用，形成省市和部门合力，构建有利于推动四港联动、多式联运的体制机制。

3. 强化航空港经济的引领带动作用

以全球化视野研究和实施物流战略布局，坚持建设大枢纽、发展大物流、培育大产业、塑造大都市，把握趋势、保持态势、构筑优势，完善综合枢纽功能，加快建设国际物流中心，提升航空港经济综合实验区的影响力和带动力，发挥引领示范作用。一是打造航空经济产业基地。加快全球重要的智能终端研发生产和电子信息产业基地建设，推动航空维修、生物医药、精密机械等产业发展，建设国内重要的航空维修基地和生物医药产业基地，大力发展跨境电子商务，建设全球性产品交易展示中心和国内进出口货物集散中心，形成高端产业引领优势。二是提升现代综合交通枢纽功能。围绕构建航空、铁路、公路三网融合现代化综合交通枢纽，统筹推进机场和铁路网、外围公路网建设，完善以航空港为中心、陆空衔接的现代综合交通体系，尽快形成公铁集疏、陆空衔接新优势。三是提升全球物流网络布局优势。围绕加快建设国际物流中心，拓展以航空港为中心、覆盖全球的物流网络，尽快形成高效率、低成本的物流发展优势。四是提升口岸开放平台功能优势。围绕建设内陆对外开放重要门户，进一步完善口岸体系，统筹推进各类海关特殊监管区域和陆空口岸建设，尽快形成全要素、多功能叠加的综合口岸优势。

（四）完善口岸及海关特殊监管区布局与功能，提升开放合作优势能级

近年来，河南省把口岸及海关特殊监管区建设作为推进内陆开放高地建设的关键抓手，郑州新郑综合保税区、郑州出口加工区等开放平台带动作用显著增强，进口汽车整车、肉类等指定口岸相继建成运行，郑欧班列、跨境电子商务服务试点等在全国处于领先地位，关检合作"三个一"通关模式稳步推行。国家相继出台了《关于改进口岸工作支持外贸发展的若干意见》、《关于印发加快海关特殊监管区域整合优化方案的通知》等措施文件，在"三互"大通关、"单一窗口"建设、口岸布局优化、综合保税区整合申建等方面推出了一系列重大举措，为河南省解决口岸和特殊监管区域在数量少、支撑辐射带动能力弱等问题方面提供了重大机遇。

为深入实施开放带动战略，进一步增强口岸及开放平台的门户和基础性作用，统筹两种资源、两个市场和用好两个规则，建议突出三方面措施。

1. 完善对外开放窗口平台布局及功能

围绕建设"一带一路"重要的综合交通枢纽和商贸物流中心、新亚欧大陆桥经济走廊区域互动合作的重要平台和内陆对外开放高地，加快口岸及特殊监管区域申建发展，拓展提升服务功能，形成多层次、全覆盖、立体化的开放平台支撑体系。一是加快中国（河南）自由贸易实验区申建工

作进程。深入研究沪津粤闽自由贸易实验区的区位范围、战略定位和其在行政体制改革、外商投资、投资贸易、金融创新等方面的先行先试措施，高起点研究划定河南省自贸区的初步范围及所包括的功能片区，科学确定战略定位，区分海关特殊监管区域和非海关特殊监管区域，确定先行先试内容，打造内外流通融合、投资贸易便利、监管高效便捷、法制环境规范的对外开放高端平台。二是完善综合保税区布局。根据国家海关总署工作部署，今后逐步将现有出口加工区、保税物流园区、跨境工业区、保税港区及符合条件的保税区整合为综合保税区，并支持中西部和东北地区符合条件的大中城市设立综合保税区。建议根据《海关特殊监管区域设立审核办法（试行）》和相关硬性条件要求，评估河南省各地区位交通条件、经济贸易环境、产业基础、发展潜力等实际情况，加强分类指导，支持全省符合条件的大中城市、省直管县（市）有序申建设立综合保税区。建议整合郑州出口加工区和保税物流中心，优先支持郑州经开区和南阳、鹤壁、洛阳等省辖市申建。三是提升现有海关特殊监管区功能。顺应加工贸易向中西部和东北地区转移的趋势，推动加工贸易企业向区内集聚，积极引进辐射带动能力强的外向型项目，特别推动智能终端整机及部件、高端装备、药疗设备、生物制药、新材料等研发制造项目入驻海关特殊监管区域。推动区内制造企业实现技术创新和产业转型，促进与制造业相关的销售、结算、物流、检测、维修和研发等生产性服务业的有序发展。支持区内企业积极开展期货保税交割和仓单质押融资等业务，建设一批保税展示交易平台，力争形成一批能够引领全省转型升级的外向型现代产业基地。

2. 积极推进通关和贸易便利化

加快以电子口岸为载体的大通关建设，形成电子口岸跨部门共建、共管、共享机制，拓展进出口相关企业通过一次登录办理报关、报检、退税、结汇等业务，全面实现全省口岸、海关监管区域之间、各查验部门、有关园区之间的互联互通。优化监管执法流程，全面推行关检合作"三个一"通关模式，逐步由串联执法转变为"并联执法"，推进"一站式"作业，推动查验部门之间信息互换、监管互认、执法互助。建设国际贸易"单一窗口"，推动"单一窗口"共享数据标准化，完善和拓展"单一窗口"的应用功能，逐步实现与"一带一路"沿线省市及国家的互联互通。

3. 提升口岸经济质量规模

随着国家"一带一路"倡议的深入推进，依托口岸、海关特殊监管区域、跨境经济合作区形成的口岸经济将在河南省构建开放型经济体系中发挥重要支撑作用。一是进一步发挥郑欧班列向西与"丝绸之路经济带"融合的重要平台纽带作用。加快"多出境口岸、多线路运行、多货源组织、多式联运"发展，完善运行运作机制，开通出境新线路，加强货源尤其是回货组织，将集货范围扩大至中国香港、中国台湾及东南亚地区，保持进出货物平衡，加密班列班次，实现去返程高密度、常态化运营。二是加快发展跨境电子商务。积极申建中国（郑州）跨境电子商务综合试验区，高标准建立集信息查询、数据交换、跨境支付、政府监管等功能于一体的跨境贸易电子商务综合服务信息化平台，积极引进国内外知名电商、培育本土跨境电商，支持企业运用跨境电子商务开拓国际市场，打造形成有影响力的大型跨境贸易电子商务平台和国际网购物品集散分拨中心。三是完善产业发展载体。依托现有各类开发区、产业集聚区，规划建设一批特色出口基地和服务外包基地，落实出口配套政策，进一步扩大纺织、服装、家电、家具、箱包、制鞋等优势产品出口份额和服务贸易规模。推动优势企业在有条件的国家建设境外经济贸易合作园区，利用国别政策和进口专项资金扶持政策，重点引进河南省需要的棉花、纸浆等大宗亟须商品。

（五）推动科学发展载体创新提升发展，培育产业集聚和辐射带动优势

目前，河南省初步形成了产业集聚区、服务业"两区"、专业园区、乡村经济"一区一群"的科学发展载体体系，在支撑全省经济持续健康发展、推进产业结构转型升级、扩大开放招商承接转移、助推产城融合扩大就业、体制机制改革创新示范等方面发挥着举足轻重的作用。随着国际国内产业转移速度加快，东部地区产业向中西部地区加速转移的趋势更加明显，转移产业结构从劳动密集型、资源加工型开始向资本、技术双密集型产业拓展，转移方式由单个企业项目向组团式、产业链整体转移变迁，河南省在持续巩固放大产业集聚和辐射带动优势的空间巨大。在这个过程中，需有效应对国内外需求总体不足、优惠政策清理规范、低成本劳动力优势减弱和土地、资金、环境容量等要素趋紧的制约。建议突出以下三方面措施。

1. 以引导工业企业分离外包或发展生产性服务促进产业集聚区空间布局优化

针对部分集聚区用地粗放和用地紧张并存、投入产出效率不高等问题，统筹推进建成区、发展区、控制区功能布局的调整，是提升集群竞争优势、服务功能能级的重要举措。一方面，对中心城区及城市拓展区内的老工业集中区，引导技术含量低、投入产出效率低的制造企业外迁，重点招商引进和发展高新技术产业和总部经济、研发设计、检验检测、展示营销等高端服务业。另一方面，鼓励工业企业将非核心业务分离外包，或依托自身在研发设计、第三方物流、融资租赁、信息技术服务、节能环保服务、检验检测认证、电子商务、商务咨询、服务外包、售后服务、人力资源服务等领域的优势，利用自有工业用地，兴办自营生产性服务业企业，或组建独立运作、单独核算、具有行业特色和差异化竞争优势的生产性服务业企业。同时，用足用好《国务院关于加快发展生产性服务业促进产业结构调整升级的指导意见》中关于工业企业兴办生产性服务业的土地、税收、直供电和水电气价格优惠政策。

2. 以要素市场化配置改革促进集约节约提质升级发展

聚焦竞争力最强、成长性最好、关联度最高的产业领域，选择改革意愿强烈、资源要素瓶颈制约突出、经济发展较快的产业集聚区和服务业"两区"，在建立推行政府权责清单、行政审批事项清单、企业投资管理负责清单、行政事业收费清单的基础上，统筹推进土地、能源、环境容量等资源要素配置改革试点，取得阶段性成果后在全省推广。一方面，探索推进新增用地弹性出让制度。根据产业集聚区主导产业特点和培育产业集群方向，对入区项目分别设定 10 ~ 50 年不等的弹性出让年限，分别实行一次性出让和"建设期＋投产期＋剩余年限使用期"分阶段评估管理模式，实行分阶段考核验收，验收未达标即按照合同约定退出，既能提高土地集约节约利用水平，又可以不断推进产业结构升级。另一方面，建立倒逼"腾笼换鸟"的要素价格改革机制。综合考虑项目亩均产出、亩均税收、单位能耗、单位排放等指标，建立分类分档、公开排序、动态管理的综合评价机制，将企业分为重点扶持类、整治提升类、落后淘汰类，在价格相关法规权限内实施差别化的城镇土地使用税、电价、污水处理费、用能权和排污权等政策，推动高耗能低效益企业关停转退或转型提升，实现投资导向向效益导向转变。

3. 扩展服务业发展载体内涵和外延

建议将服务业"两区"、物流园区、文化改革试验区、旅游景区、电子商务园区、服务外包示范园区、广告产业园区、知识产权园区、人力资源服务产业园区和健康养老等其他服务业专业园区,以"服务业园区"或"服务业集聚区"进行规范,加强统筹布局、规范提升和考核评价,力争培育形成一批支撑服务区域主导产业创新转型的高端商务服务平台和区域辐射的特色服务业集群。

执笔:张长星、王琪、盛见、袁伟

河南省"十三五"时期加快产业结构战略性调整研究

"十三五"时期是河南省全面建成小康社会的关键时期，是全面深化改革、加快转变经济发展方式的攻坚时期。加快和顺利实现产业结构的战略性调整，对河南省推进"一个载体、四个体系"建设，促进新型工业化、新型城镇化和农业现代化"三化"协调，实现新型工业化、城镇化、信息化、农业现代化和绿色化"五化"同步，适应新常态保持全省经济社会持续健康发展具有十分重要的意义。

一 "十三五"时期河南省产业结构调整的现实基础

（一）"十三五"时期河南省产业结构调整的基础

"十二五"期间，河南省把推进新型工业化、构建现代产业体系作为"三化"协调科学发展的核心，在夯实农业基础地位，做大战略支撑产业，积极发展战略性新兴产业，全面加快服务业发展，大力推进产业结构调整等方面取得了较大的成绩。"十二五"期间，河南省农业基础地位不断加强，2014 年全省农业增加值达到 4160.81 亿元，比"十一五"末的 2010 年增长 17.6%，粮食总产量 1154.46 亿斤，实现"十一连增"；二三产业比重稳步提高，2014 年二三产业增加值占 GDP 的比重达到 88.1%，比 2010 年提高 2.2 个百分点；第二产业支柱地位不断巩固，转型升级取得明显成效，2014 年第二产业增加值达到 17902.67 亿元，比 2010 年增长 55.0%，高成长性产业快速发展，当年全省六大高成长性产业占规模以上工业增加值比重达到 45.0%，传统支柱产业改造升级步伐加快，河南省综合运用延伸链条、技术改造、兼并重组、淘汰落后等手段，对四大传统支柱产业进行脱胎换骨式改造提升，使其逐步焕发新的生机，战略性新兴产业规模持续扩大，2014 年全省战略性新兴产业规模以上主营业务收入超过10000 亿元，比 2010 年翻一番多；服务业规模扩大、结构优化，2014 年服务业增加值达到 12875.90 亿元，比 2010 年增长 40.9%，占 GDP 的比重为36.9%，比 2010 年提高 8.8 个百分点，服务业内部结构逐步优化，现代服务业在服务业中的地位不断加强。

但是，河南省产业结构不合理、产业层次偏低的问题依然比较突出。2014 年，全省第一产业占 GDP 比重高于全国平均水平 2.7 个百分点，第二产业占 GDP 比重高于全国平均水平 8.6 个百分点，第三产业占 GDP 比重低于全国平均水平 11.3 个百分点。三次产业中，服务业发展严重滞后，工业中以能源资源开发加工为主的产业居主导地位，高新技术产业增加值占规模以上工业的比重仅为 7.6%，低于全国平均水平，三次产业自主创新能力不强，研发投入占 GDP 的比重为 1.14%，仅相当于全国平均水平的1/2 左右。无论与全国平均水平相比，还是与国内先进地区相比，河南省的产业结构都处于不发达状态，农业产量虽居全国前列，但现代农业发展不充分，农业经营方式、农业技术水平仍有待提高，农业比较效益较低，需要进一步调整产业结构；工业大而不强，能源原材料工业比重大，传统支柱产业比较优势在减弱，新兴产业规模在全省产业所占的比重仍不大，工业总体技术创新能力不足，产品附加值不高，行业龙头企业不多，产业集群发展水平不高；服务业与全国及发达地区相比比重较低，现代服务业发展不充分，服务业的规模和质量都需要提高；三次产业的协调性较差，农产品的总体加工度不高，生产性服务业不发达，一、三产业的服务业环节比重不高，三次产业的融合度较低。

（二）"十三五"时期河南省产业结构调整的内外部环境

"十三五"时期，河南省的产业结构战略性调整是在一定的内外部环境下进行的。

1. "十三五"时期河南省产业结构调整的外部环境

从河南省外部环境看，国内外发展环境正在发生深刻变化。国际环境机遇与挑战并存，世界范围内新一轮技术革命和产业格局调整正在加快推进。新一轮信息技术革命的浪潮席卷全球，正引起生产、生活方式的重大变革，新能源革命正成为世界经济发展的新引擎，为经济发展提供了巨大空间，信息、能源、材料、生物等技术的创新发展和交叉渗透，使新一轮产业革命逐步兴起，新业态、新模式和新兴产业发展迅猛，蕴含着新的经济增长机遇。经济全球化趋势不可逆转，按照比较优势在世界范围内进行新一轮产业分工布局，国内外产业向中西部地区转移仍将持续。发达国家"再工业化"使中国原有的制造业竞争力提升受到影响，出口型制造业和加工贸易增长有可能放缓，其他新兴经济体承接产业转移的能力不断增强，逐步成为中国引进外资、承接产业转移的强劲竞争对手。

经过改革开放30多年的发展，我国的内部发展环境正在发生变化。从工业化发展阶段来看，我国已经从工业化中期过渡到工业化后期，服务业正在逐步成为经济发展的主导力量，制造业、服务业加快融合发展，制造业信息化、智能化、集约化程度不断提高，重化工业比重将下降，传统行业竞争将更加激烈。从经济增长要素来看，我国人口红利逐步消失，劳动力供给逐步下降，劳动密集型产业的发展优势在逐步减弱，劳动密集型企业的生存压力不断加大，创新在产业发展中的作用不断加大，知识、技术、专业技术人员和技能型人才在产业发展中的作用越来越大，产业发展将依赖于企业的自主创新能力增强、传统产业的改造提升和源于新技术的新兴产业加快培育。从经济发展阶段来看，中国经济进入"新常态"，处于经济增长进入换挡期、结构调整面临阵痛期、前期刺激政策处于消化期的"三期"叠加时期，呈现出速度变化、结构优化、动力转换三大特点，经济增速从高速转向中高速，增长结构由中低端转向中高端，发展动力从传统增长点转向新增长点。我国经济进入"新常态"后，将告别过去的粗放型经济增长阶段，改革开放30多年经济快速增长积累的风险将逐步释放和化解，经济的潜在增长率下降，经济增速放缓，需要进行经济结构的不断优化调整来应对。

2. "十三五"时期河南省产业结构调整的内部环境

从河南省内部环境看，优势与不足共有，机遇与挑战并存。改革开放以来，历届省委、省政府团结带领全省人民，积极实施现代化建设"三步走"战略，经济发展取得重大成就。近年来，河南省围绕走好"两不牺牲""五化"同步的科学发展路子，遵循规律、改革创新、破解难题，成功推动一系列规划、平台上升为国家战略，加快构建"一个载体、四个体系"，初步形成了符合科学发展要求的基本道路。经过长期发展，河南省综合实力迈上一个新台阶，2014 年，全省生产总值超过 3 万亿元、人均生产总值超过 5000 美元，在全国经济总量排名前列的地位不断巩固；转型发展迈上一个大台阶，推动产业结构优化取得突破性进展，产业集聚区成为河南省转型升级的突破口、经济新的增长极，"五化"同步发展取得新进展；人民生活水平迈上一个大台阶，居民收入大幅增加，基本公共服务水平和均等化程度明显提高：河南省已经到了全面建成小康社会决胜阶段、加快现代化建设关键时期。

"十三五"时期，我国经济发展进入新常态，呈现速度变化、结构优化、动力转换的特点，河南与全国一样进入经济发展新常态，同时具有自身的特点：靠能源原材料工业支撑增长的传统资源优势在减弱，但交通物流、产业集群等优势在上升；生产要素的成本优势在减弱，但生产要素保障优势并没有丧失；新常态下内需不足的矛盾更为突出、动力转换没有完成，但河南省处在工业化城镇化加速推进阶段，投资、消费需求潜力巨大，市场、区位优势日益凸显；拼资源拼消耗的粗放型发展模式不可持续，数量扩张、低价支撑的低层次竞争模式难以为继，但河南省在电子商务、智能手机、新能源汽车等领域有可能迎头赶上、处于优势；特别是国家实施"一带一路"倡议，为河南提升在全局中的战略地位，在交通等重大基础设施方面争取国家支持带来了很大机遇。总体上看，河南省进入新常态后，机遇与挑战并存，但机遇大于挑战，如何利用新机遇、适应新常态、实现新突破，需要通过结构调整，在结构调整中逐步实现。

综上所述，"十三五"时期河南省仍然处于工业化城镇化加速推进阶段，仍处于大有可为的重要战略机遇期，现代化建设站到了新的起点上，但人口多、底子薄、基础弱、人均水平低、发展不平衡的基本省情还没有根本改变，经济发展新的支撑力量尚在形成之中，制约发展的深层次矛盾尚未完全破解，产业发展面临着国内外有效需求强劲增长势头减弱、资源环境约束日益加剧、劳动力等要素供给发生深刻变化、结构性矛盾比较突出等严峻挑战，传统经济发展方式、传统产业发展方式难以为继，正处于只有转型升级才能持续发展的关键时期。

二 "十三五"时期河南省产业结构调整的总体要求

(一)"十三五"时期河南省产业结构调整的指导思想

积极适应经济发展新常态、新阶段,以科学发展观为指导,以全面建成小康社会、加快现代化建设为战略目标,以坚定总坐标、坚持总思路、完善总方略为指引,以实施国家三大战略规划为核心,以实现产业转型升级为具体目标,大力推进产业结构战略性调整,推动产业发展从工业主导向三次产业协调发展转变、从分散布局向集群发展转变、从产业链中低端占主体向中高端占主导转变、从资源消耗高和环境污染重向绿色化发展转变、从传统要素驱动为主向创新驱动为主转变,加快构建结构优化、技术先进、清洁安全、附加值高、吸纳就业能力强的现代产业体系,着力建设先进制造业大省、高成长服务业大省和现代农业大省,为实现新型工业化、城镇化、信息化、农业现代化和绿色化"五化"同步科学发展,适应新常态保持全省经济社会持续健康发展提供坚强支撑。

(二)"十三五"时期河南省产业结构调整的战略方针

"十三五"时期,推进河南省产业结构调整,应坚持以下战略方针。

第一,以全面建成小康社会和加快现代化建设为战略目标,推进产业结构调整。以全面建成小康社会和加快现代化建设为战略目标,就要通过经济发展方式的转变、产业结构的战略性调整,实现河南省工业化基本实现、信息化水平大幅提升、农业现代化全国领先、创新驱动发展取得重大进展、开放型经济水平显著提升和区域竞争力明显增强的目标,在全面建成小康社会和加快现代化建设的进程中,推进全省产业结构的战略性调整。

第二,以促进"五化"同步科学发展为战略重心,促进产业结构调整。以促进"五化"同步科学发展为战略重心,就要坚持走与河南省情相适应的新型工业化、城镇化、信息化、农业现代化和绿色化道路,推动信息化和工业化深度融合、工业化和城镇化良性互动、城镇化和农业现代化相互协调,在产业结构调整中推动新型工业化、城镇化、信息化、农业现代化、绿色化同步科学发展，以"五化"同步科学发展促进河南省产业结构调整。

第三，以实施三大国家战略规划为工作核心，推动产业结构调整。实现河南省战略目标，推动产业结构调整，必须以实施粮食生产核心区、中原经济区、郑州航空港经济综合实验区三大战略规划为工作核心，把三大战略规划实施与国家"一带一路"倡议密切结合起来，以实施三大国家战略规划、国家"一带一路"战略，带动河南省产业结构战略性调整。

（三）"十三五"时期河南省产业结构调整的发展目标

"十三五"时期，河南省产业结构战略性调整的目标是，基本实现工业化、实现信息化水平大幅提升和农业现代化全国领先，实现产业转型升级，为全面建成小康社会、加快现代化建设做出贡献。"十三五"时期，通过积极完善"一个载体"、构建"四个体系"、夯实"六大基础"，重点实施三大国家战略规划，努力完成建成具有较强竞争力的先进制造业大省、高成长服务业大省和现代农业大省的任务。到2020年，实现制造业发展水平在全国处于前列，战略性新兴产业和现代服务业成为支柱产业，传统农业向现代农业转变基本实现，二、三产业增加值占地区生产总值的比重达到90%以上，第二产业与第三产业占地区生产总值的比重大体相当目标，形成三次产业协调、创新驱动主导、绿色化发展的新格局，基本建立先进制造业和现代服务业综合平衡发展新体系。

（四）"十三五"时期河南省产业结构调整的基本方向

"十三五"时期，面对复杂的内外部环境，河南省产业结构战略性调整的基本方向是产业转型和产业升级。

首先，推动产业转型。产业转型，就是通过转变产业发展方式，实现产业发展从高能耗高污染向低能耗低污染转变，从粗放型向集约型转变，由资源主导型向创新主导型转变。在现阶段，河南省产业转型，要通过转变产业发展方式，推动产业创新化、信息化、绿色化、服务化、集聚化发展，实现产业发展由资源主导型向创新主导型转变，由传统工业化道路向新型工业化道路转变，由工业推动为主向三次产业协调推动转变，构建产业发展新优势，建立结构优化、技术先进、清洁安全、附加值高、吸纳就业能力强的现代产业体系。

其次，以产业转型为基础，加快推进产业升级。产业升级，就是要通过全面优化产业技术结构、组织结构、布局结构和行业结构，促进产业结构的整体优化提升。在现阶段，河南省产业升级，首先要推动产业间的升级，就是工业化发展阶段的转换和产业结构的高度化，由工业化中期过渡到工业化后期，并基本实现工业化；同时推动产业内升级，推动具体产业内部的加工和再加工程度逐步向纵深化发展，实现技术集约化，不断提高生产效率，降低物质消耗和污染排放，由价值链的低端向价值链的高端延伸，提高产业的技术含量和竞争力，促进全省产业由中低端为主向中高端为主升级。

（五）"十三五"时期河南省产业结构调整的主要任务

以建成具有较强竞争力的先进制造业大省、高成长服务业大省和现代农业大省为主要任务，积极推动产业结构战略性调整。

第一，以工业结构战略调整和促进产业集聚集约发展为重点，形成在全国有重要影响的高成长性制造业、战略性新兴产业和传统优势产业，争取使战略性新兴产业成为全省经济发展重要支撑，产业集聚区成为河南省工业科学发展的主要载体，建成全国先进制造业大省。

第二，以农业生产结构调整和发展现代农业为重点，稳步提高粮食综合生产能力，形成以粮食生产核心区、都市高效农业区、生态绿色农业区为主体的现代农业布局，构建前中后、产工贸全产业链的大农业体系，争取农村新型经营模式成为农业经营主流模式，实现农业现代化全国领先目标，建成全国现代农业大省。

第三，坚持现代服务业和传统服务业并举、生产性服务业和生活性服务业并重，构建生产服务集聚化、生活服务便利化、基础服务网络化、公共服务均等化的现代服务业体系，把服务业打造成为现代产业体系的重要支柱，基本建成高成长服务业大省，成为全国重要的现代服务业基地。

三 "十三五"时期河南省农业结构调整的方向和重点

（一）"十三五"时期河南省农业结构调整的基本思路

随着工业化与城镇化深入推进、农村土地与劳动力加速流动，河南省农业发展处于从传统农业向现代农业转型跨越的新阶段，站到了粮食产量"十一连增"、农民收入"十一连快"的新的历史起点，农业发展面临的新情况新问题新挑战日益增多。长期粗放式经营积累的深层次矛盾逐步显现，农业持续稳定发展面临的挑战前所未有。目前国内主要农产品价格超过进口价格，而生产成本在不断上升。农业生态环境受损，耕地、水等资源紧张，农业亟须告别以往粗放、低效的生产方式，搭上与现代技术集合的高速列车。加快转变农业发展方式，不断提高土地产出率、资源利用率、劳动生产率，以比较少的资源代价促进农业可持续发展，是"十三五"时期新型农业现代化发展的必然选择。

"十三五"时期，河南省农业结构调整的基本思路是：加快转变农业发展方式，构建全产业链的大农业体系，促进一二三产业融合发展，大力发展园艺产业、推动种植业结构调整，大力发展畜牧业、推动大农业结构调整。加快培育特色农业产业化集群，不断提高农业专业化、规模化、标准化、集约化水平，实现高产、优质、高效、生态、安全的现代农业发展格局，形成以分工协作为基础的专业化、组织化、社会化经营的农业产业结构。充分利用两个市场，全面提升农业开放发展水平。以农业互联网为重要抓手，促进集约化经营、提高农业生产经营效率。通过嫁接互联网，对传统农业进行改造，有效减少行业中间环节，使信息更加透明，提高农资产品使用效率，走产出高效、产品安全、资源节约、环境友好的现代农业发展道路。

（二）"十三五"时期河南省农业结构调整的重点

1. 进一步优化河南省农业空间布局

根据国家和省主体功能区规划，"十三五"时期，河南省将加快优化农业布局，重点构建农产品供给区、农业现代化推进区、城市近郊都市高效农业区协调发展的现代农业格局。一是农产品供给区。黄淮海平原、南阳盆地和豫西山丘区的国家级农产品主产县，稳定粮食播种面积，提升粮食单产、品质和生产效益，加快发展高产、优质、高效、生态、安全农业，提高农业机械化、标准化和优质化水平明显，进一步扩大和提升优质粮食种植面积和优质畜产品生产能力。二是农业现代化推进区。根据河南省主体功能区规划，省级重点开发区是农业现代化推进区域，其重点是促进农业发展方式向机械化、信息化、规模化、集约化、标准化、生态化和产业化转变，加快推进农业现代化。接近中心城市的县（市）大力发展城市景观农业、会展农业、设施精准农业、休闲农业等都市农业，其他县（市）大力发展规模高效农业。三是城市近郊（省辖市）都市高效农业区。在省辖市城乡一体化示范区，规划建设一批具有城市"菜篮子"、生态绿化、休闲观光等综合功能的农业园区，不断提高农业专业化、规模化、集约化、标准化水平，增强农业发展能力。

2. 进一步调整农业产业结构

一是继续加强粮食生产核心区建设。探索建立粮食生产功能区，保粮田、保产量、保收益。把规模化经营作为建立粮食稳定增产长效机制的关键举措，在条件成熟、群众自愿的基础上，推进高标准粮田土地流转。有效整合项目资金，完善田间配套工程，推进粮食丰产科技工程、种子工程、地力提升工程建设，抓好农业综合开发、土地综合治理、小型农田水利重点县、高产创建等项目建设，建成一批现代化高标准粮田。支持黄淮海平原、南阳盆地、豫北豫西山前平原优质小麦、玉米、大豆、水稻产业带建设，稳定播种面积，着力提高单产，挖掘秋粮增产潜力。强化科技支撑，推进规模化经营和社会化服务体系建设，落实强农惠农富农政策，稳定提高粮食综合生产能力。

二是大力发展高效园艺农业。大力推进农业标准化生产，大力发展名特优新农产品，培育知名品牌。进一步扩大花卉产业规模，巩固提升苗木优势，大力推进豫西、豫南高标准林果种植基地，信阳南阳茶产业基地、高标准蔬菜种植基地、道地中药材基地、食用菌基地、优质油料基地建设。建设形成郑州、许昌、洛阳、豫东开封商丘、豫南南阳信阳、豫北濮阳安阳花卉产业基地，中心城市郊区、传统优势区域和重要交通干线沿线地区蔬菜产业基地，大别桐柏和伏牛丹江茶产业基地，豫西、豫南高标准林果产业基地，沿黄河、淮河、淇河水产基地，豫西和豫西南中药材基地。

三是加快发展现代畜牧业。以畜牧产业化集群建设作为抓手，以转方式、调结构、创优势为主线，以提高畜牧业综合竞争力为核心，加快畜牧业生产方式、经营方式、服务方式、监管方式转变，建立现代畜牧产业体系、新型发展模式、融合发展机制，建设现代畜牧业强省。大力发展标准化规模化养殖,从分散粗放转向集约高效。积极打造优质品牌,走高产高效高端的路子,占领畜牧业高端价值链,实现畜牧业从数量型转向质量型。将分散的种业、饲料、养殖、屠宰、加工、有机肥生产等环节紧密连接在一起,形成资源节约、环境友好、生态发展的新优势。

3. 加快农业与二三产业融合发展

延伸现代农业产业链条,推动一二三产业融合发展,使三次产业融合发展成为拉动河南省农业农村经济发展新的增长极。

一是大力发展农业产业化集群。以"全链条、全循环,高质量、高效益"为原则,以农业产业化集群工程为重点,坚持全产业链发展,加快培育具有区域优势、高成长性、高附加值的现代化农业产业化集群,形成一批在全国具有较强竞争力的现代农业产业化集群。重点培育发展生猪、家禽、奶业、肉牛、肉羊等现代畜牧业产业化集群和花卉、林果、食用菌、中药材等特色高效农业产业化集群,推进畜牧、林业和园艺等特色农业现代化。以产业集群为重要载体,以产业链为纽带,围绕产前、产中、产后各个环节,将农业生产、加工、储运、销售和服务整合于一体,形成以分工协作为基础的专业化、组织化、社会化经营的现代农业产业体系。

二是积极发展都市生态农业。都市生态农业以菜篮子工程为主体,兼具观光生态功能,可持续、可复制,在有一定人口规模和消费能力的大中型城市有较大发展空间。实施都市生态农业发展工程,郑州市突出现代都市农业菜篮子、休闲观光、生态保障三大功能,打造都市农业新高地,其他省辖市及城乡一体化示范区,规划建设一批具有城市菜篮子、生态绿化、休闲观光等综合功能的农业园区,因地制宜发展精准设施农业园区、高新农业科技展示园区、休闲观光农业园区,着力打造功能综合展现、产业高度融合、生态高度涵养、效益高度提升的都市型现代农业模式。

三是努力发展休闲农业和乡村旅游。现代农业在不断巩固和提高食品保障和原材料供给功能的基础上,正在向生态、休闲、创意等功能延伸,成为三次产业融合的典范。充分利用我国旅游消费持续升温的契机,加快发展休闲农业和植根于休闲农业上的乡村旅游,是深度开发农业资源、增加农民收入的新途径。发展休闲农业、乡村旅游,要挖掘农业文明,保留乡村风貌,留住田园乡愁,注重参与体验,丰富产品业态,形成集休闲度假、旅游观光、养生养老、创意设计、农耕体验、产品加工销售等功能于一体的农业和旅游业新兴形态。

4. 大力发展农村新型经营模式

一是完善农村土地承包政策，推进土地适度规模经营。坚持土地集体所有，稳定农村土地承包关系并保持长久不变，在坚持和完善最严格的耕地保护制度前提下，实现农村集体土地所有权、承包权、经营权三权分置，赋予农民对承包地占有、使用、收益、流转及承包经营权抵押、担保权能，在完善农村土地承包政策的基础上，积极引导土地有序流转，发展多种形式的适度规模经营。

二是大力发展农村新型经营模式。采取奖励补助等多种办法，鼓励发展联户经营、种养大户、家庭农场、农民合作社。围绕特色优势产业，实施集中连片规模经营，努力提高农业集约经营水平。积极培育、引进一批竞争能力、带动能力强的农业产业化龙头企业，推动龙头企业与农户建立紧密型利益联结机制，稳步提高农民组织化程度。发展农资连锁配送，强化基层农技推广服务，完善农副产品流通体系，支持发展农业信息服务，构建农业产前、产中、产后的配套服务体系。

四 "十三五"时期河南省工业结构调整的方向和重点

(一)"十三五"时期河南省工业结构调整的基本思路

在经济新常态下，经济仍将持续增长，但增速将有所放缓；社会需求仍将持续增长，但增速也有逐步放缓趋势，对不同产品的需求增速将有较大差异，导致上下游不同产业、不同要素密集型产业发展出现分化，河南各工业部门发展也将出现明显分化。

首先，由于工业化目标逐步实现、下游产业发展的资源节约型趋势增强和经济发展的环境保护瓶颈影响，能源、原材料产业增速将放缓，产业发展的难度将加大。

其次，由于社会总需求增速的放缓、社会总投资增速的回落和下游产业的拉动力减弱，装备制造业的发展将出现分化，普通装备制造业的增长速度将有所放缓，具有核心技术的高端装备制造业将继续保持高速增长态势。

再次，终端消费品产业，直接面对最终消费者，在我国城镇化尚未最终实现的前提下，受新常态下经济增速放缓的影响比上游产业小，在城镇化带来的最终消费需求持续较快增长的拉动下，终端消费品产业仍将有较大的发展空间，河南省有竞争力的终端消费品产业仍将保持较快的增长速度。

最后，战略性新兴产业，处于产业生命周期的成长初期，未来发展潜力巨大，对经济社会具有全局带动和重大引领作用，具有较大的市场潜力和带动作用，在"十三五"期间将保持较快的产业增长速度。

总之，根据经济进入新常态的历史特征，依据市场发展空间和产业发展潜力，河南省要坚持差别化的产业调整政策，分类推进工业转型升级。把培育壮大战略性新兴产业放在全省产业转型升级的突出位置，打造河南今后长时期的工业支柱产业。加快装备制造业技术改造和产业升级，通过提高产业整体技术含量、整体竞争力，使其继续成为带动工业转型升级的重要核心力量。终端消费品产业要有"扶"有"改"，对高成长性制造业，使之成为带动工业转型升级的重要力量，对传统产业，综合运用多种手段提高其产业竞争力。对能源、原材料产业，要大力淘汰落后产能，积极拉长产业链条，提高产业、产品的技术含量和附加值。

（二）"十三五"时期河南省工业结构调整的重点

1. 根据产业发展空间，分类推进工业结构调整

根据中国经济进入新常态、工业化将基本实现的历史特征，依据市场发展空间和产业发展潜力，把河南省工业分为能源原材料产业、装备制造业、终端消费品产业和战略性新兴产业四类，分类推进工业结构调整。

战略性新兴产业。战略性新兴产业，以重大技术突破和发展需求为基础，具有知识技术密集、物质资源消耗少、综合效益好的特征，处于产业生命周期的成长初期，发展潜力巨大，对社会经济具有全局带动和重大引领作用，具有较大的市场潜力和带动作用。培育和大力发展战略性新兴产业，使其在河南省"十三五"时期工业结构升级中处于首要的地位。培育发展战略性新兴产业，要突破关键核心技术，推进重大产业创新发展工程和示范园区建设，集中资源培育具有核心技术的龙头企业和规模优势的产业集群，培育电子信息及新一代信息技术产业、生物医药、节能环保、新

材料、新能源产业成为河南省经济新的增长点。

终端消费品产业。在工业化后期和经济新常态下，终端消费品产业仍将随着经济增长和城镇化的发展存在较大的增长空间。终端消费品产业转型升级，要区别对待，有"扶"有"改"。对河南省具有产业优势和技术优势，产业竞争力较强、产业关联度较高、市场空间较大的食品、现代家居、服装服饰等高成长性制造业，要积极承接产业转移，培育更多本土龙头企业，努力扩大产业规模，巩固其在全国的竞争优势，使之成为带动河南省工业结构升级的重要力量。对轻工、纺织等传统产业，要发挥农产品和劳动力资源优势，积极发展加工组装类终端产品，推进造纸、皮革、棉纺织等传统行业技术改造，综合运用承接转移、延伸链条、技术改造、兼并重组等手段，提高产业竞争能力，推动产业转型升级。

装备制造业。加快技术改造和产业升级，推动现代信息等技术融合应用，培育装备制造业优势产品、优势产业，打造装备制造业龙头企业。通过提高产业整体技术含量、整体竞争力，实现提高国内外市场占有率目标，以此带动装备制造业继续保持持续快速发展势头，成为引领带动工业结构升级的重要核心力量。汽车产业，继续加快建设郑州汽车制造基地，打造东风、宇通、海马、奇瑞生产基地，坚持以整带零、联动发展，建设郑汴产业带千亿元零部件集群。装备产业，把智能装备作为突破口，以装备产品和装备制造智能化为重点，突出发展智能成套、智能电气、轨道交通、精密数控等高端装备，打造全国有重要影响的智能装备制造基地。

能源原材料产业。积极适应工业化逐步实现和中国经济进入新常态后，能源原材料产业增速放缓、产业发展难度加大的趋势，大力淘汰落后产能，加快初级加工环节集约化、绿色化改造，大力拉长产业链条，向下游产业、下游产品延伸，增强产业链终端、高端产品带动能力，提高产业、产品的技术含量和附加值，构建能源原材料产业发展新格局。能源工业，继续建设全国重要的区域性综合能源基地，推动能源生产和消费革命，构建安全、稳定、经济、清洁的现代能源产业体系。原材料工业，运用高新技术、先进适用技术和信息化技术，改造提升冶金、建材、化工等传统支柱产业，延伸产业链条，优化产品结构，增加产品附加值，培育产业发展新优势。

2. 大力推进工业转型升级

加快工业转型升级，是坚持科学发展、走新型工业化道路的必然要求，也是河南省提高工业竞争力、实现由工业大省向工业强省跨越的根本途径。加快河南省工业转型升级，要积极推进以智能制造为主导的第四次工业革命（工业4.0）的发展，实现现代信息技术、生物技术、新材料技术、新能源技术的广泛渗透，推动工业领域的智能化、绿色化。加快河南省工业转型升级，要加大技术改造力度、培养自主创新能力，推进信息化与工业化深度融合，推进产业链式发展。

加大技术改造力度，培养自主创新能力。以企业为主体，以市场为导向，以提高产业竞争力为主攻方向，运用高新技术和先进适用技术，改造提升装备制造、有色、化工、纺织服装、食品等高成长性产业和传统优势产业，按照国家产业政策要求，优化技术改造资金投向，坚持政策引导和市场主导相结合，建立技术改造长效机制，促进工业企业走内涵式发展道路。深入实施自主创新工程，加快构建以企业为主体的自主创新体系，大力推进原始创新，加强企业技术改造与技术引进、技术创新的结合，切实提高企业引进技术的消化吸收再创新和集成创新能力，增强核心技术突破能力，推动河南工业走创新驱动道路。

以提高附加值为重心，推进产业链式发展。在河南省重点工业行业，加快产业从点式发展向链式发展方式转变，按照"提升中间、拓展两端"的总体思路，围绕主导产业，做强核心环节，补充链条缺环，推动产业链向高附加值环节延伸。在高成长性产业、战略性新兴产业等重点产业，以产业链延伸为主线，把靠近技术前沿、靠近终端消费作为产业链延伸的重点方向，攻克关键核心技术，不断提高精深加工度，积极推动工业企业向设计、研发、创意、解决方案等高端延伸。运用高新技术和先进适用技术改造传统产业，使其生产工艺、产业形态、产品性能发生重大革新，推动产业链向高附加值环节延伸。推动大型企业与中小企业开展产业链接，积极引导龙头企业整合产业链，致力于发展核心环节，积极发展业务外包，向中小企业延伸产业链和资本链，带动中小企业提高专业化配套能力，构建现代产业分工合作网络。

推进工业化与信息化深度融合。推动工业化与信息化深度融合，以信息化带动工业化，以工业化促进信息化，对于破解当前工业发展瓶颈，顺利实现工业转型升级，具有十分重要的意义。推进工业化与信息化深度融合，要立足智能发展，以促进工业转型升级为主攻方向，面向国民经济重点领域智能制造需求，创新智能制造装备产品，提高重大成套设备及生产线系统集成水平。深化"互联网＋"、物联网、大数据、云计算等在工业中的应用，促进工业全产业链、全价值链信息交互和集成协作，加快工业生产向网络化、智能化、柔性化和服务化转变。深化重点行业电子商务应用，提高行业物流信息化和供应链协同水平，创新业务协作流程和价值创造模式，提高产业链整体效率。实施数字河南、智慧中原、无线城市、中原数据基地和光网城市等重大工程，加强"两化"融合支撑体系建设。

3. 大力推进产业集聚区发展

产业集聚区是全面实施三大国家战略规划的重要抓手，大力发展产业集聚区，是调整产业结构，尤其是工业结构的基础性工程。推进产业集聚区发展，要促进产业集聚区提质发展、转型发展、创新发展，在推动产业结构战略性调整、培育形成新的增长动力上发挥更大作用。

促进产业集聚区提质发展。深入推进产业集聚区"五规合一""四集一转"，推动产业集聚区上规模、上水平、上层次，提高吸引力、竞争力、带动力。推行专业化、产业链、集群式承接产业转移新模式，解决产业配套、金融支持、土地保障、人力资源、公共服务等突出问题，提升转移企业发展竞争能力。突出主导产业培育提升集聚发展水平，引导产业集聚区明确定位，推进主导产业集聚发展、链式发展，向更大规模、更高水平、更好质量迈进，打造一批规模大、竞争力强、成长性好、关联度高的千亿、百亿级产业集群。以产业集聚区为主要载体，促进全省相关产业、各种生产要素向产业基地和特色产业园区集聚，打造一批全国重要的优势产业基地，推进河南省工业加快向集聚发展转变。

促进产业集聚区转型发展。根据区域资源禀赋、产业配套条件和要素成本的比较优势，围绕主导产业定位，推动同类和关联企业集聚发展，引导大中小企业间构建现代产业合作分工网络，促进制造业与服务业融合互动发展，推动产业集聚区从规模扩张式发展向内涵扩展式发展转型。大力挖掘发挥地方比较优势，积极引进发展高新技术产业，改造升级传统优势产业，充分发挥产业集聚区在产业结构转型升级中的带动作用，推动产业集聚区从传统工业园区向高新技术产业、先进制造业基地转型。处理好

二、三产业的关系，在以工业为主的产业集聚区，积极发展以研发设计、物流配送、检验检测、展示交易等生产性服务业及相关生活性服务业为主的配套服务区，推动产业集聚区从传统工业区向二、三产业协调发展的科学发展载体转型。

促进产业集聚区创新发展。实施创新驱动发展战略，着力构建与区域禀赋结构和产业结构相适应的产业集聚区自主创新体系。把科技创新作为产业升级的关键，以骨干企业为重点，加快建设发展各类企业研发中心，促进企业研发和科技创新。引导产业集聚区建立科技服务体系，加快发展科技创业孵化器，针对关键、核心技术问题，组织实施重大科技专项。健全科技创新机制，鼓励建立以企业为主体、以产权为纽带的各类技术创新合作组织，支持形成各种产学研合作机制和科技成果转化机制。完善有关人才政策，积极引进海外及省外高层次科技创新人才，壮大产业集聚区科技创新人才队伍规模。着力培育一批创新型产业集聚区，提升产业层次和核心竞争力，在全省科技创新中发挥引领作用。

五 "十三五"时期河南省服务业结构调整的方向和重点

（一）"十三五"时期河南省服务业结构调整的基本思路

近年来，河南省工业化、信息化、城镇化和农业现代化进程不断加快，为服务业的发展奠定了坚实基础，拓展了广阔空间，全省服务业呈现出良好发展态势，已成为经济增长的重要力量、扩大就业的重要渠道和地方税收的重要来源。2014 年，全省服务业增加值达到 12875.90 亿元，占生产总值的比重提高到 36.9%，对经济和社会发展的贡献率不断提升。但从总体上看，河南省服务业仍然存在增速低、比重小、结构不优、竞争力不强等突出问题，服务业发展相对滞后成为产业结构不合理的突出表现、制约经济社会发展的"短板"。当前，河南省正处在经济转型阶段，促进和加快服务业发展，加快服务业结构调整，是调结构、保增长、惠民生的战略重点。

根据经济发展的阶段性特征、服务业的发展基础和经济转型升级的需要，"十三五"时期，河南省把建设高成长服务业大省作为服务业发展方向,力争到"十三五"末,构建形成生产服务集聚化、生活服务便利化、基础服务网络化、公共服务均等化的现代服务业体系,基本建成高成长服务业大省。为了完成这一任务,河南省应统筹推进先进制造业大省、高成长服务业大省和现代农业大省建设,把加快发展服务业作为转变经济发展方式、调整经济结构、提高经济整体素质的战略重点,坚持市场化、产业化、信息化、社会化、国际化方向,实行全面发展与重点突破相结合,大力发展引领带动能力强的高成长性服务业,积极培育新兴服务业,改造提升传统支柱服务业,提升发展载体,深化改革开放,激发企业活力,加强政策扶持,优化发展环境,构建充分融入产业经济各领域和社会生活各方面、具有多元活力的现代服务业发展格局,建设高成长服务业大省,为加快中原崛起、河南振兴、富民强省提供有力支撑。

(二)"十三五"时期河南省服务业结构调整的重点

1. 大力推进服务业重点产业发展

围绕促进"十三五"时期全省产业结构战略性调整,坚持承接转移与培育新兴相结合,放宽市场准入,不断创造需求,着力发展壮大高成长性服务业,培育发展新兴服务业,改造提升传统服务业,最大限度地发挥比较优势,以重点产业的突破带动全局发展,促进服务业提速度、扩规模、优结构、上水平,为高成长服务业大省建设提供坚实支撑。

着力发展壮大高成长性服务业。遵循产业发展规律,最大限度地发挥河南省比较优势,着力发展壮大高成长性服务业,重点在现代物流业、金融业、信息服务业、文化旅游业等领域实现突破,努力实现高成长性服务业在服务业规模中占优势的目标,使之成为带动全省服务业发展的主导力量和战略支撑。现代物流业,围绕郑州航空港经济综合实验区建设,依托综合交通枢纽和铁路、公路、航空网络优势,强化中心、提升节点、产业联动,形成大枢纽促大物流、大物流带大产业的发展格局。信息服务业,以服务平台建设为基础、新兴业态培育为抓手,加快发展信息传输、计算机服务和软件业,推动信息服务业跨越式发展。金融业,打造郑州区域性金融中心,设立地方金融机构,支持金融创新,培育发展多层次资本市场。旅游业,围绕建设世界知名旅游目的地,整合资源、培育品牌、创新服务,构建以观光旅游为基础、休闲度假为主导、新型业态为特色、精品线路为依托的旅游产业体系，打造一批著名景区和优秀旅游城市。文化产业，围绕推进华夏历史文明传承创新区和文化强省建设，发掘历史文化资源，发展创意文化，激活传统文化，提升文化产业核心竞争力。

培育发展新兴服务业。积极培育发展新兴服务业，努力满足因深化社会化分工、专业化协作扩大带来的服务业市场新需求，积极适应、努力满足因城镇产业、人口集聚带动的消费需求和就业需求，重点在商务服务业、电子商务业、健康养老服务业、科技服务业、教育培训产业等领域实现突破，使之逐步成为河南省服务业发展的重要支撑。商务服务业，在郑东新区CBD建设中部商务中心，引导商务服务机构集聚，积极发展会计、法律、管理咨询、评估认证、经纪代理、会议展览、经营性租赁等商务服务业，打造一批高端商务服务集群。电子商务业，壮大电子商务市场主体，实施电子商务示范园区平台建设、网商培育、名品推广等工程，建设国家电子商务示范城市和示范基地。科技教育，大力发展科技研发服务业，培育壮大专业化第三方研发机构，推动科技服务重点项目攻关，积极发展多种所有制教育培训机构，加快人力资源强省建设。健康养老服务业，积极发展医疗、保健养生、健康护理、养老及家庭服务业，形成一批产业集群和产业园区。

改造提升传统支柱服务业。积极应用现代管理理念、现代信息等技术和新兴业态、新兴模式，改造提升批发零售业、住宿餐饮业、房地产业等传统支柱服务业。围绕满足人民群众多层次多样化需求，主动适应消费升级新需求，丰富传统服务业供给，完善传统服务标准，提高传统服务质量，发展传统服务新业态、新模式，提升传统支柱服务业产业水平，培育河南省服务业新优势。批发零售业，优化城镇商业网点布局，加快发展电子商务、连锁经营、折扣店等新型业态，支持批发零售线上线下融合发展。住宿餐饮业，推动餐饮住宿企业分层错位经营，利用网络团购等新兴营销方式开拓市场，鼓励发展面向大众消费群体、年轻消费群体的产品和服务项目，培育形成健康、环保、节约的消费模式。房地产业，加快住宅产业化进程，加强房地产业"因城施策"调控，大力发展城市综合体、园区地产、文化旅游地产、养老地产等新兴业态，积极发展健康住宅、绿色环保住宅和节能省地型住宅。

2. 加快服务业发展载体建设

加快商务中心区、特色商业区、服务业专业园区等服务业发展载体建设，有利于服务业集聚发展，有利于促进产业结构优化升级，是河南省服务业发展的必然途径之一。加快服务业发展载体建设，要高度重视郑州航空港经济综合实验区，建设全省现代服务业发展先行区，要以商务中心区和特色商业区为骨干，加快产业集聚区配套服务区和服务业专业园区建设，形成全省完善的服务业发展载体体系。

以郑州航空港经济综合实验区为载体，建设全省现代服务业发展先行区。实验区立足国际航空物流中心、内陆地区对外开放重要门户和中原经济区核心增长极定位，建设全省现代服务业发展先行区，着力搭建河南联系全球市场的大平台，对河南省服务业发展具有重大意义。加快完善以郑州机场为核心的综合交通枢纽建设，完善"米"字形高铁网，推动郑欧货运班列常态化加密运行，形成陆空多式联运、高效衔接的人流物流商流集疏系统。利用实验区内综合保税区、保税物流中心、出口加工区、铁路集装箱中心站等集中布局，航空、铁路、公路口岸以及跨境贸易等功能完备的集合优势，积极推进郑州跨境贸易电子商务服务试点，加快电子口岸信息平台开发和大通关体系建设，探索复制推广上海自贸区有关政策，积极发展航空物流及多式联运物流、跨境贸易、航空金融、服务外包、电子商务、专业会展、商务服务、文化创意等现代服务业，建设引领全省服务业发展的现代服务业发展先行区。

建设服务业发展载体体系。完善全省服务业发展城镇载体体系，促进郑州加快现代服务业发展，形成以商贸、物流、金融等为重点面向中西部的综合服务中心，推动交通区位和产业基础较好的省辖市发展各具特色的现代服务业，支持省界城市建成辐射周边的地区性服务中心，鼓励县城和中心镇发展特色服务业、涉农服务业和社区服务业。以商务中心区和特色商业区为骨干，加快产业集聚区配套服务区和服务业专业园区建设，形成完善的全省服务业发展园区载体体系。重点加快商务中心区和特色商业区发展，大力引进龙头企业和高端品牌，着力推动金融、管理咨询、中介服务等商务服务机构和企业总部向商务中心区集聚，引导符合居民消费升级换代的综合商业设施和文化休闲项目在特色商业区集中布局。在现代物流、信息及电子商务、金融、文化创意、服务外包、知识产权、养老健康、休闲旅游等领域，全省力争培育 300 个集聚效应显著、示范带动能力强的服务业专业园区，形成服务业发展新高地。

3. 加快服务业改革开放

加快服务业发展体制机制改革和创新，建立完善政府引导、企业主导、市场推动的服务业体制机制，全面推进服务业全方位、宽领域、多层次对内对外开放，为河南省服务业发展创造新机遇、新条件。通过改革开放，进一步增强河南省服务业发展的内生动力和活力。

创新服务业发展体制机制。放宽服务业企业市场准入，落实商事制度改革方案，清理行业和市场进入壁垒，推进行政审批改革。打破地域界限和行业垄断，除法律法规明令禁入的服务业领域外，全部向外资和社会资本开放，鼓励民间资本进入电信、铁路、航空、公路、水运、金融、市政公用设施、教育卫生、文化旅游等服务业领域。引导民营企业通过参股、控股、资产收购等形式，参与相关公办机构改制重组。加快服务业投融资平台建设，组建或改组一批大型国有资本投资运营公司。开展现代服务业试点改革，在二三产分离、农村金融、社会化办医、经营性事业单位转企改制、机关企事业单位后勤服务社会化等重点领域，加快体制改革、机制优化和模式创新。

加快服务业对外开放合作。在金融服务、现代物流、信息服务、电子商务、服务外包、文化旅游、科技、医疗、教育等领域，积极承接服务业产业转移。大力引进高端人才、先进技术和现代管理理念，争取跨国公司、央企、知名民营企业在豫设立地区总部和功能性机构。积极申请设立河南自由贸易试验区，推动有条件的省辖市建设海关特殊监管区域。创新招商模式，借助各种平台，面向境外和沿海地区，吸引战略投资者和行业龙头企业参与河南省服务业发展。积极发展服务贸易，加快发展技术贸易、跨国多式联运、出入境旅游等专业服务业，扶持发展信息技术外包和业务流程外包、国际（离岸）服务外包等外包服务业，积极发展对外承包工程劳务合作。

六 "十三五" 时期河南省产业结构调整的政策建议

（一）加快产业发展载体建设

加快建设产业集聚区、商务中心区、特色商业区、城乡一体化示范区等产业发展载体,构筑科学发展载体体系新优势。发挥郑州航空港经济综合试验区的综合带动作用,积极争取国家设立河南自由贸易试验区,引领产业转型升级。科学选择产业集聚区主导产业,推动产业集聚区成为区域工业发展的主平台和承接高水平产业转移的主导区。加快商务中心区、特色商业区、服务业专业园区建设,形成带动服务业快速发展的主要载体。加快城乡一体化示范区产业载体建设,为全省产业转型升级和三次产业协同发展提供示范。加快培育现代农业产业化集群,使之成为传统农业向现代农业转变的有效抓手。加快各类载体建设,强化横向融合、纵向互动、侧向联动、新老耦合,形成相互促进、协同发展的格局,推动单一载体功能优势向科学发展载体体系综合优势转变。

(二)加快构建自主创新体系

加快构建自主创新体系,壮大科技创新主体,强化创新载体,完善创新机制,优化创新环境,推动产业发展由传统要素驱动为主向创新驱动为主转变。以企业为主体,以企业、科研机构、高等院校及产学研合作机构等为依托,以企业研发中心、重点实验室、产业集聚区及其他各类科技园区等为载体,以创新体制机制为动力,建设河南省自主创新体系。强化企业在自主创新体系中的主体地位和关键作用,建设重大科技基础设施和科技公共服务体系,完善研发中心、重点实验室、孵化中心、创业中心等各种创新载体。大力支持产学研合作协同创新,实施重大科技专项和自主创新专项。加强人才队伍建设,建立适应市场经济要求的人才培养、引入、选拔、使用和分配的机制。综合推进技术创新、体制机制创新、管理创新、模式创新,培养社会创新精神、创新意识,推动"万众创新"。

(三)促进产业协同融合发展

产业协同融合发展,将促进传统产业创新,催生新兴产业、新兴业态,对推进河南省农业产业化、推进制造业与服务业融合发展、推进经济信息化具有重要意义,是推动河南省产业结构调整和产业转型升级的有效途径。以大力发展农产品加工业为突破口,促进工农业融合发展,以大力发展为农业生产的产前、产中、产后服务的农业服务业为突破口,促进农业与服务业融合发展,大力推进一、二、三次产业融合发展。以工业转型升级需求为导向，促进现代制造业与生产性服务业有机融合，加快云计算、大数据、物联网等与现代制造业结合，积极发展智能制造、网络制造、柔性制造，促进生产型制造向服务型制造转型。扩大信息技术在服务业中的应用，利用"互联网＋"、物联网、大数据、云计算等新技术进行传统服务业创新，积极发展电子商务应用，大力培育基于现代信息技术的新兴商品交易市场和要素交易市场。

（四）促进产业绿色化发展

坚持产业发展与环境保护同步推进，经济效益与生态效益共同提升，进一步调整产业结构，加快科技进步，发展绿色产业，形成绿色生产方式。推进产业的绿色化发展，坚持优化增量与改造存量并举，加大淘汰落后产能力度，完善落后产能退出机制，促进存量改造，严把项目建设源头控制关口，优化增量，强化节能、环保、土地、安全等指标约束，进一步提高行业准入门槛。大力发展循环经济，推动产业循环式组合，依托有色、煤炭、非金属矿、农业和再生资源等优势资源，以提高资源利用效率为核心，重点打造循环产业链。促进产业绿色化发展，促进资源节约、环境保护，要大力发展节能环保等绿色产业，提高节能环保技术装备供给能力，壮大节能环保产品规模，大力发展节能环保服务业，使节能环保等绿色产业成为河南省国民经济新的支柱产业。

（五）加强产业发展政策扶持

完善财政、金融、用地、环保、价格、政府购买服务等产业发展扶持政策，通过完善产业发展政策体系，推动产业结构调整和产业转型升级。强化财政政策性资金的引导支持作用，推动高成长性产业、战略性新兴产业、现代服务业等重点产业加快发展。建立促进产业结构调整的投融资服务机制，引导鼓励金融机构加大信贷投入，发行专项金融债，开展融资业务创新试点，鼓励符合条件的企业上市融资和发行债券。大力发展产业投资基金，鼓励引导风险投资、股权投资等向产业结构调整重点领域倾斜。优化建设用地结构，优先保障产业结构调整重大项目建设需求。完善总量控制制度，科学配置环境容量，促进产业结构优化升级。完善用水、用电、用气、用热等价格调节政策，鼓励符合条件用电企业"直供电"交易。出台政府采购扶持重点领域发展的政策措施，将更多公共服务、专业服务等项目纳入政府采购范围，探索合同能源管理、云计算等新型服务业态政府采购模式，扩大政府采购领域和规模。

（六）进一步促进体制机制改革

深入推进改革，壮大市场主体，激发企业活力，加快构建有利于河南省产业结构调整和转型升级的体制机制。进一步放宽市场准入，鼓励和引导民间资本进入基础产业和基础设施、市政公用事业、社会事业等领域，进一步激发社会投资积极性。深化国有企业改革，积极发展混合所有制经济，大力发展非公有制经济，鼓励支持、大力推动全民创业。深入推进国家新型工业化产业示范基地、信息化和工业化融合试验区、服务业综合改革试点、电子商务示范城市、循环经济试点省和全国农村金融改革创新试验区等建设。以简政放权为核心，深化行政体制改革，实行政府部门行政审批权力清单公开，推行负面清单市场准入制度改革，对各类投资主体实行国民待遇加负面清单管理模式，制定公开政府责任清单，明确政府市场监管行为准则。

（七）积极扩大开放承接产业转移

服务河南省产业结构调整和产业转型升级，瞄准国内外产业发展制高点，积极扩大产业对外开放，大力推动全方位、宽领域开放招商。充分发挥郑州航空港经济综合实验区作用，积极申报河南自由贸易试验区，构建更高层次产业开放新平台。推进郑州跨境贸易电子商务服务试点扩大规模、范围，拓展郑州新郑综合保税区、出口加工区、保税物流中心等海关特殊监管区功能，支持有条件的省辖市积极申报综合保税区和保税物流中心，积极融入"一带一路"。进一步扩大开放领域，大力推进工业、农业、社会事业、基础设施、生态环保等领域对外开放。健全招商网络，创新招商手段，大力开展专业化招商，积极承接产业链、产业集群的整体转移，进一步完善招商服务方式，不断提高招商引资水平。

执笔：郑泰森、袁伟、陈玲

供给侧结构性改革视角下的河南省
产业结构优化升级研究

　　"十三五"时期，我国经济发展进入新常态。在新常态下，中国经济向形态更高级、分工更优化、结构更合理的阶段演进，经济增长速度从高速转向中高速，发展方式从规模速度型转向质量效率型，经济结构调整从增量扩能为主转向调整存量、做优增量并举，发展动力要从主要依靠资源和低成本劳动力等要素投入转向创新驱动。为了适应经济新常态、引领经济新常态，解决现阶段经济发展中的主要矛盾——结构性问题，中央决定推进供给侧结构性改革，作为当前和今后一个时期的工作重点。在这一背景下，如何推进河南产业结构优化升级，构建现代产业体系，是一个具有重大现实意义的新课题。

一　供给侧结构性改革是现阶段河南产业结构优化升级的主线

（一）河南产业结构优化升级的现实基础

1. 河南产业结构优化升级的外部环境

　　河南省当前的产业结构调整，是在一个复杂的外部环境中进行的。一是国际环境挑战与机遇并存。世界性经济萧条久治未愈，新一轮技术革命和产业格局调整正在全球范围内加快推进。世界经济在深度调整中曲折前行，我国发展对外贸易、吸引外来投资和中国企业"走出去"的困难与风险明显加大。经济全球化继续发展，国内外产业向中西部地区转移仍将持续，河南省引进外资、承接产业转移面临的竞争也更加激烈。新一轮科技革命、产业变革引起世界经济格局新变化，为后发工业化国家发展提供了新机会。

二是国内环境正在发生根本变化。我国已经从工业化中期过渡到工业化后期，并将在"十三五"末基本实现工业化。中国经济进入新常态，处于经济增长进入换挡期、结构调整面临阵痛期、前期刺激政策处于消化期的"三期"叠加时期。我国人口红利逐步消失，劳动力供给逐步下降，创新在产业发展中的作用不断加大。消费成为拉动经济增长的第一动力，带动了服务业尤其是新兴服务业的快速发展。经济进入新常态后，我国供给和需求出现了结构性矛盾，生产过剩与供给不足并存，加快供给侧结构性改革成为我国产业结构调整的主要线索。

2. 河南产业结构优化升级的内部条件

近年来，河南省不断进行产业结构调整，产业结构逐步演进、不断优化，但仍然存在结构不优、层次偏低的问题，又面临着产能过剩、效益下降等新问题，需要着力去解决。

一是河南省产业结构在调整中逐步优化。三次产业结构不断优化，2015 年一、二、三次产业分别比 2010 年上升 - 2.8、- 8.6 和 8.9 个百分点。农业基础地位得到加强，2015 年全省增加值比 2010 年增长 22.3%，粮食总产量实现"十二连增"。第二产业支柱地位比较巩固，2015 年增加值比 2010 年增长 63.3%，六大高成长性制造业、高技术产业增长较快，五大传统支柱产业、六大高载能产业增速下降，转型升级取得明显成效。第三产业成为拉动全省经济增长的首要力量，2015 年增加值比 2010 年增长 66.2%，增幅在三次产业中排第一，内部结构逐步优化，现代服务业在服务业中的地位不断加强。

二是产业结构新老问题交织，亟待解决。产业结构相对滞后，2015年，全省第一产业、第二产业占 GDP 比重分别高于全国平均水平 2.4、8.6 个百分点，第三产业占 GDP 比重低于全国平均水平 11.0 个百分点，三次产业中服务业发展滞后。产业层次偏低，河南省农业产量居全国前列，但现代农业发展不充分，农业比较效益低；工业大而不强，传统支柱产业比较优势在减弱，新兴产业规模在全省产业比重仍不大；服务业与全国及发达地区相比比重较低，现代服务业发展不充分，服务业的规模和质量都有待提高。随着重化工业阶段的结束和国内外市场需求增长乏力，河南省钢铁、煤炭、建材等行业出现严重产能过剩,其他传统支柱产业、一部分消费品工业也形成了产能过剩局面,企业效益严重下滑、生产经营困难加剧。河南省原有的产业结构不合理,由于需求供给不匹配引起的产能过剩等问题进一步凸显,新老结构性矛盾交织在一起,更加复杂。

三是供给侧结构性改革成为现阶段产业结构调整的主线。河南省在供求关系上出现的结构性矛盾,表面上是中国经济进入新常态和世界经济长期处于萧条情况下的国内外市场有效需求不足所致,实际上是供给结构对需求变化的适应性和灵活性不足形成的中低端产品和服务严重过剩、中高端产品和服务供给不足的供需错配。供需错配的背后是产业结构的落后,主要矛盾在于河南省产业结构"偏重、偏原"的基本特征没有根本性改变,产业创新化、市场化发展的内在机制没有完全形成,进而形成产业发展新旧动能转换不足的问题。解决这一矛盾和问题,必须以供给侧结构性改革为主线,以创新驱动产业发展、市场主导产业发展、改革推进结构调整为重心,加快实现产业发展新旧动能转换,尽快实现河南省产业结构优化升级。

(二) 河南产业结构优化升级的总体要求

1. 指导思想

积极适应经济进入新常态、工业化迈向基本实现阶段和新一轮技术革命、产业变革加速扩散的新形势,以创新、协调、绿色、开放、共享发展理念为指引,以供给侧结构性改革为主线,以加快产业发展新旧动能转换、提高供给质量和效益为中心,高度重视需求特别是消费升级趋势的导向作用,新技术新产业新业态新模式的引领作用,着力培育产业发展新动能,打造产业增长新引擎,积极改造产业发展传统动能,实现新旧动能平稳转换,加快建设先进制造业强省、现代服务业强省、现代农业强省和网络经济强省,推动产业结构迈向中高端,构建现代产业新体系。

2. 历史定位

河南省现阶段产业结构优化升级有着特定的历史定位。

首先是在工业化发展阶段转换中的定位。河南省现阶段的产业结构优化升级,处于新的历史发展时期,具有与以往不同的历史定位。目前河南省处于由工业化中期向工业化后期过渡阶段,到 2020 年前后基本实现工业化，在这一阶段将经历由工业经济主导向服务业经济主导的转型。河南省在这一阶段产业结构优化升级的历史定位，就是通过产业结构调整为顺利实现工业化发展阶段转换和基本实现工业化创造条件、奠定基础。

其次是在经济发展阶段转换中的定位。"十二五"末，河南省进入经济新常态阶段。在这一阶段，推进河南省产业结构优化升级，要以供给侧结构性改革为主线，通过"去产能、去库存、去杠杆、降成本、补短板"，促进产能过剩有效化解，促进产业优化重组，降低企业成本，发展新兴产业和现代服务业，增加公共产品和服务供给，提高供给结构对需求变化的适应性和灵活性，重塑现代产业新体系，这是现阶段河南省产业结构优化升级的重要历史定位。

3. 发展目标

积极推进供给侧结构性改革，加快实现新旧产业动能转换，努力培育新兴产业，积极改造传统产业，大力发展服务业，基本实现以低端产品为主向中高端产品为主导升级，以传统产业为主向新兴产业和高新技术产业为主导转型，以加工制造为主向服务业和服务型制造为主导发展。到2020年，实现河南省创新能力提升，生产成本下降，经济效益明显改善；高端产业比重上升，低端产业比重下降，产业结构明显优化；第三产业比重较快上升，第一、第二产业比重持续下降，基本实现工业化；建成以先进制造业、现代服务业、现代农业和网络经济为支撑，以向中高端迈进为特征，以创新驱动持续升级，内部协调相互促进的现代产业新体系。

（三）河南省产业结构优化升级的方向和路径

1. 河南省产业结构优化升级的方向

产业结构优化升级，是指推动产业结构合理化和高度化发展的过程，是实现产业结构与资源供给结构、技术结构、需求结构相适应的状态，它包括产业结构合理化和产业结构高度化，是产业结构合理化和产业结构高度化的有机统一。在河南省现阶段，产业结构合理化，主要是解决国民经济各产业间的协调发展问题，既要推动三次产业间的协调发展，也要推动各产业内部不同部门的协调发展；产业结构高度化是推动三次产业随着技术进步和需求变化而升级并与工业化发展阶段转换相适应，同时推进产业内升级以解决技术含量和附加值偏低的问题；产业转型与产业协调、产业升级密不可分,有机结合,同步进行。

一是产业协调,就是要推动产业结构合理化,促进产业协调发展,既要重视三次产业的有机协调发展,也要重视工业、农业、服务业内部不同部门的协调发展。现阶段河南省产业协调发展的方向,一是三次产业间协调发展,构建以农业为基础,工业和服务业为支撑,并由工业主导经济发展向服务业主导经济发展转变的产业体系;二是推进产业内协调发展,重点解决好农业内部种植业结构调整、农林牧渔结构调整、农业与二三产业融合发展的问题,工业内部新兴产业与传统产业的支撑作用转换以及工业与服务业的融合发展问题,服务业内部生产性服务业与生活性服务业、现代服务业与传统服务业的关系问题。

二是产业升级,就是要在推进产业转型发展的基础上,推动产业结构的高度化,推动各产业发展进入更高阶段,实现整个产业结构和主要产业的整体提升。现阶段河南省产业升级的方向,一是产业间的升级,就是工业化发展阶段的转换和产业结构的高度化,由工业化中期过渡到工业化后期,并基本实现工业化;二是产业内的升级,即某一产业内部的加工和再加工程度逐步向纵深化发展,实现技术集约化,不断提高生产效率,降低物质消耗和污染排放,由价值链的低端向价值链的高端延伸。

2. 河南省产业结构优化升级的路径

以供给侧结构性改革为主线,坚持"创新、协调、绿色、开放、共享"发展新理念,以需求特别是消费升级趋势为导向,以新技术新业态新模式为引领,全面落实"三去一降一补"的重点任务,完成产业发展新旧动能转换的中心任务,促进产业协调发展,推进产业逐步升级,构建与经济新常态、供给侧结构性改革、河南基本省情相适应的现代产业新体系。

一是大力推进产业发展新旧动能转换。产业发展必然伴随新旧动能迭代更替的过程,经济发展、技术进步和消费升级引发动能转换是规律性常态,当产业发展的传统动能由强变弱时,需要新动能异军突起和传统动能转型,加快新旧发展动能接续转换,形成新的"双引擎",才能推动产业持续发展、结构优化升级。培育产业发展新动能,以创新驱动产业发展,以新需求和新技术新产业新业态新模式引领产业升级,以工业化城镇化信息化农业现代化向纵深发展培育产业新动力,以壮大新产业积蓄产业转换动力,以扩大开放拓展产业发展新空间。改造产业发展传统动能,以改造传统产业激发产业发展新活力，以全面改革增强产业发展内在动力。顺利实现新旧产业动能转换任务，积极运用新动能改造提升传统动能，推动新旧动能顺利衔接，实现产业发展由传统动能为主向新动能为主转换，由主要依靠增加物质资源投入向主要依靠科技进步和自主创新转变。

二是全面完成"三去一降一补"任务。去产能、去库存、去杠杆、降成本、补短板，是供给侧结构性改革的五大重点任务，也是以供给侧结构性改革为主线，推进产业结构优化升级的重要途径。大力推进"去产能"，以钢铁、煤炭行业为重点，通过多种方式去产能，实现资源转移、优化配置，为行业发展腾出空间。大力推进"去库存"，多策并举，推进房地产供给过剩城市去库存，建立房地产长效供求平衡机制，大力发展现代粮食生产方式，加快粮食价格形成机制和收储制度改革，加大与粮食主销区的对接力度和存量消化，形成粮食去库存长效机制。大力推进"去杠杆"，优化实体企业融资结构，加强金融企业杠杆管控，努力防控各类金融风险。大力推进"降成本"，重点降低税费、融资、物流、用工、能源资源、制度性交易成本等领域成本，使企业生产经营成本明显下降，其他成本降到合理水平。大力推进"补短板"，通过多种手段，补齐三次产业生产要素、基础设施、体制机制等短板，解决长期制约产业发展、结构优化的根本性、关键性问题。

二 以供给侧结构性改革为主线，推动河南产业结构优化升级

（一）推动河南农业结构优化升级

新形势下，河南省农业面临的主要问题已经由如何满足人民群众的衣食之需转变为如何解决产业效益低下、竞争力较差的问题，由总量供给不足转变为农产品供过于求与供给不足并存的结构性矛盾。推进农业供给侧结构性改革，实现农业发展新旧动能转换，提高农业综合效益和竞争力，成为当前和今后一个时期河南省农业结构优化升级的主要方向。

1. 培育农业发展新动能

积极培育农业发展新动能，实现农业发展新旧动能转换，是河南省推进农业供给侧结构性改革，实现农业可持续发展的中心。培育农业发展新

动能，要坚持改善供给，科学增减，调整农业结构，补齐农业发展短板，增强农业发展能力；要坚持科技引领，市场导向，降低农业生产经营成本，增加农业经济效益，增强农业发展内在动力；要坚持创新驱动，转型发展，促进一二三次产业融合发展，推动农业发展方式转变，增加农业发展新的动力。

一是优化农产品供给能力。以提高农业供给质量为主攻方向，根据资源条件和供求关系变化，调整优化农业生产结构和产品结构，提高农产品供给结构的适应性和灵活性。加快推进农业产业结构调整，加快推动农业规模化经营、标准化生产、品牌化营销，大力发展特色农业、高效农业、绿色农业和品牌农业，提高农产品供给的质量、效益和安全水平。以扩大有效和中高端供给为重点，优化产品结构，增强优质农产品、中高端农产品的供给能力，压缩和调减滞销品种生产，减少一般、过剩农产品供应，稳定小麦种植，适当调减玉米种植，大力发展优质专用小麦、专用玉米、优质水稻，发展优质杂粮和特色经济作物，增加非粮基本农产品供应。

二是推进农业降成本增效益。提高农业效益，要积极推进农业降成本。在农产品价格很难提升的背景下，降成本就是增收入、增效益，重点是推进科技创新，实现节本增效，推广节本增效技术，集成节肥、节药、节水、节种、节油等适用技术，在农业适度规模经营的基础上推进农业机械化，积极推进农业信息化，提高农业投入品利用效率，优化农业经营体系，降低农业生产成本，提高农业经营效益。

三是促进一二三次产业融合发展。目前，农业发展处于从传统农业向现代农业转型跨越的新阶段，工业、农业、服务业关系到深入调整和互动融合的新阶段。转变河南省农业发展方式，要发挥一二三产业融合的乘数效应，延伸现代农业产业链条，提升现代农业价值链，以优势农产品的生产加工和物流为重点，以全产业链为纽带，围绕特色高效农业，大力发展农业产业化集群；围绕农业产前、产中、产后服务，构建完善的现代农业服务业体系；积极拓展现代农业生态、休闲、创意等功能，大力发展休闲农业和乡村旅游。

2. 改造农业发展传统动能

促进农业发展，要积极改造农业发展传统动能，完善粮食安全保障能力，形成农业去库存长效机制，补齐农业基础能力短板，实现农业发展新旧动能平稳转换。

一是完善粮食安全保障能力。随着粮食连年丰收和国内外粮食成本价格差加大，河南省粮食生产出现结构性过剩，在新形势下如何发展粮食生产，如何完善粮食安全保障能力的问题开始凸显。河南省在保障国家粮食安全的基础上，重任的底线不能动摇，应继续集中力量建设粮食生产核心区，巩固提升在保障国家粮食安全中的重要地位，稳定提高粮食综合生产能力。新形势下，要完善粮食安全保障能力，推动粮食生产供给侧结构性改革，在稳定粮食综合生产能力的基础上，积极优化主粮供给结构，逐步淘汰粮食低端品种种植，扩大优质粮食品种生产，推动粮食生产由数量增长为主转到数量质量效益并重上来。

二是形成农业去库存长效机制。推动河南省粮食产业发展，继续增加农民收入，必须推进粮食去库存，大力发展现代粮食生产方式，建立根据市场变化调整粮食种植结构的机制，积极发展订单农业，发展优质粮食规模经营；加快粮食价格形成机制和收储制度改革，完善农产品市场调控制度，加快粮食批发市场建设，发展多元化粮食市场购销主体，加大与粮食主销区的对接力度，巩固深化产销合作关系；努力提高粮食加工转化能力，积极发展粮食产地初加工，支持粮食主产区发展农产品精深加工业，实施差异化、区域化布局，打造一批粮食加工优势产业集群。

三是补齐农业基础能力短板。发展现代农业，推进农业结构优化升级，必须补齐以基础设施和生产要素为主的农业基础能力发展短板，打破河南省现代农业发展的"瓶颈"和"短板"制约。补齐农业基础设施短板，实施藏粮于地、藏粮于技战略，统筹推进土地整治、中低产田改造和高标准粮田建设，把农田水利作为农业基础设施建设的重点，实施好大中型水库和灌区建设。补齐农业生产要素短板，加快构建多层次、广覆盖、可持续的农村金融服务体系，积极发展农业科技，强化农业科技创新体系建设，加快现代农业人才队伍建设，积极培育新型职业农民。

3. 促进农业产业结构优化升级

积极培育农业发展新动能，改造农业发展传统动能，推进农业发展新旧动能转换，其目的是促进农业结构优化升级。以农业发展新旧动能转换为基础，推动河南省农业产业结构优化，促进农业全面升级。

一是优化农业产业结构。积极推进农业供给侧结构性改革，在保障国家粮食安全优化种植业结构，积极调整农业内部种植业、林业、畜牧业、渔业结构，推进农业与工业、服务业融合发展，扩大现代农业产业体系。优化种植业结构，积极优化调整粮食种植结构，大力发展高效园艺农业，努力实现粮食作物、经济作物、饲草作物三元结构目标。优化大农业结构，大力发展现代畜牧业、水产业和林业，形成以种植业为基础，种植业、畜牧业为主导，水产业、林业同步发展的现代农业产业体系。扩大农业产业体系，积极延伸农业功能，着力发展围绕农业产前、产中、产后服务的农业服务业，大力发展生态农业、休闲农业和乡村旅游，增加农业的附加值，提高农业的经济效益。

二是促进农业产业升级。促进农业升级，就是要大力发展现代产业化农业、现代多功能农业、现代信息农业和现代绿色农业，推动农业产业化、多功能化、信息化和绿色化发展。大力推进农业产业化，以高标准粮田"百千万"建设、现代农业产业化集群培育和都市生态农业发展三大工程为载体，推动粮经饲统筹，农林牧渔结合，种养加一体，一二三次产业融合发展。积极促进农业多功能化，大力挖掘农业新兴功能，发展都市观光农业、休闲农业、乡村旅游、体验农业、创意农业，探索发展能源农业、订制农业、会展农业和众筹农业等新业态。加快农业信息化，大力发展现代信息农业，积极推进"互联网＋"现代农业发展，用信息技术优化农业资源配置、提高农业资源利用效率。推进农业绿色化，要大力发展绿色农业，推进农业标准化生产，提升农产品质量安全水平，推动农业可持续发展。

（二）推动河南工业结构优化升级

以供给侧结构性改革为主线，优化工业供给结构，补齐工业发展短板，增强工业发展动力机制，实现工业发展新旧动能转换，推动工业结构顺利转型升级。

1. 培育工业发展新动能

一是优化工业供给能力。优化工业供给能力，是工业供给侧结构性改革的重要方向，也是现阶段河南省工业结构优化升级的重要领域。优化工业供给能力，以提升工业供给质量为基本途径，提高工业经济效益为主要目的，优化工业供给结构为主要内容，是工业发展新旧动能转换的重要环节。优化工业供给结构，要通过新技术、新产业、新业态、新模式引领工业供给能力改善，积极实施"中国制造2025""互联网＋"等战略，推进创新驱动、智能制造、绿色制造，大力发展工业中高端产品、终端产品和新产品供给制造和淘汰传统、过剩工业供给能力。提升工业品供给质量和效益，坚持把质量作为制造强省的生命线，以创新为基础，加强质量管理、标准、设计、工艺和品牌建设，推动河南制造向河南创造转变、河南速度向河南质量转变、河南产品向河南品牌转变。

二是补齐工业发展短板。补齐河南省工业发展短板，要重点补齐工业创新、基础能力、新兴产业短板。补齐工业创新短板，充分重视河南省高等院校和科研机构在创新中的基础性作用，完善以企业为主体、市场为导向、政产学研用相结合的制造业创新体系，充分发挥企业在创新中的主体作用，加强关键核心技术研发和产业化，提高关键环节和重点领域的创新能力。补齐工业基础能力短板，统筹推进核心基础零部件（元器件）、先进基础工艺、关键基础材料和产业技术基础等"四基"发展，加强"四基"创新能力建设，提升"四基"制造能力。补齐新兴产业短板，以技术突破、应用推广为着力点，创新发展新一代智能终端、电子核心基础部件等10个新兴制造业，打造具有核心竞争力的千亿级产业集群，努力培育成河南新的主导产业，形成河南省新的经济增长点和未来发展的重要支撑。

三是增强工业发展动力机制。以"三化"、"四新"和扩大对外开放，培育工业新动力。适应全球工业从传统的机器主导型、资源消耗型、批量规模型向人机互联型、资源集约型、个性定制型转变，以信息化、服务化、绿色化带动发展，培育工业新动力。适应新一轮技术革命和产业变革的发展，以新技术、新产业、新业态、新模式引领发展，培育工业新动力。继续扩大对内对外开放，积极利用国内国外两个资源和市场，加强工业国内外布局和交流合作，培育工业新动力，提升河南省工业发展水平。

2. 改造工业发展传统动能

一是改造工业传统产业。改造工业发展传统动能，要积极改造传统产业，立足创新驱动，依托"中国制造2025""互联网＋"等推动传统产业迈向中高端，使传统产业形成更加适应市场需求的新技术、新业态、新模式，提升产品和服务价值链，焕发产业新活力。改造提升传统产业，坚持政府引导、企业主体、市场倒逼、依法依规，以钢铁、煤炭行业为重点，兼顾水泥、电解铝、平板玻璃等产能严重过剩行业，因业、因地、因企制宜，通过联合重组、资产证券化、产能合作等方式，大力推进去产能，实现资源转移、优化配置，为行业发展腾出空间。

二是增强工业企业活力竞争力。以改组改制、优化产业组织，进一步激发工业企业活力，以降低企业成本，增强工业企业竞争力。继续推进国有企业改革，打好国有工业企业改革攻坚战，分类改革、分块搞活、分级负责，积极推进混合所有制改革，优化国有资本布局结构。支持企业间战略合作和跨行业、跨区域、跨所有制兼并重组，提高工业企业规模化、集约化经营水平，培育一批核心竞争力强的企业集团。引导大企业与中小企业通过专业分工、服务外包、订单生产等多种方式，建立协同创新、合作共赢的协作关系。坚持降本增效与激发内生活力相结合，重点降低税费、融资、物流、用工、能源资源、制度性交易成本等领域成本，力争经过三年时间，使工业企业生产经营成本明显下降，其他成本降到合理水平。

3. 促进工业结构优化升级

一是优化工业产业结构。优化河南省工业产业结构，就是要在经济发展中，充分发挥主导产业的支撑带动作用，新兴产业的引领作用，传统产业的积极作用，积极壮大装备制造、食品制造、新型材料制造、电子制造、汽车制造五大主导产业，优先培育新一代智能终端、电子核心基础部件、智能制造装备、新能源汽车及智能汽车、智能电力及新能源装备、生物医药、尼龙及化工新材料、高端合金材料、智能传感器及物联网、节能环保等10个制造业先导产业，改造提升冶金、能源、建材、化工、轻纺等传统产业，促进它们协调发展，培育新的工业产业体系。

二是促进工业产业升级。工业发展是一个逐步升级的过程，在经济进入新常态、新一轮技术革命和产业变革向纵深发展的背景下，促进河南工业升级，就是要把创新作为工业发展的第一内在动力，推动工业发展由创新驱动，以智能制造为主攻方向，推进工业化与信息化深度融合，加快制造与服务协同融合，推动商业模式和业态创新，实行生产型制造向服务型制造转变，大力发展产业集群和产业集聚区，促进工业集群集聚发展，坚持绿色化发展道路，推动工业生产方式绿色化，全面推行绿色制造，促进河南省工业创新化、信息化、服务化、集群化和绿色化发展，实现全省工业发展由较低阶段向较高阶段转变。

（三）推动河南服务业结构优化升级

2015 年我国服务业增加值已占 GDP 的半壁江山，2016 年河南省服务业对经济增长的贡献率接近 50%，服务业成为拉动经济增长的主动力。但是，河南省服务业发展仍存在着比重偏低、结构不尽合理、发展新旧动能转化不足等问题，需要通过供给侧结构性改革来解决。

1. 培育服务业发展新动能

一是优化服务业供给结构。从供给侧看，促进服务业结构优化升级，重在创新供给、提高质量，核心是保障服务业基本供给，积极发展中高端服务、新兴服务、优质均等公共服务等。保障服务业基本供给，要增加短缺服务，满足居民消费结构升级要求，创新服务供给，提高服务质量，适应消费结构需要向追求，全面提升服务业水平。在保障服务业基本供给的基础上，适应消费结构需要向追求高层次、高质量的品质消费转变，积极发展高端服务、新兴服务、优质均等公共服务等，开发适合不同收入群体的多样化、个性化服务，完善服务业供给结构。

二是补齐服务业发展短板。河南省服务业发展滞后，既存在生产性服务业、新兴服务业发展不足的结构短板，也存在市场准入障碍、管制过多等体制机制短板。补齐生产性服务业短板，在巩固提升现代物流、金融业支柱产业地位的同时，大力发展信息服务、科技服务、商务服务、会展服务、服务外包等新兴服务业，提高生产性服务业在服务业中的比重，增强生产性服务业的影响力和带动力。补齐新兴服务业短板，以满足需求为导向，通过消费转型升级带动服务业转型升级，在发展新兴生产性服务业的同时，着力培育健康服务、养老服务、文化体育娱乐、居民家庭服务等新兴生活性服务业，形成服务业发展新的增长点。补齐服务业发展体制机制短板，打破服务业领域行业垄断和行政壁垒，适度放松部分服务业领域行业管制，加快推进公共服务领域市场化改革，解决服务业市场准入限制、行政管制过多等问题。

三是增强服务业发展动力机制。以"五新"、"三化"和扩大对外开放，培育服务业新动力。以新需求和新技术、新产业、新业态、新模式培育服务业新动力，推动消费加快升级，不断培育推广新技术、新产业、新业态、新模式，引领服务业发展。工业化向纵深发展，信息化、城镇化加速发展，农业现代化深入发展，以持续强劲需求拉动服务业发展，以全面技术、产业和生产方式变革重塑服务产业，培育服务业持续发展动力。积极推动服务业全方位、宽领域、多层次开放，为河南省服务业发展创造新机遇、新条件，进一步增强服务业发展的动力和活力。

2. 改造服务业发展传统动能

一是改造提升传统服务业。积极发展传统服务业，重视餐饮住宿、批发零售及其他传统服务业在经济发展中的作用，促进传统服务业层次提升、结构优化。着力提升传统服务业层次，积极运用新动能改造提升传统服务业，使传统服务业在与新动能融合中形成更加适应市场需求的新技术、新业态、新模式，提升产品和服务价值链，焕发新活力。充分发挥传统服务业在经济发展中的积极作用，发挥传统服务业技术资金门槛低优势，推进大众创业，发挥传统服务业对劳动力需求量大优势，在经济转型中吸纳一二产业转移就业，利用传统服务业满足日常需求特点，便利群众生活。

二是推进房地产业"去库存"防风险。分城施策，努力满足二线城市住房需求，推进房地产供给过剩城市"去库存"。大力推进二线以下城市"去库存"，采取更加有针对性的鼓励政策，鼓励农民进城购房，进一步打通商品住房与保障房通道，努力扩大住房消费，推进改善性住房、商业经营用房、办公楼等"去库存"，有效满足城镇家庭自住及改善性住房需求，鼓励各级行政机关、事业单位、金融机构等通过购买商业办公类商品房解决其业务用房需求。努力防范房地产业系统性风险，科学编制住房建设规划，促进房地产用地结构调整，建立房地产长效供求平衡机制，明确房地产居住属性，控制房地产业、房地产消费杠杆率，努力防范房地产泡沫引起的系统性经济风险。

3. 促进服务业结构优化升级

一是优化服务业产业结构。大力发展现代物流、现代金融、信息服务、文化旅游、健康养老五大主导产业，积极培育发展航空及冷链物流、新兴金融服务、云计算大数据、服务外包、专业服务、跨境电子商务及网络零售、基因技术应用及健康服务、数字创意等八大新兴服务业，构建现代服务业产业体系。优化生产性服务业和生活性服务业关系，扩大生产性服务业比重，提高生产性服务业在服务业发展中的影响力，在经济发展中的带动力；优化新兴服务业、现代服务业和传统服务业关系，培育壮大新兴服务业，发挥新兴服务业的先导作用，利用新技术、新业态、新模式改造传统服务业，扩大现代服务业规模，提高现代服务业带动力，发挥其在服务业发展中的主体作用。

二是促进服务业产业升级。推进生产性服务业向专业化、高端化发展，以创新为核心，由制造环节向前端延伸，加快发展研发、设计等生产性服务业，不断提升产业的整体科技含量，向后端延伸，加快发展营销、售后服务等生产性服务业，不断提高产业链的附加价值，同时推进生产性服务业的业态、模式创新。推进生活性服务业精细化、优质化发展，适应居民生活水平提高和消费升级需求，积极挖掘培育新消费增长点，促进生活性服务业向便利化和品质化升级，全面提升生活性服务业发展质量和效益。提升服务业对经济发展的主导作用，充分发挥现阶段服务业的高成长性优势，不断壮大服务业产业规模、提高产业比重，从量上在国民经济中逐步占据优势；充分发挥现代服务业的高渗透性优势，加快服务业对工业、农业的渗透，推进服务业与一二产业融合发展，从质上提高服务业的影响力。

（四）发展网络经济推动河南产业结构优化升级

随着信息化进程加快，以大数据、云计算、物联网、下一代互联网、移动互联网等为代表的新一代信息技术的广泛应用，正在引发生产、生活、消费方式的深刻变革，壮大了网络经济的规模，增强了网络经济的渗透力和影响力。网络经济作为一种崭新的经济形态，催生了新技术、新产业、新产品、新业态、新模式的不断涌现，引发了创新体系、产业竞争格局、企业组织形态的重大变革，成为新常态下经济发展的新引擎。大力发展网络经济，培育信息经济新形态，推动传统产业信息化改造提升，促进三次产业渗透融合发展，是培育产业发展新动能的重要途径。

1. 大力发展网络经济，培育产业发展新动能

一是夯实互联网基础产业。积极发展网络设备制造、网络基础设施和网络信息通信运营等互联网基础性产业，打造高速、移动、安全、泛在的新一代信息基础设施体系，夯实互联网应用和网络经济发展基础。根据河南省产业优势，大力发展新一代智能终端、智能传感器等下一代互联网核

心设备和智能终端产业，形成具有核心竞争力的万亿级、千亿级产业集群。加快建设高效泛在的信息网络设施，发挥郑州国家级互联网骨干直联点综合带动作用，构建以郑州为中心的"米"字形通信网络枢纽，打造通达世界、国内一流的现代信息通信枢纽。深入推进"宽带中原"建设，推动"全光网河南"全面升级，适度超前布局5G网络，加快下一代互联网大规模商用，大力发展网络信息通信运营业。

二是大力发展新兴互联网产业。大力发展基于新一代信息技术的大数据、云计算、物联网、移动互联网产业和衍生的互联网信息安全、互联网数字内容产业等新兴互联网产业，形成支撑河南省网络经济发展的新一代信息技术产业群。实施大数据发展战略，开展促进大数据发展行动，推动数据共享开放和开发应用，建设国家大数据综合试验区。大力发展云计算产业，推动云计算与大数据相辅相成、相互促进，加快发展物联网产业，加快物联网在重点领域的推广应用，积极发展移动互联网产业，推动移动互联网与新一代信息技术、数字创意、三次产业深度融合发展，推动新兴互联网产业全面发展。

三是积极培育网络经济市场空间。充分利用电子商务衔接供给和需求的桥梁作用，充分发挥信息消费对网络经济发展的拉动作用，努力培育网络经济市场空间，扩大网络经济发展空间。大力发展电子商务，普及电子商务应用，重点推动行业电子商务、跨境电子商务、农村电子商务发展，不断创造新需求、催生新业态、激发新模式，持续扩大网络经济市场空间、产业规模。着力培育发展信息消费，积极发展智能终端产品、基于互联网的软件产品、宽带和移动互联网服务、面向生产生活和管理的信息服务，培育庞大的信息消费市场，充分发挥促进消费升级、产业转型，拉动网络经济发展的显著作用。

四是以"互联网＋"推动网络经济向纵深发展。"互联网＋"是以互联网为主，涵盖新一代信息技术等在经济社会生活各部门的扩散应用过程，其本质是传统产业的在线化和数据化。加快推进"互联网＋"发展，有利于改造提升传统产业、培育新兴业态，形成发展新动能，推动经济提质增效、产业优化升级。重点推进"互联网＋"工业、农业、服务业、公共服务、创业创新，推进制造业数字化、智能化、网络化、柔性化、服务化转型，实现农业精准生产、农业经营服务网络化、农产品生产经营全程可追溯，推动电子商务应用新发展，服务业新技术、新业态、新模式向纵深发展，建设数字化、网络化、智能化的智慧河南公共服务体系，充分发挥互联网的创新创业平台作用，促进各类创新要素和创业资源聚集、开放和共享，打造经济发展新引擎。

2. 以网络经济促进产业结构优化升级

现代信息技术应用不断深化，网络经济在促进经济发展、加快产业结构优化升级中起着不可替代的重要作用，成为河南省经济发展重要的增长点、三次产业渗透融合的连接器、产业结构优化升级的加速器。

一是促进三次产业结构优化升级。发展网络经济，将加快河南省三次产业结构优化，促进三次产业升级，进入产业发展新阶段。网络经济将优化河南省产业结构，加快实现服务业对经济发展的主导作用，有助于加速河南省工业化进程、尽快进入信息社会时代。网络经济将促进河南省产业升级，通过发展网络经济，将加快现代信息技术对三次产业的渗透，加速河南省产业信息化进程；将改变现有生产方式和产业组织形式，降低产业发展的交易成本，促进三次产业发展提质增效；促进三次产业向产业链的两端、价值链的高端努力延伸，提高产业附加值，推动河南省产业整体升级；将促进三次产业跨界发展、融合发展，催生大量新技术、新产业、新业态、新模式，形成建立在信息技术和网络经济基础之上的各种新型经济形态，进入产业发展更高阶段。

二是促进农业产业结构优化升级。大力发展网络经济，深化互联网与农业融合，促进农业结构优化和产业升级。促进农业产业结构优化，利用互联网、大数据、云计算等现代信息技术，精准衔接供给和需求、生产和市场，更好地推进农业生产结构调整；促进网络经济与现代农业融合，大力发展基于互联网平台和新一代信息技术的农业产前、产中、产后服务业，扩大农业中服务业部门比重；利用网络经济和现代信息技术，更好地促进一二三次产业融合发展。促进农业产业升级，利用现代信息技术改造传统农业，大力发展智慧农业、精准农业，推动传统农业进入信息农业时代；利用现代信息技术，降低农业生产、销售等成本，实现降成本、增效益，进入现代产业发展模式；利用现代信息技术，积极拓展农业产业功能，大力发展农业新产业、新业态，提高农业附加值和经济效益，促进农业产业新升级。

　　三是促进工业产业结构优化升级。大力发展网络经济，深化互联网与制造业融合，加快制造业服务化转型，促进工业产业结构优化升级。以网络经济促进工业产业结构优化，促进网络经济与工业经济渗透融合，催生工业新技术、新产品、新业态、新模式，改变河南省传统产业比重较大状况；便利工业企业利用现代信息技术，精准采集和对接用户个性化需求，优化和调整工业产品供给，加快工业产业结构调整。促进工业产业升级，大力发展工业互联网，加快工业产业组织、生产方式、商业模式、供应链和价值链创新，推动工业产业整体升级；加快"两化"深度融合，用现代信息技术改造传统制造业，加速河南省工业信息化进程；加快现代信息技术对制造业的渗透，提升工业中服务环节的比重和质量，加快河南省制造业服务化进程。

　　四是促进服务业产业结构优化升级。大力发展网络经济，深化互联网与服务业融合，增强服务业在经济发展中的主导作用，促进服务业产业结构优化升级。以网络经济促进服务业产业结构优化，将催生各种服务业新技术、新产业、新业态、新模式，提高新兴服务业在服务业中的比重；实施"互联网＋"生产性服务业，将推动信息、科技、商务、物流、金融等产业率先发展、突破发展，大大提高生产性服务业在服务业中的比重，明显优化河南省服务业产业结构。以网络经济促进服务业产业升级，通过互联网和新一代信息技术渗透，制造业与服务业不断深化融合，现代信息技术催生的高端制造业带动和引领生产性服务业发展，推动生产性服务业全面升级；信息技术的进一步发展，将促使日常消费行业、房地产业、新兴消费服务业等，出现技术、业态、模式全面创新升级，进而实现生活性服务业的全面升级。

执笔：郑泰森、袁伟、李旭、王庆国、高巍

河南省建设高成长服务业大省研究

随着科学技术的迅速发展，一个国家和区域经济沿着农业经济、工业经济、服务经济的路径不断转型和升级。当前，河南省正处在工业化、现代化的中期阶段，推进新型工业化、信息化、城镇化和实现农业现代化仍是当前经济发展、社会进步的核心任务。在"十三五"期间，加快高成长服务业大省建设，要强化产业转型和消费升级需求导向，突出新业态发展、新热点培育、新技术应用、新领域拓展，强化科技创新驱动、重点产业带动、载体平台建设、跨界融合发展、服务品牌培育，以供给侧结构性改革推进服务业迈向中高端水平，积极探索品质升级、有效投资、创新驱动、经济转型有机结合的发展路径，强力推动生产性服务业向专业化和价值链高端延伸、生活性服务业向精细和高品质转变，不断推动服务业的比重的提高、结构优化、功能提升，加快向中高端水平迈进的步伐。

一 "十二五"河南省服务业发展概况

（一）成为稳增长的重要动力

"十二五"以来，河南省服务业保持稳定较快发展，在拉动增长、扩大投资、增加财力、吸纳就业中发挥了重要的积极作用。

一是规模占比双双攀升，拉动经济效果明显。2015 年全省服务业实现增加值 14611.33 亿元（初步统计），居全国第七位、中部地区第一位，占生产总值的 39.5%，比 2010 年提高 8.9 个百分点；"十二五"期间，服务业增加值年均增长 10.7%，特别是 2008 年以来，连续 6 年超过河南省地区生产总值增速，2015 年更是超出 2.2 个百分点。

二是固定资产投资持续加大，市场主体异常活跃。2015 年全省服务业固定资产投资完成 16478.3 亿元，同比增长 21.8%，高于工业投资 11.8 个百分点，高于全社会固定资产投资 5.3 个百分点、高于全国平均水平 8.4 个百分点；占全社会投资的比重达 47.2%，比 2011 年提高了 4.9 个百分点，成为稳增长的重要支撑。市场活跃度稳步提升。截至 2014 年底，服务业市场主体达到 282.48 万户，占全省市场主体的 86.6%，资本总额占61.5%；2014 年新增服务业市场主体个数 655882 户，占当年全部新增个数的 85.2%。对全省市场主体数量和资本总额增长贡献率分别达到 86.2% 和 65.9%。

三是税收贡献不断提高，惠民生成效显著。服务业税收实现较快增长，税收总量由 2010 年的 803.4 亿元，增长到 2014 年的 2038.9 亿元，增长了1.54 倍，年均增长 26.2%，高于税收总量年均增长率 8.2 个百分点。服务业税收占全部税收的比重由 2010 年的 42.7%，提高到 2014 年的 56%，成为河南省税收最重要、最稳定的来源。

四是吸纳就业能力凸显，扩就业成效显著。截至 2014 年底，河南省第三产业就业人口为 1873 万人，占全部就业人口的 28.7%，比 2008 年增长了 31.5%，提高了 4.5 个百分点；劳动生产率也达到每年 70796 元/人，是 2008 年的 1.85 倍，已成为河南省城镇化进程中承接农村人口转移就业的重要阵地。

（二）重点行业质量效益显著提升

一是现代物流业持续领先。2014 年，河南省社会物流总额、增加值同比增长 10.6% 和 9.6%，比全国水平高出 2.7 和 0.1 个百分点。社会物流总费用与 GDP 的比率不断下降。其中嘉里物流、招商局物流、安得物流、丰树物流等一批重大物流项目建成投用；UPS、俄罗斯空桥、顺丰等知名企业入驻航空港区，连通北美、西欧、东亚、东南亚、澳洲的货运航线网络初步形成；双汇、众品等龙头企业建立辐射华东、华北、西南、东北等地的冷链配送网络；2015 年货邮吞吐量实现 40.3 万吨，居中部地区首位，郑州机场开通国际货运航线 30 条，冷库规模超过 300 万立方米，共培育78 家 3A 级以上物流企业，河南煤化国龙物流、郑州交运集团等 6 家企业被国家评为 5A 级物流企业。

二是信息服务迅速增长。2014 年底，全省信息传输、软件和信息技术服务业实现增加值 453.88 亿元，五年平均增长 10.12%。"宽带中原"进展顺利，郑州、洛阳、济源等 3 市被列入信息惠民国家试点城市，10 个县（市）被确定为"宽带中原"示范试点，"河南省电子制造云计算服务平台"被确定为国家"工业云"创新服务试点。信息基础设施实现突破，郑州现已建成互联带宽能力 800G，开通网间互联带宽 200G，跻身全国十大通信网络交换枢纽，实现全省乡镇以上 4G 网络全覆盖。电子商务异军突起。郑州、洛阳成功申建国家电子商务示范城市，现有国家级电子商务示范基地 3 个、示范企业 7 家、省级示范基地 26 个、示范企业 136 家，省级电子商务园区 12 家，阿里巴巴、谷歌、百度等全国著名电商入驻河南。2015 年 1～9 月份全省电子商务交易额 5780 亿元，增长 36.1%。其中网络零售交易额 970 亿元，增长 49.5%。

三是金融服务持续增强。2014 年，金融业增加值为 1509.20 亿元，比 2010 年增加了 110.1%，年均增长 13.4%，始终保持在中部六省第一的位置。相继引进中原银行、中原农业保险公司、中原股权交易中心等多家金融机构，成立了全国第一只总规模为 1000 亿元的 PPP 中原航空港产业基金，设立了洛银金融租赁公司，组建农商行 34 家，郑东新区集聚了 243 家金融机构，"金融豫军"初步成形。到 2015 年 9 月份，开展了 20 多次专题银企对接，共有超过 1000 亿元签约。先后有 1600 家小微企业、约 10 万户个体工商户获得银行近 200 亿元贷款支持，972 个全省重点建设项目获得合计金额 4938 亿元支持。各类金融创新持续推进，郑州商品交易所交易品种达到 16 个，农业保险"扩面、提标、增品"积极推进，生猪目标价格保险、玉米天气指数保险、涉农贷款保证保险等险种创新全面启动，个人税收优惠型健康保险也在郑州启动。

四是文化旅游繁荣发展。文化产业方面，2014 年，全省文化、体育和娱乐业增加值 216.69 亿元，五年年均增长 14.5%。"双十"工程扎实推进，国家级文化和科技融合示范基地落户洛阳高新区，开封宋都古城升级为国家级文化产业示范园区，国家动漫产业发展基地（河南基地）跻身全国十佳创意产业园区，荣昌钧瓷等企业入围国家文化产业示范基地，国家知识产权创意产业园、郑州华强文化科技产业基地等园区全面开工，河南大象融媒体集团、大河网络传媒集团成功组建，报业集团经济效益位居全国第四，中原出版传媒集团实现主营业务整体上市。旅游产业方面，"十二五"期间，全省旅游总收入和接待游客人数连续多年保持中部第一，年均增速达到 15.2% 和 17.0%。"丝绸之路"、大运河成功申遗，重渡沟成为全国乡村旅游样板，南太行、伏牛山、桐柏—大别山等山水度假旅游集群发展势头迅猛，洛阳、郑州入选国家智慧旅游试点城市，云台山景区数字化应用规范上升为国家标准，4 家单位被确定为国家旅游标准化示范。截至 2014 年底，全省拥有 5A 级景区 13 家，全国红色旅游经典景区 10 处，国家生态旅游示范区 4 家，国家级休闲农业与乡村旅游示范县 6 个、示范点 13 个。河南省成功举办 3 届世界旅游城市市长论坛，成功入围国家"丝绸之路经济带"旅游合作发展框架和整体宣传范围，中原经济区城市旅游联盟等区域旅游协作日益紧密，入境市场保持逆势上扬。

五是健康养老产业快速增长。健康产业，先后出台了关于促进健康服务业发展、完善社会资本办医、医师多点执业管理、推进健康与养老服务工程建设等一系列政策文件，吸引了华润、中信、人寿等企业集团纷纷投资健康产业，举办医疗机构或参与公立医院改制。郑州大健康、郑州仁人健康体检中心、中美（河南）荷美尔肿瘤研究院、中挪肿瘤微转移联合治疗中心等民营企业和项目入驻中原，全省在建二级以上社会办医疗机构累计达 58 所。养老产业，截至 2015 年 6 月底，全省各类养老服务机构达4757 个，提供养老床位 36.3 万张，全省共 54 个养老服务社会化示范县（市、区），256 个养老服务机构示范单位，11 个县（市、区）被民政部命名为全国养老服务社会化示范县（市、区），洛阳、漯河两市被列入国家养老服务业综合改革试点城市。

六是商贸流通平稳发展。2014 年，全省社会消费品零售总额和批发零售总额分别为 1.4 万亿元和 1.21 万亿元，是 2008 年的 1.4 倍和 1.56 倍，年均增长 17.0% 和 17.03%，规模持续居全国第 5 位。批发零售业，郑州市成功被列入全国内贸流通体制改革发展综合试点城市，全省累计投资 8亿多元，集中连片推进 119 个农产品流通和农村市场体系建设。餐饮业方面，河南省成功认定 22 家品牌消费集聚区，累计命名 21 个"河南老字号"，在全省全面广泛开展了"文明餐桌"活动和酒店钻级评定工作。

（三）发展载体建设卓有成效

近年来，围绕提升城市服务功能，推动生产性服务业与制造业联动、生活性服务业融合创新，服务业"两区"建设发展取得突破性发展。

一是框架机制体系基本形成。全省共有 175 个服务业"两区"，总规划面积 332.37 平方公里，建成区面积约 150 平方公里，发展规划和空间规划、控制性详细规划组成的"两区"规划体系基本完善。全省近百个"两区"通过委托管理、机构套合、新建机构等方式成立专门运营管理机构，已建立"两区"统计监测体系，完善考核评价指标体系。

二是集聚带动效应不断增强。服务业"两区"在扩大招商引资、拉动投资消费、促进产业升级、推动创新创业发展、吸纳社会就业等方面的重要作用不断提升。截至 2015 年底，累计完成投资超 3000 亿元，年均增长 50% 以上，在建项目 818 个，入驻服务业企业 1.37 万家，从业人员近 100 万人。截至 2014 年底，主营业务收入超 50 亿的产业集群达到 7 个，培育形成亿元税收楼宇 19 栋。

三是特色培育成效突出。有效放大资源要素禀赋优势，区域特色和集聚效应显现。目前，郑东新区中央商务区吸引了 143 家金融机构和 34 家世界 500 强、43 家中国 500 强企业入驻；鹤壁市商务中心区的金融大厦等 8 栋商务楼宇投用，签约入驻率超过 60%；新郑市特色商业区吸引 50 家行业主力商会、2.3 万余商家入驻；南阳镇平县特色商业区以原石和玉雕为中心的展示交易、创意设计、检验认证、拍卖典当等服务，每年吸引游客和商户 1600 多万，形成了"买天下、卖天下"的格局；开封鼓楼区特色商业区成功申报中国著名特色商业街，开封龙亭区特色商业区七盛角、新乡红旗区特色商业区关帝庙等，已成为拉动消费和展示城市形象的亮点、名片。

（四）发展环境进一步优化

服务业的快速发展不仅是促进世界经济复苏、引领转型发展的新引擎，还是我国和河南省经济长期持续健康发展与优化升级的新动力。

一是服务业发展进入新环境。当前，从国际上看，发达经济体至少 70% 的 GDP 和就业源于服务业领域，制造业升级换代需要信息技术改造升级的现代服务业，全球化经济发展需要跨国公司服务外包和国际金融投资，全球服务经济主导态势为服务业快速发展营造了良好的外部环境。从国内看，转型中的中国产业升级需要大力发展创新型现代信息服务和科技服务等生产性服务业；突破目前环境、土地、资源的环境承载力瓶颈，需要发展以绿色为主要特征的服务循环经济和发展教育、文化等产业来实现，这些也为服务经济发展创造了新机遇。

二是开放型经济打开发展新空间。随着开放经济新体系的推进，服务业开放事业蓬勃发展。开放方面，召开了全省对外开放工作会议，出台多项以对外开放工作行动计划为主的开放专项方案。成功举办河南省现代服务业开放合作洽谈会，推介 2816 个重大招商项目，现场签约 235 个项目，总投资额达到 3120 亿元。成功申报进口肉类指定口岸、汽车整车进口口岸，郑州国家跨境贸易电子商务试点和城市配送试点工作，郑州服务业综合改革试点率先取得突破，6 家企业入选国家制造业与物流业联动发展示范。2015 年前 9 个月，全省服务业领域新批外商投资企业 66 家，实际到位外资 15.8 亿美元；实际到位省外资金 5951.1 亿元。UPS、俄罗斯空桥、普洛斯等一批物流龙头，汇丰银行、渣打银行等一批金融巨头，港中旅等一批旅游领军企业纷纷入驻发展。

三是全面改革畅通发展新渠道。随着政府强力推进"放管服"改革，制约服务业发展的瓶颈一一被突破。相继简化了行政审批程序，取消下放了部分行政审批事项，降低了市场准入门槛，减少了前置审批和资质认定项目。全面落实便利化工商注册制度，因地制宜地制定了服务业扶持政策，特别是《关于进一步促进服务业发展若干政策的通知》的 82 条政策，进一步细化在税收、财政、价格、费用、土地等方面的扶持力度，让各类市场主体切实享受到优惠政策，实现快速发展。据服务业工作领导小组初步统计，河南省共计安排省级财政预算内服务业专项资金 8.56 亿元，扶持项目 456 个，拉动社会投资 917.24 亿元；累计减免服务业企业所得税、营业税、房地产税、城镇土地使用税等各类税收超过 80 亿元，受惠主体数量达到 311.4 万户；全省新登记服务业市场主体占新登记市场主体总户数的 88.3%；供应服务业用地面积达到 2671.13 公顷；取消、降低、减免收费项目 144 项。

四是新消费新需求强化发展新趋势。随着河南省城镇化的稳步推进，城乡居民收入的提高，调结构、稳增长、惠民生的现实压力和现代信息技术广泛应用，结合省人口基数大、市场潜力大的独特优势，河南省新消费新需求呈现出总量扩大、个性化多样化发展趋势，特别是消费结构升级趋势更加突出。据统计，河南省城乡居民家庭用品服务、医疗保健、交通通信、文教娱乐及其他服务占消费总支出的比重分别由 2000 年的 37.5%、28.0% 提高到 2014 年的 40.6% 和 41.0%，这种居民消费从"物质消费"为主向"物质消费"与"服务消费"并重转变的升级趋势为服务业发展增添了持久有效需求，进一步营造了加快服务业发展的新态势。

二 "十三五"服务业总体发展思路

(一) 基本思路

强化产业转型和消费升级需求导向，突出新业态发展、新热点培育、新技术应用、新领域拓展，强化科技创新驱动、重点产业带动、载体平台建设、跨界融合发展、服务品牌培育，以供给侧和需求侧结构性改革，协调推进服务业迈向中高端水平，积极探索品质升级、有效投资、创新驱动、经济转型有机结合的发展路径，强力推动生产性服务业向专业化和价值链高端延伸、生活性服务业向精细和高品质转变，构建形成生产服务集聚化、生活服务便利化、基础服务网络化、公共服务均等化的现代服务体系。

(二) 主要目标

总体目标：建成高成长性服务大省。即主体体现在"高成长"和"服务业大省"两个方面，表现在三个方面。一是速度加快。在新常态下，服务业的发展相对于农业、工业明显加速，增加值比重、就业比重和对经济增长的贡献率显著提高。二是创新引领。新技术、新产业、新业态、新模式、新产品不断涌现，服务业与制造业、农业深度融合，服务业升级与产业向中高端迈进、城乡居民消费升级协同共进的局面基本形成。三是位次跃升。郑州成为中原城市群现代服务业发展的主引擎和核心增长极，"八轴带"线性集聚格局基本形成，全省服务业总量居中西部地区前列，在全国的位次前移，成为全国重要的现代服务业基地。

具体目标：力争到 2020 年，服务业发展保持高速，年均增速高于生产总值增速，全省服务业增加值超过 2 万亿元；比重在 2020 年达到 45% 左右，生产性服务与生活性服务结构不断优化，区域中心城市、地区中心城市和中小城镇区域服务功能持续增强，生产服务集聚化、生活服务便利化、基础服务网络化、公共服务均等化的现代服务业体系基本形成，服务业对全省经济实现较高速度增长、经济结构转型升级、发展动能平稳接续形成强有力支撑，基本建成高成长服务业大省，成为全国重要的现代服务业基地。

（三）主要任务

全面实现"调结构、促转型"，要坚持市场导向，深化改革，在全面提升服务业发展载体的基础上，做大做强生产性服务业，培育壮大生活性服务业。

1. 做大做强生产性服务业

发挥河南省现代综合交流体系优势，构建以郑州国际物流中心为核心，国际物流、区域物流、城市配送、农村物流、特色行业物流为支撑的多层次大物流体系。以电子商务为龙头，挖掘消费潜力，培育新兴业态，提升配套能力和基础设施建设，推动信息服务业快速健康发展。不断壮大"金融豫军"，创新金融产品、服务、业态，推动开放创新，形成与全面建成小康社会、部分领域和区域率先实现现代化相适应的金融体系。培育壮大科技服务市场主体，加快发展研发设计、技术转移、检验检测认证、科技咨询、创业孵化等科技服务，促进科技服务业专业化、网络化、规模化发展。优化商务发展环境，重点发展成长性好，溢出效应明显的会展、广告、中介咨询、服务外包等商务服务业，培育商务服务品牌。

2. 培育壮大生活性服务业

按照"一心两带四区"的规划，加快旅游产品和业态创新，提升旅游服务和营销水平，强化产业融合，实现观光与休闲度假型、产业经济型、要素集群发展转变，提升"老家河南"旅游品牌影响力。推进华夏历史文明传承创新区和文化强省建设，激活传统文化，发展创意文化，培育新兴业态，促进产业融合，构建现代文化市场体系，全面提高文化产业的核心竞争力。强化政策引导，创新体制机制，建立覆盖全、生命周期长、内涵丰富、结构合理、具有河南省特色的健康服务业体系，打造一批知名度高、带动力强的健康服务业集群。加快引入多元市场主体，培育发展专业化服务机构，建立健全多种形式、惠及城乡居民的家庭服务体系。顺应不断变化的消费需求，应用先进技术和管理模式，加快推进商贸流通业转型升级。培育具有河南特色的连锁餐饮、住宿品牌。认真落实国家和河南省房地产发展的政策措施，优化商品住房供给结构，加快住宅产业化进程，发展健康住宅、绿色住宅、节能省地型住宅等概念性地产。

3. 完善提升服务业发展载体

加快推进商务中心区和特色商业区的提速增效发展，因势利导推动现代物流、信息服务、文化创意、健康养老、服务外包和产品交易等服务业专业园区的建设，推动产业链纵向连接、侧向配套、融合集聚，形成服务业发展新高地。

三 建成高成长服务业大省的主要对策措施

（一）大力发展现代服务业，推动产业结构迈向中高端

随着经济形态逐步进入服务经济主导时代，经济发展的核心动力也由生产要素大规模投入转向资源要素的科学配置和科技创新驱动，知识密集型和技术密集型服务型产业将引领未来经济的增长。

一是优先发展生产性服务业，抢占产业竞争的战略制高点。引导企业分离和外包非核心业务，集中优势资源要素加快物流、金融、电子商务产业发展，培育河南服务品牌。大力发展航空、快递、冷链等优势行业物流，提升物流园区功能，完善城市配送中心、终端配送网点。加快郑东新区金融集聚核心功能区建设，培育壮大"金融豫军"，创新发展互联网金融，打造全国期货交易中心、金融后台服务基地，提升金融服务实体经济功能。遵循需求导向，积极培育研发设计、技术转移、创业孵化、知识产权、科技咨询等科技服务，以及节能环保、检验检测认证、服务外包、人力资源服务、售后服务、品牌建设等生产性服务。

二是创新发展生活性服务业，充分挖掘市场潜能。紧跟消费需求潮流，以共享发展需求为导向，重点发展文创、旅游、养老、健康等产业，使社会力量逐步成为服务业的发展主体，提升生活服务便利化水平。重点

推进品牌旅游景区和旅游线路提升、乡村旅游规范发展、旅游配套基础设施完善，强化电子商务、大数据在提升旅游服务质量的作用，积极推进养老、健康服务业规模化、品牌化和网络化发展，以跨界融合催生新业态，以信息技术开创新模式，以个性特色开拓新空间。

（二）坚持科技创新引领，不断培育壮大新业态新模式

坚持原创式创新为主、跟随者式创新和引领式创新并重，是培育新业态新模式、实现跨越式发展的根本途径。

一是搭建要素聚变平台助力平台经济发展。明确发展重点，发挥郑州商交所、粮食批发市场等优势，在粮食、棉花、白糖等大宗农产品，动力煤、钢材、有色、化工等大宗工业品领域，培育一批知名度高、竞争力强、辐射范围广的龙头型平台。结合中心城区批发市场外迁整合提升，培育特色商业现货交易平台。结合各地智慧城市、数据城市建设，培育一批政务、医疗、养老、教育、旅游等益民服务平台。创新发展模式，在不同业态的组合中发现新模式、新机遇，通过细化领域寻找空白区域，或引导龙头企业在其优势领域进行"裂变"，通过引入和拓展服务逐步发展成专业服务平台。

二是顺应消费模式变迁培育发展共享经济。优先在闲置资源和服务方面，借鉴先进发达地方在交通出行、房屋等领域成熟共享经验和模式，大力发展各类"专车""顺风车""拼车"业务，以及短期租房和联合办公等共享经济新业态。在餐饮和旅游等领域，探索形成河南本土共享经济品牌。在知识技能服务领域，借助"众包""众筹""众创"平台，通过主办研讨会、公开课、慕课等形式，共享经验、知识、实践体验、科技研发等资源。在非营利领域，借助物联网，汇集众多自愿者和非营利性组织，在更大范围、更大领域内合理配置技能、资源、人才等要素，释放和孵化新的创新激励机制。

三是弥补薄弱环节促进新业态新模式涌现。加快物联网、云技术、大数据等关键技术创新和运用，鼓励传统商业企业发展线上业务，网络零售企业拓展线下功能，整合线上线下业务、品牌、渠道、顾客等多方面资源，加快商业业态和模式的创新。围绕产业链部署创新链和资金链，实施产业"补链"行动，针对制造业产业链的薄弱环节和价值链高端环节，加快发展研发设计、信息技术、融资租赁、检测认证、电子商务等服务，促进制造服务化。探索会商旅文体联动新形式，催生新消费需求，带动综合

消费不断增长。

（三）夯实科学发展载体，推动提质增效转型升级发展

科学发展载体是河南省发挥自身发展优势、加快承接国际国内产业梯度转移、抢占国际产业分工高地一张"王牌"。

一是以"双创"激活楼宇经济活力。对空置楼宇进行摸底调查、统一整合，引导新建楼宇明确方向、提升功能，通过完善道路、网络、节能、水电气暖等基本设施，对入驻定点创新创业楼宇的"四新"小微企业或创业者在房屋租赁、设施设备使用等费用上给予适当补贴，通过政府购买服务的方式鼓励社会举办电子商务营销、信用评价、融资等公共创业创新平台，建立创新创业的"一站式"商事服务平台，实行"一个窗口"受理、限时办理、一次性告知等制度，力争培育一批创新工厂楼宇、众创空间楼宇、科技孵化楼宇。

二是以"腾笼换鸟"推动园区"凤凰涅槃"。优化服务"两区"空间布局，积极推动"退二进三""退三提三"，引导中心城市通过城市有机更新、传统制造业和服务业外迁或转型等方式，大力引入高新技术产业和总部经济、研发设计、检验检测、展示营销等高端服务业，盘活现有土地，提升土地利用效率。鼓励省内优势企业在服务业"两区"兴办自营生产性服务业企业，或组建独立运作、单独核算的生产性服务业企业，分离外包非核心业务，重点发展研发设计、第三方物流、融资租赁、信息技术服务、节能环保服务、检验检测认证、电子商务、服务外包、售后服务、人力资源服务和品牌建设等服务业，延长企业价值链条。

三是以特色集聚引领专业园区建设。按照"四集一促"的要求，以提质增效为目标，通过制订评价考核办法、完善奖惩机制，对各类服务业专业园区统筹规划、科学布局、优化培育、规范管理，培育形成一批支撑服务区域主导产业创新转型的高端商务服务平台和区域辐射的特色服务业集群。

（四）突破人才发展瓶颈，夯实服务经济健康发展根基

加强人力资源二次开发，是突破当前服务业发展人才瓶颈、弥补人口红利、实现人力资源强省向人才资源强省转变的根本途径。

一是优先发展高中等教育。通过打好基础教育、夯实职业教育、抓好

高等教育，加快教育体制改革，持续加大教育投入，推进教育结构调整，提高教育自身发展能力，增强人力资源整体素质。

二是打破人才流动瓶颈。创新人才流动机制，推进社会保障制度改革，消除人才流动的城乡、区域、部门、行业、身份、所有制等限制；推动高校和科研院所按"用时打通"的原则进行改革，变革专家教授薪酬和岗位管理制度，保留一定比例的编制，支持专家教授投入创新创业活动，完善科研人员兼职兼薪管理政策。

三是创新收入分配制度。按照国家深化收入分配制度改革意见要求，尽快研究制定河南省深化分配制度改革的实施方案；建立健全以实际贡献为评价标准的人力资本报酬制度，鼓励企事业单位对紧缺急需的高层次、高技能人才实行协议工资、项目工资；加强知识产权保护，探索建立科技成果入股、岗位分红权激励等多种分配办法，保障技术成果在分配中的应得份额。

（五）深入推进改革开放，力促政府服务质量水平提升

扩大改革开放深度和广度，持续提升政府服务质量和水平，分享制度创新带给服务经济的红利。

一是深入推进"放管服"改革。建立权力清单和责任清单，全面落实商事制度改革措施，逐步清理和取消非行政许可审批事项。在全国统一部署下，整合全省消费品领域、反垄断领域、金融领域监管力量，构建综合性、权威性市场监管机构，强化事中事后行政监管。

二是加快对内对外开放步伐。通过降低服务准入门槛、消除隐形壁垒、加强反垄断调查、放开市场价格等手段，不断打破各行业的行政垄断、自然垄断、经济垄断。全面融入"一带一路"建设，积极推动河南省工程承包、矿业勘测、金融服务、文体精品、服务外包等优势技术或产业开拓国际市场。

三是发挥政府购买服务功效。按照公平公开公正原则，区分基本与非基本公共服务，完善政府购买服务目录，充分利用第三方专业化团队，创新政府购买方式，优先投向资质好、有潜力的社会组织，以及与民生密切相关的项目和代表产业发展方向的中小创新服务企业，科学引领服务业发展方向。

执笔：张长星、李守辉、翁珺、弋伟伟、王新

河南省服务业部分指标对增加值增速的影响分析

当前，国内经济全面进入新常态的转型期，存在诸多制约因素和挑战，调结构、转方式、促创新任务艰巨。服务业作为经济增长的重要力量、扩大就业的重要渠道、地方税收的重要来源，对稳增长、促改革、调结构、惠民生、防风险有着重要作用。本文以河南省为例，深入分析一般公共预算八项支出、货运周转量等指标对非营利性服务业、交通运输邮政业增加值增速的影响，以期对政府宏观调控工作提供借鉴和参考。

一 服务业增加值统计核算相关概念综述

按照国家 GDP 统计核算办法，地方季度 GDP 核算将服务业所涉及的 14 大门类合并为交通运输邮政业、批发零售业、住宿餐饮业、金融业、房地产业、营利性服务业和非营利性服务业七个行业进行统计。从服务业增加值内部结构历年数据来看，非营利性服务业、营利性服务业、批发零售业、交通运输业和房地产业等五大行业比重较大。根据服务业增加值的测算办法，影响服务业增加值增速的指标主要有客货运输周转量、限额以上批发零售业和住宿餐饮业、金融机构存贷款、房地产商品房销售面积、从业人员及工资报酬、营利性服务业营业税、一般公共服务支出等。一般公共预算支出、客货运周转量等指标直接影响非营利性服务业、交通运输邮政业的核算结果。

二 一般公共预算八项支出对服务业增加值的影响分析

(一)统计局核算基本方法

根据国家相关统计规定,从 2015 年起,非营利性服务业的核算指标由一般公共预算中"一般公共服务支出"扩展到"一般公共服务支出、公共安全支出、教育支出、科学技术支出、社会保障和就业支出、医疗卫生与计划生育支出、节能环保支出及城乡社区支出"等八项,也就是我们所称的"一般公共预算八项支出"。非营利性服务业增加值核算公式为:

当期非营利性服务业不变价增加值

=上年非营利性服务业不变价增加值×(1 + 当期非营利性服务业不变价增加值增长速度)

当期非营利性服务业不变价增加值增长速度

=当期一般公共预算支出中八项支出合计不变价增长速度×国家换算系数

当期一般公共预算支出中八项支出合计不变价增长速度

= ｛〔(1 + 当期一般公共预算支出中八项支出合计现价增长速度)÷当期居民消费价格指数〕 -1｝ ×100%

国家换算系数

=上年年度非营利性服务业不变价增加值增长速度÷上年年度国家一般公共预算支出中八项支出合计不变价增长速度 =0.6833

(二)数据分析

表 1 一般公共预算八项支出相关数据

单位:亿元,%

		服务业增加值增速	非营利性服务业占服务增加值比重	非营利性服务业增加值增速	八项支出现价增速	八项支出不变价增速	居民消费价格指数	非营利性服务业贡献率	非营利性服务业拉动服务业增长点数
2014 年	1~12 月	9.4	23.9	9.9	8.6	6.6	101.9	—	—
2015 年	1 月	—	—	—	-32.9	-33.7	101.2		
	1~2 月				-7.5	-8.8	101.5		

续表

	服务业增加值增速	非营利性服务业占服务业增加值比重	非营利性服务业增加值增速	八项支出现价增速	八项支出不变价增速	居民消费价格指数	非营利性服务业贡献率	非营利性服务业拉动服务业增长点数
1～3月	5.6	24.3	-1	-6.3	-7.7	101.5	-4.6	-0.3
1～4月	—	—	—	13.2	11.4	101.6	—	—
1～5月	—	—	—	13.0	11.3	101.5	—	—
1～6月	8.8	23.2	9.1	16.8	15.2	101.4	23.8	2.1
1～7月	—	—	—	19.7	18.0	101.4	—	—

注：表中数据来自服务业统计月报、省统计局核算处提供数据和按照核算方法计算

1. 从占比看，2014年及2015年一、二季度，非营利性服务业占服务业增加比重（现价）分别为23.9%、24.3%和23.2%。

2. 从增速看，一般公共预算八项支出2015年第一季度增长-6.3%，1～4月、1～5月、1～6月、1～7月分别增长13.2%、13.0%、16.8%、19.7%，呈逐月攀升态势；2015年第一、二季度非营利性服务业增加值分别增长-1%、9.1%。

3. 从贡献率看，2015年第一、二季度，非营利性服务业对服务业增长的贡献率分别达到-4.6%、23.8%，分别拉动服务业增长-0.3个、2.1个百分点。

三　交通运输量对服务业增加值的影响分析

（一）统计局核算基本方法

根据《河南省季度GDP核算方案（2015年）》，交通运输、仓储和邮政业不变价增加值计算方法如下。

（1）根据上年GDP年报计算出铁路运输业、道路运输业、邮政业不变价增加值占交通运输和邮政业不变价增加值的比重。

（2）利用当期铁路和公路总周转量增长速度、邮政业务总量增长速度推算铁路运输业、道路运输业和邮政业增加值增长速度。

（3）利用铁路、道路运输业和邮政业增加值增长速度和上述比重进行加权，计算出当期交通运输、仓储和邮政业不变价增加值增长速度。

（4）利用上年同期不变价增加值和当期不变价增加值增长速度计算出当期该行业不变价增加值。

计算公式为：

当期交通运输、仓储和邮政业不变价增加值

＝上年同期该行业不变价增加值×（1＋当期不变价增加值增长速度）

当期不变价增加值增长速度

＝［当期铁路运输业总周转量增长速度×国家换算系数×（上年年度铁路运输不变价增加值÷上年年度交通运输和邮政业不变价增加值）］

　＋［当期公路运输业总周转量增长速度×国家换算系数×（上年年度道路运输不变价增加值÷上年年度交通运输和邮政业不变价增加值）］

　＋［当期邮政业务总量增长速度×国家换算系数×（上年年度邮政业不变价增加值÷上年年度交通运输和邮政业不变价增加值）］

其中，各运输方式（邮政业）国家换算系数＝上年年度国家各运输方式（邮政业）不变价增加值增长速度÷上年年度国家各运输方式总周转量（邮政业务总量）增长速度。根据省统计局提供的数据，2015 年铁路运输业、道路运输业、邮政业的国家换算系数分别为 1、0.5069、0.5888。

另，在计算铁路、公路运输总周转量时，需要把客运周转量按 1∶1、10∶1 的比例转换成货运总周转量。

（5）需要注意的几个统计口径和统计方式变化。一是 2013 年 9 月之前，公路客货运量和周转量由全面调查数据进行核算，之后则采取以高速公路收费站监测平台监测数据对公路客货运量和周转量进行推算。经与统计局沟通，监测方式变化后，各省市公路客货运量及周转量数据均大幅下滑。二是从 2014 年起，交通运输/仓储/邮政业不变价增加值增速的核算不再考虑水运和航空运输指标。三是从 2015 年 1 月起，铁路客运统计口径发生变化，由按售票数统计改为按乘车人数统计。据统计局服务业研究，此项变化对铁路客运数据影响不大。四是 2015 年邮政行业业务总量包含了快递。

（二）数据分析

1. 从占比看，交通运输/仓储/邮政业增加值约占服务业增加值的 1/8；

在 2014 交通运输/仓储/邮政业增加值中，铁路运输业、道路运输业、邮政业增加值比重分别为 17.7%、78.9%、3.4%，也就是说公路客货周转量增速和铁路客货周转量增速四个指标是我们关注的重点。

表 2 交通运输/仓储/邮政业基本数据

单位：亿元,%

	服务业增加值（现价）	服务业增加值增速	交通运输/仓储/邮政业增加值占服务业比重	交通运输/仓储/邮政业增加值增速	铁路周转量增速（折合后）	铁路运输业占交通运输/仓储/邮政业增加值比重	公路周转量增速（折合后）	道路运输业占交通运输/仓储/邮政业增加值比重	邮政业务总量增速	邮政业占交通运输/仓储/邮政业增加值比重
2014 年	12875.90	9.4	12.5	3.4	-6.10	17.7	7.6	78.9	27.1	3.4
2015 年一季度	2706.12	5.6	16.9	1.5	-6.20	—	5.01	—	25.0	
2015 年二季度	6366.95	8.8	12.7	1.1	-7.60	—	3.70	—	32.9	

注：表中数据来自统计月报、服务业统计月报和省统计局核算处提供的数据

表 3 铁路运输业相关数据

年	月	货物周转量（万吨公里）	货物周转量增速（%）	货物周转量占总周转量比重	旅客周转量（万人公里）	旅客周转量增速（%）	旅客周转量占总周转量比重	铁路周转量增速（折合后）
2014 年	1～12 月	19265023	-8.1	68.3	8956518	5.0	31.7	-6.10
2015 年	1 月	1615406	-4.1	70.8	665076	-24.3	29.2	—
	1～2 月	2834807	-8.8	70.4	1194508	-21.7	29.6	—
	1～3 月	4234175	-10.7	67.1	2080454	-7.9	32.9	-6.20
	1～4 月	5628219	-11.3	66.1	2889684	-3.3	33.9	—
	1～5 月	7169828	-10.1	64.8	3889370	5.4	35.2	—
	1～6 月	8548887	-10.8	65.2	4570892	4.2	34.8	-7.60
	1～7 月	9886656	-11.0	64.4	5456079	1.4	35.6	—

注：表中数据来自统计月报、服务业统计月报和省统计局核算处提供的数据

表 4　公路运输业相关数据

年	月	货物周转量（万吨公里）	货物周转量增速（%）	货物周转量占总周转量（折合后）比重	旅客周转量（万人公里）	旅客周转量增速（%）	旅客周转量占总周转量（折合后）比重	公路周转量增速（折合后）
2014 年	1～12 月	48223668	7.4	98.3	8448570	18.6	1.7	7.6
2015 年	1 月	4493687	6.0	98.7	596953	-16.8	1.3	—
	1～2 月	6234106	10.1	98.1	1227593	-25.1	1.9	—
	1～3 月	10102912	5.3	97.8	2242813	-5.7	2.2	5.01
	1～4 月	14226997	4.9	98.0	2962950	-3.6	2.0	—
	1～5 月	18091528	2.0	98.0	3613150	-3.5	2.0	—
	1～6 月	22613029	3.8	98.1	4399520	-0.1	1.9	3.70
	1～7 月	27179745	5.8	98.1	5162192	0.8	1.9	—

注：表中数据来自服务业统计月报和省统计局核算处提供的数据

表 5　邮政业相关数据

年	月	邮政行业业务总量（亿元）	邮政行业业务总量增速（%）
2014 年	1～12 月	116.54	26.0
2015 年	1 月	12.18	33.6
	1～2 月	21.29	25.0
	1～3 月	34.27	28.6
	1～4 月	46.83	31.1
	1～5 月	59.98	32.9
	1～6 月	73	34.2
	1～7 月	86.83	36.6

注：表中数据来自服务业统计月报

2. 从增速看，交通运输/仓储/邮政业增加值增速从 2014 年起呈逐步下滑态势，从 2014 年一季度到 2015 年二季度，累计增速分别为 4.1%、3.8%、2.0%、3.4%、1.5%、1.1%。其中，铁路货物周转量呈持续下滑，连续 5 个月在 -10% 以下，铁路旅客周转量增速由负转正，但在低位波动；公路货物周转量近五个月在较低位运行，呈现回升态势，公路旅客周转量呈断崖式下滑态势，在 7 月份由负转正；邮政业务总量一直保持 30% 左右增速的高位运行状态。

3. 从贡献率看，2015 年第一、二季度，交通运输/仓储/邮政业对服务业增长的贡献率分别达到 4.3%、1.3%，分别拉动服务业增长 0.2 个、0.1 个百分点。

4. 从综合影响力看，根据统计局交通运输/仓储/邮政业不变价增加值增速核算方法，匡算出铁路货物周转量增速、铁路旅客周转量增速、公路货物周转量增速、公路旅客周转量增速、邮政行业业务总量增速五个指标对交通运输/仓储/邮政业不变价增加值增速的综合影响系数，分别为 0.12、0.057、0.392、0.008、0.02。也可以理解为，此五个实物量增速乘以其对应综合影响系数的合计基本与交通运输/仓储/邮政业不变价增加值增速相当。计算方法分别如下：

（1）铁路货物周转量增速对交通运输/仓储/邮政业增加值增速的综合影响系数 = 铁路运输业增加值占交通运输/仓储/邮政业增加值比重 × 国家换算系数 × 铁路货物周转量占铁路总周转量比重 ≈ 17.7% × 1 × 68% = 0.12。

（2）铁路旅客周转量增速对交通运输/仓储/邮政业增加值增速的综合影响系数 = 铁路运输业增加值占交通运输/仓储/邮政业增加值比重 × 国家换算系数 × 铁路旅客周转量占铁路总周转量比重 ≈ 17.7% × 1 × 32% = 0.057。

（3）公路货物周转量增速对交通运输/仓储/邮政业增加值增速的综合影响系数 = 道路运输业增加值占交通运输/仓储/邮政业增加值比重 × 国家换算系数 × 公路货物周转量占公路总周转量（折合后）比重 ≈ 78.9% × 0.5069 × 98% = 0.392。

（4）公路旅客周转量增速对交通运输/仓储/邮政业增加值增速的综合影响系数 = 道路运输业占交通运输/仓储/邮政业增加值比重 × 国家换算系数 × 公路旅客周转量占公路总周转量（折合后）比重 ≈ 78.9% × 0.5069 × 2% = 0.008。

（5）邮政行业业务总量增速对交通运输/仓储/邮政业增加值增速的综合影响系数 = 邮政业占交通运输/仓储/邮政业增加值比重 × 国家换算系数 ≈ 3.4% × 0.5888 = 0.02。

四 初步判断

（一）2015 年下半年一般公共预算支出指标对服务业增加值增速产生正能量的概率远大于产生副能量的概率

按照《河南省 2015 年国民经济和社会发展计划》，以 2015 年服务业增长 8%、居民消费价格指数在 103 左右为基础进行测算，2015 年一般公共预算八项支出现价增速达到 15.1% 即可保持非营利性服务业增长 8%；一般公共预算八项支出现价增速达到 16.6% 即可保持非营利性服务业增长 9%。2015 年 1~4 月、1~5 月、1~6 月、1~7 月一般公共预算支出增速分别为 13.2%、13.0%、16.8%、19.7%，呈逐步攀升趋势。随着公务员工资改革、公车改革的加快推进，一般公共预算支出增速将稳步提升，预计 2015 年非营利性服务业对服务业增长的贡献率将会在较高位运行。

（二）2015 年下半年交通运输/仓储/邮政业对服务业增加值增速的下拉作用较强

2014 年和 2015 年第一、二季度，交通运输/仓储/邮政业增速为 3.4%、1.5%、1.1%，分别低于服务业增速 6 个、4.1 个、7.7 个百分点。虽然交通运输相关实物量增速指标在 7 月份略有回升，预计全年交通运输/仓储/邮政业增加值增速将远达不到服务业增加值整体增速。

（三）需要通过各种措施提升公路货物周转量和铁路货物周转量两项指标增速

按照统计系统核算办法，河南省交通运输/仓储/邮政业增加值测算不考虑公路、铁路的货物量和旅客运输量指标，也不考虑航空运输量指标，仅考虑铁路货物周转量增速、铁路旅客周转量增速、公路货物周转量增速、公路旅客周转量增速、邮政行业业务总量增速共五项指标。按照区域季度 GDP 测算方法，2015 年这五项指标对交通运输/仓储/邮政业不变价增加值增速的综合影响系数，分别为 0.12、0.057、0.392、0.008、0.02，可以理解为此五个实物量增速乘以其对应综合影响系数的合计基本与交通运输/仓储/邮政业不变价增加值增速相当。

（四）措施建议

一是建议省政府督促省交通运输厅加强与国家交通运输部、郑州铁路公司与国家铁路总公司做好沟通衔接工作，在国家铁路总公司切分数据时给予河南省支持，必要时可研究制订一些微刺激、点调控措施来引导提升高速公路车辆通行量。二是建议研究制订促进多式联运发展和相关配套基础设施建设的政策措施，加快推进空港、铁路港、海港、公路港"四港联动"，提升区域中转、城市配送量，巩固提升物流通道枢纽地位。

执笔：张长星

第二篇
注重协调，构筑城乡区域统筹新格局

新型城镇化是河南省经济社会发展的最大潜力和最大红利，积极探索具有河南特色的新型城镇化道路，关键在于加快转变城镇化发展方式，充分释放新型城镇化所蕴藏的巨大内需潜力，促进城乡区域协调发展。本篇以"人的城镇化"为重点，主要研究河南省城镇基本公共服务常住人口全覆盖、城镇户籍制度改革、农业转移人口市民化激励机制、新型城镇化综合试点推进等对策措施，加快新型城镇化进程，为经济持续健康发展提供持久强劲动力。

河南省科学推进城镇化户籍制度改革研究

　　户籍制度改革是河南省经济社会发展中的一项重大改革，对于加快城镇化进程、破解城乡二元结构意义重大，影响深远。本研究顺承国家政策，借鉴国内外经验，结合河南省实际，为科学推进户籍制改革，明确改革方向，提出重要举措。

一　改革回顾

　　河南省户籍制度自主改革相对较少，主要跟随国家层面户籍制度改革，做出相应调整。因此，必须将河南省户籍制度改革的回顾，置于国家户籍制改革历史进程的大背景下来进行审视和研究。

（一）我国户籍制度改革回顾

　　我国户籍制度改革起步于改革开放，可以分为初步调整（1979～2001）、探索酝酿（2002～2009）和整体推进（2010～至今）三个阶段。

　　1. 初步调整阶段（1979～2001）

　　在初步调整阶段，适应市场经济体制建立，城乡分割的二元制户籍制度开始松动，逐步调整，不断探索改革路径，特别是对小城镇户籍制度改革，做出了大胆的改革尝试。伴随着改革开放进程，户籍制度进行了微调，不断扩大农转非的指标比例，但扩大后的指标比例仍然不能满足农业转移人口城镇化的需求。1993年和1994年，国务院虽然试图进行大刀阔斧式的改革，全面放开户籍，但是迫于城镇资源和财力面临巨大的压力，改革流产。在户籍制度总体改革遭遇流产的情况下，中央选择以小城镇户籍制度作为突破口先行探索，全面放开小城镇户口限制；但小城镇规模小，没有产业和资源集聚优势，吸引力和承载力极为有限，户籍制度改革成效十分有限。

2. 探索酝酿阶段（2002～2009）

在探索酝酿阶段，户籍制度改革过程中各种矛盾逐步暴露，处于显性化阶段。地方敢于探索，先行先试。国家层面的整体改革难度仍然较大，处于徘徊摸索状态，改革进入酝酿期。各地就户籍制度改革展开了多种尝试，为整体推进改革积累了经验。广东、郑州、上海等地较早进行了探索，陕西、吉林、辽宁、宁夏、昆明、河北、四川等地，也相继出台了以放开农民入户为重点的户籍制度改革文件。同时，北京、上海、广州、深圳等特大城市为限制外地人口过多地涌入，广泛实施居住证制度，用居住证制度取代暂住证成为新一轮户籍制度改革的过渡性手段。居住证具备人口登记、身份证明、劳动就业、社会保障、教育等公共服务功能，赋予外来人口一定的城市福利，相对于暂住证而言是重大的进步。

但全局性的改革仍然处于徘徊摸索状态。2007年，公安部会同国家发改委、教育部、民政部等13个部门进行调研，形成了《公安部关于进一步改革户籍管理制度意见（送审稿）》，明确户籍制度改革的目标是建立城乡统一的户口登记制度，放宽户口迁移限制，引导人口合理流动，但这一送审稿最终未能出台。同年，在全国治安工作会议上，公安部宣布将逐步取消农业户口、非农业户口的二元户籍管理制度，现在很多省、自治区、直辖市取消了二元户口性质的划分，统一了城乡户籍登记制度，统称居民户口。可是，这一举措仅仅在登记上取消了二元户口性质的区别，实现了法律意义上的身份平等。不改革附着在户籍背后的各种福利制度，无法实现人口自由迁移的户籍制度改革目标。

3. 整体推进阶段（2010～至今）

随着城镇化上升为国家发展战略，整体推进户籍制度改革再次成为中央和地方的工作重点，同时各地经过多年的探索酝酿，为整体推进户籍制度改革积累了经验和教训。特别是十八届三中全会提出"创新人口管理，加快户籍制度改革"总体改革要求，并在赋予农民更多财产权利、推进城乡要素平等交换和公共资源均衡配置、调整户口迁移政策等方面给出具体改革要求。户籍制度改革具备了顶层设计条件，进入整体推进阶段。2014年3月《国家新型城镇化规划（2014～2020年）》和2014年7月《国务院关于进一步推进户籍制度改革的意见》，就户籍及相关制度改革进行了全面顶层设计。围绕这两大纲领性文件，又出台了《关于农村土地征收、集体经营性建设用地入市、宅基地制度改革试点工作的意见》《居住证管理办法》等配套文件，逐步落实户籍制度改革整体部署。

（二）河南省户籍制度改革回顾

在国家户籍制度改革的大背景下，河南省户籍制度调整也在逐步推进。改革从1999年《小城镇户籍管理制度改革试点工作实施意见》的户籍改革开始，到2014年《河南省人民政府关于深化户籍制度改革的实施意见》《河南省人民政府办公厅关于印发积极推进农村人口向城镇有序转移八项措施的通知》，顺势而为，逐步深入（见表1）。

表1　河南省户籍制度改革进程

时间	法规制度	主要改革举措
1999年1月	《河南省人民政府批转省公安厅小城镇户籍管理制度改革试点工作实施意见的通知》	整顿小城镇户口买卖；选择15个试点镇，满足居住年限、稳定生活来源和住所可申办转小城镇户口
2000年3月	《河南省人民政府关于进一步加快河南省城镇户籍管理制度改革的通知》	在全省县级市、县城建成区和建制镇全面进行小城镇户籍管理制度改革，有合法稳定生活来源和固定住所，不受"农转非"转户指标和居住时间限制，可在小城镇办理常住户口
2003年	《中共河南省委、河南省人民政府关于加快城镇化进程的决定》	凡是在城市、城镇具有合法固定住所，长期从事非农职业，或有生活来源的成年人，均可根据本人意愿在实际居住地登记为城镇居民户口，享受当地城镇居民同等待遇
2005年12月	《河南省委省政府关于进一步促进城镇化快速健康发展的若干意见》	进一步降低外来从业人员进城落户的限制条件。有稳定住所的外来从业人员申请迁入户口的，居住地公安派出所要为其办理入户手续，其配偶和子女也可一并迁入。省内农村户口迁入城镇的，允许保留其承包地5年，5年后鼓励实行承包地有偿流转
2006年6月	《河南省人民政府关于加快推进城乡一体化试点工作的指导意见》	决定在鹤壁、济源、巩义、义马、舞钢、偃师、新郑7个市开展城乡一体化试点工作；试点地区取消农业和非农业户口性质划分，以具有固定住所、稳定职业或生活来源为基本落户条件，按照实际居住地统一登记为"居民户口"

续表

时间	法规制度	主要改革举措
2011 年 1 月	《河南省人民政府关于促进农民进城落户的指导意见》	在全省范围内逐步取消农业、非农业二元制户籍管理制度，实行城乡统一的户口登记管理制度。探索建立居住证制度。进一步放宽进城农民落户条件
2013 年 12 月	《中共河南省委关于科学推进新型城镇化的指导意见》	以合法稳定职业或稳定住所（含租赁）为基本落户条件，实施差别化落户政策，适当控制郑州中心城区人口规模，有序放开中等城市落户限制，全面放开建制镇和小城市落户限制。全面推行居住证制度
2014 年 7 月	《河南省新型城镇化规划（2014～2020 年）》	实施差别化落户政策，适当控制郑州市中心城区人口规模，有序放开中等城市落户限制，全面放开小城市和建制镇落户限制，引导农业转移人口在城市落户的预期和选择
2014 年 8 月	《河南省人民政府办公厅关于开展农村土地承包经营权确权登记颁证试点工作的意见》	全省每个县（市）分别选择 1～3 个村开展农村土地承包经营权确权登记颁证试点工作。逐步建立农村土地承包经营权登记制度，为全面完成河南省农村土地承包经营权确权登记颁证工作任务奠定坚实基础
2014 年 11 月	《河南省人民政府关于深化户籍制度改革的实施意见》	按照《国务院关于进一步推进户籍制度改革的意见》要求，结合河南省实际，集成以往改革的成果，从调整人口迁移政策、创新人口管理、保障转移人口权益等方面，进行了顶层设计，是指导河南省未来户籍制度改革和推进新型城镇化的纲领性文件
2014 年 12 月	《河南省人民政府办公厅关于稳步推进城镇基本公共服务常住人口全覆盖工作方案》	依托户籍制度改革、居住证制度建立、城镇基本公共服务体系建设，推进城镇基本公共服务常住人口全覆盖
2014 年 12 月	《河南省人民政府办公厅关于印发积极推进农村人口向城镇有序转移八项措施的通知》	从进城农民的就业创业、居住保障水平、随迁子女教育、基本公共服务、社会保障、农村资源资本化等方面提出具体措施，推动农村人口有序转移

河南省户籍制度改革呈现以下两个特点。

一是秉承国家户籍改革要求。河南省作为劳务输出大省，户籍制度改革动力并没有劳动力输入地区大，也没有作为全国统筹城乡综合配套改革试验区的成都、重庆改革欲望强。因此，河南省户籍制度改革，紧随国家户籍制度改革做相应的调整。在国家户籍制度的初步调整阶段，主要是增加"农转非"指标、自理口粮户口、暂住证、以小城镇为核心的户籍制度改革等；在国家户籍制度的探索酝酿阶段，主要是郑州市于2001～2003年为提高城市首位度，勇于改革，大幅降低城市入户门槛，导致大规模外来人口入市，城市不堪重负，2004年改革不得不叫停；在国家户籍制度的整体推进阶段，河南省紧随其后，大力推进户籍制度改革，密集出台户籍改革文件，加快城市化进程。

二是改革呈加速态势。与国家层面户籍制度改革一样，河南省户籍制度改革，从增加"农转非"指标、实行自理口粮户口、推行暂住证，到1999～2000年小城镇户籍改革，都属于渐进式的微调整；2006年决定在鹤壁、济源、巩义、义马、舞钢、偃师、新郑7个市开展城乡一体化试点工作，标志着全面户籍制度改革进入试点阶段；为加快河南省城镇化进程，2011年出台《河南省人民政府关于促进农民进城落户的指导意见》，针对全省农民进城落户专门出台意见，涉及面之广，力度之大，在全国也属罕见。以此为标志，河南省进入户籍制度改革加速阶段，特别是2014年出台多个文件，全面推进户籍制度深化改革。

二　成效与问题分析

（一）取得的成效

在城镇化进程中，河南省户籍制度改革顺势而为，逐步放开落户条件，配套相关制度改革，初步构建了城乡和区域人口流动的制度通道，有效地推进了城镇化进程。2013年全省城镇常住人口为4123万人，比2007年增长22.46%，城镇化率为43.8%，高于2007年9.5个百分点。2007～2013年是河南省城镇化发展速度最快、质量最高、城乡面貌变化最大的时期。

一是户籍制度门槛已经不是制约农民进城落户的主要障碍。改革开放以来，河南省户籍一直在不断调整，逐步深入。早在2005年，《河南省人民政府关于进一步促进城镇化快速健康发展的若干意见》就主要针对广大农民工群体，大幅度降低进城落户条件，规定凡是有稳定居住所（包括租住房）的农民工，均可办理居住地户口登记，并逐步废除农业及非农户口管理模式。2006年在七个试点市，已经把城乡居民按照实际居住地统一登记为"居民户口"。到2011年，省政府专门就促进农民进城落户，出台指导性文件《河南省人民政府关于促进农民进城落户的指导意见》，到2014年11月，省政府又出台《河南省人民政府关于深化户籍制度改革的实施意见》，就统一城乡户籍登记制度、广泛实施居住证制度、进一步调整户口迁移政策、保障进城农民合法权益等方面，推出一系列制度改革，是河南省前期户籍制度改革的集大成，也是进一步深化户籍制度改革的总体纲领。之后，围绕深化户籍制度改革，河南省又出台了相应的具体的制度调整和配套措施。户籍自身改革至此，农民进城落户的户籍门槛大幅降低，仅就户籍本身已经不是农民进城落户的主要制约因素。

二是社会保险门槛大幅降低。城乡居民社会保障可以分为三类：城镇职工社会保障，城镇居民社会保障和农村居民社会保障。城镇职工社会保障与农民工个人就业有关，而与户籍无关，且不属于基本公共服务范畴，也就排除政府因承担社会责任而进行投入的可能，因此城镇职工社会保障不能成为推进农民城镇化的社会保障门槛。通过多年改革，一方面农村居民社会保障制度逐步完善，保障水平在不断提高；另一方面城镇户籍社会保障制度不断调整，已逐步覆盖到广大农业转移人口，城乡居民社会保障水平逐步接近。就郑州市而言，城镇居民与农村居民在养老保险上已经实现统一，不存在差异。

（二）存在的问题

1. 较低的户籍门槛并未大幅提高转户意愿

经过多年的持续改革，户籍制度门槛已经不是制约农民进城落户的主要障碍，社会保障门槛对于农民进城落户也已经无多大障碍，应该出现大规模农业转移人口进城落户的高潮。但到目前为止，进城落户的高潮不仅没有出现，而且城镇内部常住人口也未出现大规模转户现象。2013年全省城镇化率为43.8%，而户籍城镇化率仅为26.6%，表明有将近1635万是农民身份的市民，处于"居住而不落户"的"半城镇化"状态。据测算，2014年全省城镇化率将达到45.7%，比上年提高1.9个百分点，这意味着仅有近 200 万人实现从"农民"到"市民"角色的转换。

2. 外省就业的河南省务工人员在当地进城落户难度大

河南省是人口大省，也是全国第一劳务输出大省，2012～2014 年，累计净流出人口分别为 1137 万、1188 万和 1152 万。近年来，河南省每年有 1000 多万农民工在省外就业，但是由于经济发达地区吸纳外省籍农民工落户意愿低，落户门槛高，绝大部分农业转移人口无法在当地落户。

（三）原因分析

1. 农业转移人口进城落户意愿较低的原因分析

一是跨越城镇化经济门槛已成为制约深化户籍制度改革的主要障碍。据测算，河南省一个四口之家、双农民工家庭，每年承担农业转移人口市民化平均成本，即市民化的家庭最低经济支出（经济门槛值）约为 96000 元，这就要求双农民工家庭，单个农民工月收入需要稳定在 4000 以上。由于大多数农民工受教育程度低，自身技能水平不高，导致收入水平低下，融入城市生活较为艰难，目前难以跨越城镇化的经济门槛。根据中原发展研究院的实地调查研究，河南省月收入在 4000 以下的农民工占总数的 81.68%，低收入者占绝大多数；即使是双农民工家庭，其家庭年收入也无法顺利跨越城镇化的经济门槛，缺乏在城镇长期生存发展的经济基础，进城落户意愿比较低，大部分只能完成"半城镇化"或"半经济化"，成为"亦工亦农""亦城亦乡"的流动人口。只有不到 20% 的农民工群体能够跨越城镇化的经济门槛，具备市民化的经济条件。

二是政府财力有限，无法承担大规模农业转移人口市民化的公共成本。首先，城市政府承担农业转移人口市民化的成本压力巨大，大规模吸纳农民进城能力有限。根据中国社科院《中国农业转移人口市民化进程报告》，2013 年，我国中部地区农业转移人口市民化的人均公共成本约为 10.4 万元。那么河南省政府承担的农业转移人口市民化的人均公共成本也在 10 万元左右，这将给河南省各级政府增加巨大的财政负担，特别是在当前经济新常态、经济下行压力加大、土地财政受阻的情况下，各级政府承担农业转移人口市民化成本的能力，实际上较以前下降了，农业转移人口在城镇普遍存在就业难、申请公租房难、工伤理赔难、子女就近入学难等问题。其次，现有的城镇居民社会保障水平，对农业转移人口进城落户还不足以构成吸引力。现阶段城镇职工社会保险水平高力度大，但是由于地区之间社会保险制度不统一等多种原因，河南省农民工群体参加职工社会保险的比例不足 20%。同时城乡居民保险比较接近，整体保障水平比较低，对农业转移人口进城落户吸引力不足。

三是现行土地制度对进一步深化户籍制度改革制约较大。土地制度改革是户籍制度改革过程中必须正视和面对的一项关键性改革。如果说跨越户籍、经济和社会保障门槛是为使农业转移人口"进得去""留得下"，那么土地制度改革就是要让农业转移人口"离得开"。主要原因如下。

第一，大部分农业转移人口不愿意丢掉土地，放弃农村户口。由于大部分农民工经济收入普遍较低，短期内无法跨越城镇化的经济门槛，加上现有的城镇保障功能不够强，农业转移人口一旦进城落户退出村集体，会失去作为最后保障的土地，土地成为制约农业转移人口转户的重要机会成本。农村土地资产处置不清，农民无法彻底"离土离乡"，就出现"两头靠"的现象。因此，目前在城镇化的经济门槛高的情况下，现行土地制度进一步降低农民工进城转户意愿。根据中原发展研究院就"城镇化过程中农民工融入城市阻碍分析"的调查，河南省不愿意出让土地的农民工约占调查总数的 72%。

第二，现行的土地制度改革难度很大。根据我国经济社会现状，农村土地已经成为中央、地方各级政府、农民不同利益诉求的焦点，相关改革直接触动多方利益，特别是地方政府对土地依赖不断增大。土地制度改革不仅是农村体制改革，也是财税体系改革，更是城乡利益格局的大调整，从而增加了这项改革的复杂性和艰巨性。必须进一步研究农民转户后，土地如何处置才能满足改革需要，又能够充分保护农民的基本权益，最终解决农业转移人口进城落户的后顾之忧的问题。

2. 外省就业的流动人口在当地进城落户难度大的原因分析

河南省出省务工人员绝大部分流入东部发达地区中心城市。2013年，河南省 1188 万出省外出务工人员中，根据中原发展研究院"河南省人口分布及流向的空间结构"的调查，有 900 多万人流入长三角、珠三角和京津冀地区的中心城市。但由于众多人口流入造成资源紧张，东部发达地区中心城市政府负担的公共成本比较高，接纳外省务工人员就地城镇化意愿比较低，因而普遍采取"积分入户制"，外省籍农民工很难入户。根据中国社科院《中国农业转移人口市民化进程报告》测算，目前我国农业转移人口市民化的人均公共成本约为 13 万元，其中东部发达地区达到 17.6 万元。同时现行财政体制下，中央与地方是按照户籍人口来划分财权和事权的，那么在中央与流入地、流入地与流出地之间的财权和事权就存在严重的不匹配，发达地区中心城市接纳外省务工人员就地城镇化意愿更低。

三　国内外经验与启示

在河南省努力推进户籍制度改革的进程中，既要积极借鉴国内外成功的经验，也要避免不成功的教训。

（一）国内改革探索

近年来，我国一些地方政府结合本地实际，先后推出一系列不同模式的户籍制度改革举措，为河南省深化户籍制度改革提供了不少有益的经验，以及不成功的教训。

表 2　国内代表性地区户籍制度改革①

地区	主要举措	特色及评价
上海	1. 2002 年针对本科和特殊才能以上的人才实行居住证制度，被称为"人才居住证政策"；2009 年发布《持有〈上海居住证〉人员申办本市常住户口试行办法》，明确"居转常"的具体路径和条件 2. 2013 年开始实行《上海市居住证管理办法》，将"人才居住证政策"和普通居住证政策纳入统一的制度体系，大大提升了居住证持有人公共服务待遇，但仍然偏好高学历、高技能和高投资的人才群体	上海市户籍制度改革是一个十分有序的渐进改革过程，体现很强的"人才优先"户籍改革政策，对我国特大城市的户籍制度改革具有重大探索意义

① 本表主要根据李振京、张林山等《我国户籍制度改革问题研究》的相关内容整理。

续表

地区	主要举措	特色及评价
广东	1. 2009 年 7 月颁布《广东省流动人口服务管理条例》，规定对流动人口实行居住证制度，同时还明确了居住证升级为常住户口的通道 2. 2010 年 6 月出台《关于开展农民工积分入户城镇工作的指导意见》，在全省范围内，面向所有在广东务工的农业户籍劳动力，正式实施农民工积分入户政策 3. 2011 年又发布《关于进一步做好农民工积分制入户和融入城镇的意见》，将城镇户籍人员也纳入农民积分入户政策，将积分与享受城镇公共服务挂钩	改革特点，主要是农民工"积分入户政策"，是我国首次出现的省级行政区域针对农民工入户的改革，对农民工大量集聚的发达地区户籍制度改革有探索价值。这一政策既为人才与资本入户，更为普通农民工入户打开了大门，相比于上海单一的人才入户政策是一个突破；相比于重庆和成都限定于本市籍人口的户籍制度改革，则突破了地域上的限制。但改革也有很多问题，如户籍开放不够，入户指标太少；未涉及入户农民工的土地财产处置机制等问题
重庆	1. 2010 年 7 月颁发了 37 个统筹城乡户籍制度改革相关文件，涉及土地、社保、教育等方面，形成完整的户籍制度改革体系 2. 在户籍制度改革政策体系中，配套设计了政府、企业和社会三方改革成本分担机制 3. 允许转户农民最长 3 年内继续保留宅基地和承包地的相关权益	改革特点，主要是综合性户籍制度改革，综合考虑与户籍相关的就业、养老、医疗、住房、教育等方面的制度配套，体现了很强的整体性和系统性特点。还创造了由政府、企业和社会三方分担改革成本的支付机制，为构建合理的农业转移人口市民化分担机制提供了经验。然而，重庆户籍制度改革主要是针对本市户籍的农民工，难以实现更大范围的资源优化配置
成都	1. 2010 年成都出台《关于全域成都城乡统一户籍实现居民自由迁徙的意见》，提出实现全域成都城乡统一居住地登记户籍，彻底破除城乡居民身份差异，建立户籍、居住一元化管理，充分保障城乡居民平等享受各项基本公共服务和社会管理权利 2. 改革中农民进城不以牺牲承包地、宅基地等财产权为代价，实现农民"带产进城"	改革特色，主要是着力消除户籍背后的公共服务和社会福利的城乡差异，统一城乡户籍制度，推进城乡公共资源均等化配置，而且实现农民"带产进城"。但也存在以下不足。公共服务只是在同一区（市）范围实现城乡统一；对户籍制度改革成本没有深入论证和设计；没有回答农民进城后土地是暂时保留还是长期保留等后续问题

续表

地区	主要举措	特色及评价
郑州	1. 2001年郑州出台《关于进一步完善和落实户籍制度改革政策的通知》，大幅降低入户郑州市的门槛；2003年郑州市又出台《关于户籍管理制度改革的通知》，进一步降低了入户门槛。户籍改革的结果导致大量外来人口入户郑州市，给城市公共服务资源带来巨大的承载压力 2. 2004年郑州市颁布了《关于贯彻落实郑州市人民政府〈关于户籍管理制度改革的通知〉的通知》，取消了以前户籍制度改革中的一些政策，抬高了入户门槛，被称为"郑州户籍新政"的急刹车	改革特色，主要是改革力度过大，超出自身承载力。郑州市勇于改革、大胆探索精神首先值得肯定。但郑州市的实践表明，一是户籍制度改革要与城市经济社会发展相适应，在我国地区、城乡发展不平衡和公共服务水平非均衡化的大背景下，大城市户籍制度改革应坚持"开门"与合理"设槛"的渐进原则，与城市公共资源和环境空间的承载力及其提升的速度相适应。二是户籍制度改革是一个系统工程，政府应结合本地发展实际，深入研究，统筹谋划，多管齐下，共同推进

（二）国外户籍制度实践

国外人口管理也存在相应的"户籍"管理功能，有很多成功的做法，很值得我们借鉴和吸取。

表3 国外代表性国家"户籍"管理实践

国家	主要特色	评价
美国	1. 美国在人口管理方面实行"生命登记制度"。政府对每个人的出生、结婚、离婚、生育、领养、迁徙、死亡以及其他个人生命事件进行登记、管理，公民在申请护照、入学、就业等事项时，可以复印登记资料作为证明材料 2. "社会保障号"构成美国人口管理和社会保障制度运行的又一重要基础。所有公民或在美长期居住的外国人都必须拥有一个社会保障号，号码唯一且终生不变，成为公民享受医疗保险、失业救助、住房补贴等凭证	美国为高度发达国家，其社会保障制度完备，并实现高水平、均等化地全覆盖，这就可以实现居民个人的享受社会保障功能与政府行使的人口管理功能相分离，分别由"社会保障号"和"生命登记簿"来承担，这样就能在制度上保障美国公民享有充分的自由，可以自由地迁徙、居住和工作

续表

国家	主要特色	评价
日本	日本长期实行以户籍簿和住民票为核心的人口管理体系。户籍簿除了标明户籍所在地,还包括户内成员的相关信息,居民在办理出生、婚姻、死亡、遗产继承等事项时,都必须以户籍簿为凭证。住民票依据居民居住地设立,是政府以个人为单位制作的卡片,住民票既是政府进行居民管理、为居民提供各种公共服务的基础,也是居民确认身份与地址、办理纳税、接受义务教育乃至领取健康保险、养老金等的基本依据	与美国大同小异,日本也是发达国家,也采取居民个人享受社会保障功能与政府行使的人口管理功能相分离的做法,两项基本功能分别由住民票和户籍簿承担
巴西	1. 巴西经历快速城市化过程,出现过度城市化的状况。1950～1980年的30年间,巴西城市化率从36.2%上升到67.6%,而发达国家花了50年时间才实现同样的城市化率增幅。在这一增幅内,发达国家的人均GDP增加了2.5倍,而巴西仅增加了60% 2. 过度城市化带来严重的贫民窟问题。据2000年的人口普查显示,巴西有贫民窟1548个 3. 导致巴西的过度城市化及贫民窟问题原因,主要包括土地私有且占有极不公平、城市就业机会少、公共服务不完善等	巴西作为发展中大国,其城市化实践有三点教训要吸取:一是城镇化进程严重脱离了其经济社会发展水平和阶段;二是经济发展落后,城市不足以提供相应的就业机会;三是土地私有且占有极不公平,导致大量失地农民涌入城市,不存在农业土地发挥就业蓄水池功能和社会保障功能的条件

(三) 对河南省户籍制度改革的启示

1. 户籍制度改革速度要与当地经济社会发展水平相适应

从郑州市早年超越城市承载力的户籍制度改革和巴西过度城市化的实践中,我们得到启示,户籍制度改革速度和程度必须要与城市的经济发展水平相适应,不能过快超前。否则,会超出城市承载力,甚至出现大量贫民窟现象。因此,深化户籍制度改革,应结合当地经济社会发展实际"量力而行",主要根据产业提供就业和收入的能力,以及政府提供社会保障和公共服务的能力，坚持"开门"与"设槛"相统一（如上海和广东推行的积分入户政策），稳步推进户籍制度改革。

2. 深化户籍制度改革是一项综合性系统工程

重庆户籍制度改革实践，充分说明户籍制度改革是一项系统工程，不能单打一。目前，深化户籍制度改革难就难在牵一"户"而动"全部"，需要做出系统化制度配套改革。要按照如下改革途径深化户籍制度改革：功能方面要逐步剥离户籍的社会保障和资源配置功能，还原人口管理功能；人口管理方面要更为信息化和人性化；公共服务方面要实现全覆盖、均等化，并努力提高居民社会保障水平；农业土地方面要实现权益保障和"带产进城"；改革成本方面要实现政府、企业、社会、个人的合理分担机制等。

3. 深化户籍制度改革需要顶层设计与地方探索相结合

深化户籍制度改革面临许多重要问题，并非单个省区所能解决，需要中央政府做出顶层设计，明确改革基本方向，拿出解决问题的办法。这些重要问题包括进城农民的土地权益保障和退出机制问题，农民工市民化过程中中央与流入地、流入地与流出地政府之间的财政关系问题，流动人口社会保障转移接续问题等。如广东针对农民工积分入户和重庆城乡统筹的户籍制度改革，就无法实现处理外省农民工的土地权益保障和退出机制问题。

4. 户籍制度改革应该充分保护农民土地权益

巴西城市化过程提醒我们，在推进城市化进程中，要发挥我国农村土地集体所有、分散经营的优势，充分保护进城农民土地权益，努力发挥农业土地的就业蓄水池功能和社会保障作用，以保障城镇化有序推进和社会稳定。对于已经在城市稳定就业并落户的农民工，允许其出售土地承包权，并将土地转让给从事农业的农民，或折价入股，带股进城，或保留承包权，依法流转；允许其转让和出售宅基地及其建筑物使用权。

四　改革的有利条件和不利因素

（一）有利条件

1. 国家对科学推进户籍制度改革要求更加明确

近年来，我国户籍制度改革进入加速整体推进阶段，国家对户籍制度

改革目标明确，要求具体，有利于积极推进河南省户籍制度改革。2013 年
11 月《中共中央关于全面深化改革若干重大问题的决定》指出，"创新人
口管理，加快户籍制度改革"，"稳步推进城镇基本公共服务常住人口全覆
盖"，为户籍制度改革指明了方向。2014 年 7 月《国务院关于进一步推进
户籍制度改革的意见》，就户籍及相关制度改革进行全面设计。2016 年以
来，围绕进一步深化户籍制度改革，国家正在研究制定居住证管理办法、
农业转移人口市民化成本合理分担办法、农村产权改革办法等配套文件。
今年李克强总理在《政府工作报告》中明确提出："抓紧实施户籍制度改
革，落实放宽户口迁徙政策。"

2. 承接产业转移和促进产业发展的步伐进一步加快

近年来，河南省抢抓机遇，发挥区位优势，依托产业集聚区，承接产
业转移的速度进一步加快，农村富余劳动力转移加速向本省回流，"就业
本地化"趋势更加明显，有利于农民工省内就地城市化。河南省农村外出
务工人员选择到省外务工的比例，从 2012 年的 47.4% 下降至 2014 年的
39.0%；与此相对应，选择在本省务工的比例，从 2012 年的 52.6% 上升
到 2014 年的 61.0%。2014 年，河南省农民工省内就业达 1590 万人，省内
比省外就业多 438 万人。

3. 深化户籍制度的改革更加迫切

河南省是农业人口大省，农业人口规模和比重较大，新型城镇化任重
而道远，深化户籍制度改革必要性更强，意义更大。2013 年，河南省总人
口 10601 万人，城镇化率低于全国平均水平近 10 个百分点，农业人口
5958 万人，占总人口比重为 56.20%，比全国平均水平高出 10 个百分点。

（二）不利因素

1. 外省就业务工人员较多，河南省深化户籍制度改革和城镇化压力大

河南省作为人力资源大省，外出务工就业情况比较多，但由于外省发
达地区进城门槛和生活成本高，进城落户难度较大，转户人口比例很小。
一方面外省就业的河南省务工人员很难在发达地区进城落户、就地城镇
化，另一方面由于河南省人口众多且经济不够发达，大规模到发达地区务
工就业的现象不可能在短期内消除。所以，外省就业却无法就地落户完成
城镇化，将成为河南省农业转移人口市民化必须长期面临的问题，也成为

深化户籍制度改革面临的难题。

2. 产业不够发达，严重制约进城落户人口规模和速度

虽然河南省承接产业转移和促进产业发展的步伐加快，农民工省内就业超过省外，但是相对于庞大农业剩余人口而言，现有产业发展规模和水平还远远不够，严重制约农业转移人口进城落户的进程，也影响到户籍制度的改革。特别是对于周口市、驻马店市、信阳市、商丘市和三门峡市，由于产业不够发达，城镇吸纳农业转移人口就业能力很弱，大量农业剩余人口只能外出务工就业，成为劳务输出大市。

五　主要目标、阶段和措施

户籍制度改革是一项综合性系统工程，必须摒弃急于求成、一蹴而就的思想，应充分认识到户籍制度改革的长期性、复杂性和艰巨性。结合河南省经济社会发展实际，把握深化户籍制度改革条件和空间，顺势而为，稳步推进。

（一）主要目标

近期目标：根据城市综合承载力，分类调整户口迁徙政策；建立城乡统一的户口登记制度，构建覆盖全省人口的人口信息管理系统，推行居住证制度；逐步剥离户籍的社会保障和资源配置功能；切实保障进城落户农业转移人口合法权益，推动城镇常住人口公共服务全覆盖、均等化；逐步缩小城乡之间、区域之间福利待遇的差距，并努力提高居民社会保障水平；构建户籍制度改革成本的合理分担机制；充分保障农业转移人口的土地财产权益，实现进城落户农民"带产进城"。

中期目标：进一步剥离户籍的社会保障和资源配置功能，还原人口管理功能；完善以户籍为核心的人口管理体系，实现人口管理的信息化、高效化；逐步实现城乡之间、区域之间的居民，在就业、医疗、教育等方面福利待遇均等化，进一步提高居民社会保障水平。

远期目标：社会保障功能与户籍完全剥离，户籍回归人口登记和管理功能，实现无条件按常住地登记居民户口。居民平等地享受政府公共服务和社会保障，最终实现人口在区域之间、城乡之间的自由迁徙。

（二）改革阶段

近期（2014～2020）。从 2014 年 11 月发布《河南省人民政府关于深化户籍制度改革的实施意见》开始，河南省户籍制度改革全面启动，进入实施阶段。到 2020 年，常住人口城镇化率达到 56%，户籍城镇化率达到 40%。

中期（2020～2030）。户籍制度改革进入全面深化阶段。到 2030 年，常住人口城镇化率达到 65%，户籍城镇化率达到 50%。

远期（2030～2040）。逐步实现人口自由迁徙阶段。到 2040 年，常住人口城镇化率达到 70%，户籍城镇化率达到 70%，城镇化进程基本完成。

（三）主要措施

1. 近期（2014～2020）

一是加快户籍制度配套改革。2014 年发布的《河南省人民政府关于深化户籍制度改革的实施意见》，是近期推进河南省户籍制度改革纲领性文件，还需要细化改革措施，实施相关配套改革，也需要中央顶层配套设计，比如尽快出台中央财政转移支付同农业转移人口市民化挂钩管理办法。结合国家出台的相关文件，加快落实河南省居住证管理实施办法，推出省级财政转移支付同农业转移人口市民化挂钩管理办法、城乡社会保障衔接办法、进城落户农民农村财产流转管理办法等。新出台政策不与户籍挂钩。鼓励郑州人口集聚。

二是优化发展型产业结构，增加省内就业容量。立足河南省经济社会发展阶段和实际，发挥人口大省和人力资源的优势，围绕建设"先进制造业大省、高成长服务业大省、现代农业大省"，努力构建与人力资源优势相适应的发展型产业结构。把增加就业岗位扩大就业容量，放在更加突出的位置，大力发展优势产业和特色产业，在加快发展资金、技术密集型产业同时，重视发展装备制造、食品、家居制造、化工、纺织服装、电子产品加工等劳动密集型产业。大力推进商贸物流、餐饮住宿、中介投资、文化旅游、电子商务等服务业发展，扩大服务业吸纳就业容量。

三是努力提高农业转移人口经济收入，增强跨越经济门槛的实力。首先，提升农业转移人口自身就业和创业能力。政府提供相应的教育、培训机会和平台，强化职业培训和持证上岗，鼓励"大众创业、万众创新"；企业按照产业转型升级的要求，积极开展农民工职业技术岗位培训，提升员工的职业技能，应对未来市场对高技能人才的需求；鼓励农民工积极主动参加各类学习培训，不断提高自身文化水平和技能。其次，促使企业承担农民工市民化相应成本。督促企业落实农民工与城镇职工同工同酬制度，依法为农民工缴纳职工养老、医疗、工伤、失业、生育等社会保险费用和住房公积金。

四是构建农业转移人口财产性收益保障机制。把增强农业转移人口进城落户的经济实力，与完善农村产权制度有机结合起来，构建保障农业转移人口农村资产权益保障机制。总结推广试点成功经验，对于农民土地承包权、宅基地及住房、集体财产等资产，通过确权发证、土地股权流转、宅基地及房屋货币置换、集体资产股份化等手段，把农民在农村占有和支配的各种资源转变为资产，实现农民带资进城，或者在国家限定的较长期限（如15年）内，进城落户农民继续保留农村土地权益。

五是国家应该加大对河南省城镇化和户籍制度改革支持力度。由于河南省是农业人口大省，农业人口规模和比重较大，新型城镇化和户籍制度改革难度大、任务艰巨。国家应进行顶层设计，在全国农业人口规模、经济发达程度不同的省份之间，统筹协调城镇化和户籍制度改革进程，建立相应的统筹协调机制。一方面，对于经济发达的省份，应通过转移支付，增加城市承载力，降低河南等劳务输出大省农民工积分入户的标准，扩大河南省农民工在发达省份就地就业和城市化的比例；另一方面，对于农业人口众多产业不发达省份，应通过转移支付和政策支持，减轻政府压力提高城镇承载能力，加快产业转移，构建发展型的产业结构，增加对本省农业转移人口的产业吸纳能力。

2. 中期（2020～2030）

完善河南省居住证管理办法，持有人享受更多社会保障权利，大幅降低居住证持有人转为居住地常住户口的门槛；完善省级财政转移支付同农业转移人口市民化挂钩管理办法，形成完善的财政转移支付同农业转移人口市民化挂钩机制；进一步推动居民社会保障均等化，不断提高保障水平，进一步完善省内城乡和地区社会保险衔接办法，并预设与外省社会保险衔接的接口，为实现居民社会保险全国统筹创造条件；构建发达完备的发展型产业体系，打造制造业大省、服务业大省和现代农业大省；进一步实施人力资源强省政策，提高农业劳动力非农产业的就业能力；进一步完善进城落户农民农村财产流转管理办法，完善农村土地权益有偿退出机制，或者进城落户农民继续保留带农村土地权益，但国家逐步减少限定期限（如 10 年）；国家进一步完善不同省份户籍制度统筹协调机制。

3. 远期（2030～2040）

逐步取消居住证制度，实现居民户口登记全国一元化。进一步实现居民社会保障均等化，继续提高保障水平，实现居民社会保障全国统筹机制，参照美国做法给每位居民设立"社会保险号"，并与户籍完全分离；逐步形成制造业强省、服务业强省和现代农业强省，吸纳农业剩余劳动力强劲；完善农业转移人口的农村土地权益有偿退出机制，或者进城落户农民继续保留农村土地权益，但国家进一步减少限定期限（如 3 年）。

执笔：盛见、尹勇、翁珺、郭强、张莎

河南省农业转移人口承担市民化成本研究

深入研究河南省农业转移人口承担市民化成本问题，找出制约河南省市民化乃至新型城镇化的关键，是当前推进新型城镇化的重要任务之一。我们通过实地调查研究，探索河南省农业转移人口市民化成本能力提升的可行路径，以期对全省新型城镇化建设有所助益。

一　农业转移人口承担市民化成本的研究背景

（一）农业转移人口市民化成本概念

农业转移人口市民化成本，是推进现有农业转移人口由农村居民完全转化为城镇市民所必然产生的最低费用支出。按照学界共识，农业转移人口市民化成本包括公共成本、企业成本和私人成本三大部分。公共成本属于政府承担的市民化成本，是市民化给城镇政府带来的费用支出；企业成本属于企业承担的市民化成本，是市民化给农业转移人口所在企业带来的费用支出；私人成本属于农业转移人口承担的市民化成本，是市民化给农业转移人口自身带来的费用支出。

农业转移人口承担的市民化成本（私人成本），既体现为满足农业转移人口及其家人在城镇生存和发展所需的经济消费；又体现于农业转移人口凭借自身能力，在城镇就业或创业，并以此所获得能够满足自身及家人生存和发展需要的经济收入。包括城镇生活成本、社会保障成本、个人住房成本、其他成本等。

（二）农业转移人口承担市民化成本的研究背景

关于农民工市民化成本的研究较多，主要是围绕农民工市民化成本的基本概念、内涵、测算、分担机制以及配套制度改革等方面展开，也取得了一些积极成果。十八大之后，多转向农业转移人口市民化成本研究。对农业转移人口市民化成本的研究较之于过去单纯对农民工市民化成本研究，更有与时俱进的特点。但该领域研究依然存在诸多问题，依然有很大的提升空间。

一是农业转移人口承担市民化成本（私人成本）研究薄弱。在农业转移人口成本系列研究中，大部分研究集中在农业转移人口市民化成本分担机制、政府承担农业转移人口市民化成本（公共成本）、市民化成本测算等方面，而以农业转移人口为主体，从个人角度关注农业转移人口承担市民化私人成本的研究则很少。

二是农业转移人口承担市民化成本能力的专项研究尚处于空白阶段。现阶段关于农业转移人口承担市民化成本（私人成本）的研究尚为薄弱，而将农业转移人口市民化进程中的实际经济收入，与测算出的农业转移人口市民化成本标准值相比较，进行农业转移人口承担市民化成本水平和能力的分析，更是缺乏专项系统研究，尚处于空白阶段。

（三）农业转移人口承担市民化成本研究的重大意义

新型城镇化的核心是以人为本的城镇化。农业转移人口市民化是中国新型城镇化乃至现代化进程中的重大战略问题，党的十八大报告将"有序推进农业转移人口的市民化"作为推进城镇化进程的重要任务。

实质上，农业转移人口市民化是以农业转移人口为主体，在自愿的前提下，长期不断选择的城镇经济社会化过程。所以应该重点以农业转移人口为主体，从个人角度去研究市民化和城镇化。特别是在当前户籍等制度门槛已经大幅降低，对于农业转移人口市民化已经无多大约束的条件下，更要关注农业转移人口个人承担的市民化成本，深入开展提高农业转移人口承担市民化成本能力研究，应该成为农业转移人口市民化下一步研究的重点。因此，从农业转移人口个人承担市民化成本（私人成本）这一新视角去研究市民化，能够找出河南省农业转移人口市民化的症结所在，更能够抓住市民化乃至城镇化的核心和关键。河南省作为一个农业人口大省，农业转移人口市民化任重而道远，农业转移人口承担市民化成本研究的意义更为重大而深远。

二 河南省农业转移人口承担市民化成本的测算

农业转移人口承担的市民化成本测算，是参照现阶段河南省城镇居民工作生活条件平均标准计算得来。测算出来的数值是农业转移人口完全市民化应当承担的经济成本，是一个阶段性的参考标准值。农业转移人口承担的市民化经济成本就是统计学上的城镇家庭总支出。下面假设农业转移人口是一个四口之家，由两个劳动力和两个非劳动力组成，以家庭为单位来测算。这样测算出来的数值既包括农业转移人口中的劳动力人口（农民工）市民化成本，也包括其赡养和抚养的非劳动力人口市民化成本，更能够真实地反映农业转移人口市民化实际。

一是城镇家庭生活成本。可以通过城镇居民家庭人均现金消费支出进行计算。2015 年河南省城镇居民家庭人均现金消费支出 15075 元。那么，河南省农业转移人口市民化每年每个家庭应该承担的城镇生活成本为 60300（15075×4）元。二是家庭缴纳的城镇职工社会保障。河南省职工基本养老保险、基本医疗保险、失业保险由企业个人缴费的比例分别占其工资的 8%、2% 和 1%，总比例为其工资的 11%。2015 年，河南省城镇职工平均工资为 45920 元，由此可以计算农民市民化个人缴纳城镇职工社会保障成本为 5051 元，则每个家庭每年承担的城镇职工社会保障成本为 10102（5051×2）元。三是家庭承担的住房成本。2015 年河南省住宅平均价格为 4611 元/平方米，鉴于河南省大多数农民工都在省会、省辖市以及产业较发达的县（市）的中心城市就业，农民工市民化的住宅均价应该高于全省住宅均价，本文假设房价为 5200 元/平方米和人均 25 平方米，四口之家需要 100 平方米，购房总成本需要 520000 元，加之装修平均成本 100000 元，总共 620000 元。鉴于购房是长期投资，假设购房需要还房贷 20 年，则每年每个家庭需要付出的住房成本约为 31000 元（620000/20）。四是家庭承担的其他成本。主要是所得税、捐赠、购买彩票、赡养、财产性支出、社会交往等方面的支出。根据河南省统计年鉴和实地考察，河南省城镇居民家庭每年人均其他支出假定为 2000 元，则城镇居民家庭其他现金支出为 8000 元（2000×4）（见表 1）。

表1 河南省农业转移人口市民化每个家庭每年承担的平均成本

项目	金额（元）
城镇生活成本	60300
城镇职工社会保障	10102
住房成本	31000
其他现金支出	8000
每个家庭成本合计	109402

总之，河南省农业转移人口市民化每个家庭每年承担的平均成本为109402元，那么劳动力农业转移人口（农民工）每年承担人均市民化成本为54701元（109402/2），这也就是农业劳动力转移人口（农民工）应承担市民化成本的标准值。

三 河南省农业转移人口实际承担市民化成本的能力分析

（一）河南省农业转移人口实际承担市民化成本的能力比较低下

农业转移人口承担市民化成本能力分析，就是根据河南省农业转移人口市民化进程中的实际经济收入与上述测算农业转移人口承担市民化成本的阶段性标准值进行比较分析。这需要就河南省农业转移人口市民化进程中的实际经济收入进行深入调查。根据资料的可得性，现有中原发展研究院和河南师范大学青少年问题研究中心的两项关于农民工实际收入调查资料。

1. 中原发展研究院关于河南省农业转移人口市民化实际经济收入调查

2013年5月，由中原发展研究院3位教师、6名研究生组成的新型城镇化调研团队，就"农村劳动力流动与就业状况"进行了深入调查。调查针对性地选择了河南省内农业大县——安阳滑县、工业大县——许昌市长葛市、劳动力流出大县——信阳市商城县的代表性村镇进行实地入户调查。在实地调查中，由于涉及收入这一敏感数据，问卷收集到的样本总数较少，但大多数都是实地调查收集到的，真实性能够得到保证，具有重要的研究价值。具体数据见表2。

表 2   2013 年河南省农民工外出务工收入数据

项目	人数（人）	占比（%）
样本总数	1026	100
1000 元以下	28	2.73
1000～2000 元	194	18.91
2000～3000 元	369	35.96
3000～4000 元	247	24.07
4000～5000 元	71	6.92
5000～6000 元	51	4.97
6000 元以上	66	6.43

根据表 2 数据，结合目前河南省农业转移人口市民化成本标准值，可以得出如下结论。

一是大多数劳动力农业转移人口（农民工）收入水平不高，融入城市生活较为艰难，目前难以承担市民化成本。首先是收入处于 2000～3000 元的农业转移人口数量最多，占到总数的三成以上；其次是收入在 3000～4000 元的农业转移人口，达到 24.07%。收入水平在 2000～4000 元的占总数的近 60%，说明大部分劳动力农业转移人口（农民工）都处在这一收入水平。收入在 2000 元以下的占到 20% 左右，说明低收入者仍然较多。按照单个农民工月收入稳定在 4500 元左右，那么年收入为 54000 元（4500×12），刚刚接近目前河南省农业转移人口承担市民化成本标准值。那么，河南省月收入在 4500 元以下的劳动力农业转移人口（农民工）占总数 85.15%，即使是双职工家庭，其家庭年收入也难以承担市民化成本，缺乏在城镇长期生存发展的经济基础，进城落户经济压力巨大，大部分只能完成"半城镇化"或"半经济化"或成为"亦工亦农""亦城亦乡"流动人口。

二是高收入农业转移人口（农民工）比较容易融入城市生活，能够承担市民化成本，但这部分群体占比相对较小。河南省农民工月收入稳定在 4500 元以上的占比仅约为 14.86%（6.92%/2 + 4.97% + 6.43%）。这部分农业转移人口（农民工）收入具有承担市民化成本能力，具备在城镇生存发展的经济基础，其进城落户的能力和意愿都比较强。实际上，农民工在城镇就业流动性强，工作变换快，收入不够稳定，月收入稳定在 4500 元以上的农民工比例还会低于 14.86%。

2. 河南师范大学青少年问题研究中心关于河南省农业转移人口市民化实际经济收入调查

2013 年 7 月，河南师范大学青少年问题研究中心组织开展了"新生代农民工收入状况与消费行为研究"。发放问卷调查 722 份，回收 714 份。有效问卷遍及河南省 18 个省辖市。以在河南省务工的农民工为总体，调查对象是 1980 年 1 月 1 日以后出生、拥有农村户籍、在城市打工或经商的农村青年（只考虑流入地，不考虑流出地）。

综合而言，河南省新生代农民工整体收入相对更低，平均月收入为 2254 元，50% 以上的新生代农民工月收入在 2000 元以下。按照目前河南省农民工每年承担人均市民化成本最低值为 54701 元测算，只有大约 6.5%（4.9% × 0.75 + 2.8%）的新生代农民工月收入达到 4500 元以上，年收入达到 54000 元，接近农民工承担的最低农业转移人口市民化成本。也就是说，新生代农民工承担农业转移人口市民化成本能力更低。具体见表 3。

表 3 河南省新生代农民工的月工资收入状况（含奖金）

单位：%

项目		频率	百分比	有效百分比	累计百分比
有效	1000 元及以下	49	6.9	6.9	6.9
	1001～1500 元	152	21.3	21.4	28.3
	1501～2000 元	170	23.8	23.9	52.2
	2001～2500 元	115	16.1	16.2	68.4
	2501～3000 元	105	14.7	14.8	83.2
	3001～4000 元	64	9.0	9.0	92.2
	4001～6000 元	35	4.9	4.9	97.1
	6000 元以上	20	2.8	2.8	100.0
	合计	710	99.4	100.0	
缺失		4	0.6		
	合计	714	100.0		

（二）省外就业的河南省农业转移人口在当地承担市民化成本更高

2015 年，河南省累计净流出人口 2800 万人，其中外出地在省内的占 46.3%，在省外的占 53.7%。也就是说，河南省有 1503 万农业转移人口在省外就业生活，且还没有在当地落户，是"外地人"。根据中原发展研究院"河南省人口分布及流向的空间结构"的调查，农业转移人口外出务工人员流向的首选是大城市和发达地区，次选是省辖地级市，主要是中心城市。

2015 年，河南省出省务工人员中有近 1000 万人流入长三角、珠三角和京津冀地区，而且绝大多数分布在这些发达地区的中心城市。但是出省务工人员一般很难融入发达地区中心城市。一是发达地区中心城市接纳外省务工人员进城落户的意愿不足。发达地区中心城市接纳外地转移人口的成本很高。根据国家发改委经济体制与管理研究所课题组的研究，我国政府应该承担农业转移人口市民化的平均成本为 105599 元/人，东部发达地区中心城市由于大规模转移人口流入资源紧张，政府承担的这一成本会更高，因而普遍采取"积分落户制"。而在现行财政体制条件下，中央与地方是按照户籍人口来划分财权和事权的，那么在中央与流入地、流入地与流出地之间的财权和事权就存在严重的不匹配，发达地区中心城市接纳外省务工人员就地市民化意愿比较低。二是发达地区中心城市的市民化成本高企，严重阻碍外省务工人员就地市民化。

（三）河南省农业转移人口承担市民化成本能力低下已经成为制约市民化进程的主要障碍

当前，农业转移人口市民化的过程仍然面临许多障碍。这些障碍是相关制度改革滞后、农业转移人口自我承担市民化成本能力不足以及市民对其缺少足够的包容、关心、帮助和支持等多个因素共同作用下所形成的结果，下面从农业转移人口自身角度去分析农业转移人口市民化所面临的障碍。

1. 户籍及相关制度已经不是制约农业转移人口市民化的主要障碍

改革开放以来，伴随着城镇化，通过不断探索、深化改革，大幅度降低市民化的制度门槛，初步构建了人口城乡流动制度通道，有效地推进了城镇化进程。特别是随着工业化和城镇化推进，河南省户籍制度改革顺势而为，先后出台落实《河南省人民政府关于促进农民进城落户的指导意见》（2011 年）、《河南省人民政府关于深化户籍制度改革的实施意见》（2014 年）、《河南省居住证实施办法》（2016 年）等多项改革政策文件，大幅放开落户条件，不断深入，成效显著，应该说户籍本身已经不是制约农业转移人口市民化的障碍。伴随着户籍制度改革，附着在户籍之上的其他公共服务制度，也在逐步推进，制度门槛大幅降低。

2. 承担高企的市民化成本成为农业转移人口市民化的主要障碍

河南省外出务工人员文化层次普遍偏低，高中及以上文化程度者仅占约 39%。特别是在农村剩余的 600 多万农村富余劳动力中，90% 为初中以下文化程度和 45 岁以上妇女、55 岁以上男性，转移就业和实现稳定就业的难度更大；职业技能水平低，农民工多缺乏职业规划，重眼前利益、人随工资走，不注重自身素质和技能的积累提高，难以实现长远发展；现有职业技能培训内容定位不清晰，培训对象针对性差，忽略了不同人员对培训内容的接受能力和适应性，培训效果不理想，农民参加培训的积极性不高。目前河南省已实现转移就业的农村劳动力中，有近 1300 万人没参加过相应的技能培训，50% 以上的转移就业人员不同程度地处于流动就业和不稳定就业状态。因此，人力资本的"先天积累"和"后天形成"均不足，使得河南省农业转移人口的自我发展能力难以得到较大程度的提升。这就导致河南省农业转移人口自我承担市民化成本的能力低下，成为现阶段制约市民化的主要障碍。

3. 现阶段社会心理障碍尚不足以制约农业转移人口市民化进程

社会心理障碍是农业转移人口在融入城镇社会体系被城镇社会接纳过程中，所面临各种社会心理因素的阻碍和困难，是农业转移人口在工作生活方式、心理感受和文化习俗等方面存在诸多不适应，这种不适应虽不像制度和经济成本那么容易觉察，但仍然是客观存在的，是一种潜在障碍，是"玻璃门"，仍然需要适应、克服和跨越。市民化社会心理门槛应该包括农业转移人口自身对城镇社会的不适应，以及来自城镇社会的各种"歧视"和"不容纳"。实际上，农业转移人口面临的城镇化社会心理障碍是"软"约束，是始终存在的，只有在市民化制度和经济这两大"硬"约束大幅降低情况下，社会心理障碍才逐渐凸现出来。在现阶段，农业转移人口面临的市民化成本"硬"约束巨大前提下，社会心理的"软"约束尚不凸显。

四 提高河南省农业转移人口承担市民化成本能力的主要途径

（一）构建农业转移人口经济收入增长的长效机制

一是构建农业转移人口财产性收益保障机制。把增强农业转移人口承担市民化成本的实力与完善农村产权制度有机结合起来，构建保障农业转移人口农村资产权益保障机制。二是把提高经济发展水平与增加农业转移人口就业岗位相互结合。加快经济结构调整，把增加农业转移人口就业岗位放在更加突出的位置，大力发展优势产业和特色产业，在加快发展资金、技术密集型产业同时，发挥劳动力丰富优势，重视发展劳动密集型产业。大力推进服务业发展，扩大服务业吸纳就业容量。三是着力构建农民工工资支付保障体系。深入贯彻落实最低工资标准，探索制定农民工人数比重较大行业的最低工资标准，建立健全工资支付监控、工资保证金等制度。

（二）改善农业转移人口就业环境

一是提高农业转移人口就业质量。提高监管力度，推进用工单位严格遵循劳动合同，保证农业转移人口的工作时间，维护其劳动权益，杜绝农业转移人口遭遇的不公平现象。二是建立农业转移人口就业服务体系。建立农业转移人口就业状况动态数据库，搭建覆盖全国的农业转移人口信息服务平台。构建省、市、县、乡（镇）多级政府参与的农业转移人口服务体系。三是完善农业转移人口就业援助制度。以就业援助基金为核心落实就业援助制度。强化通过正规就业渠道就业，规范非正规就业渠道。四是强化农业转移人口平等就业权利的法律保障。加大劳动监察执法力度，查禁违法中介，规范企业招工行为。强化劳动合同管理。五是完善农业转移人口社会保障体制。

（三）提高农业转移人口人力资本含量

一是引导农业转移人口转变认识。对于已经进入城镇务工经商的农业转移人口，让他们充分认识到人力资本的"后天形成"对其在城镇更好地生存和发展的促进作用是首要任务。这需要政府和企业的共同刺激：政府必须加强宣传，引导农业转移人口尤其是其中的新生代农民工，让他们认识到仅靠出卖体力劳动获得收入的发展的局限性，使其逐步明白增加人力资本存量对实现市民化的必要性；企业必须通过强化培训、制定培训激励政策等，让农民工认识到获得并提升职业技能对实现市民化的重要性。二是构建农业转移人口职业培训的长效机制。必须通过建立健全培训体系、丰富培训内容、加大培训投入、提高培训质量等举措，逐步构建起农民工职业培训的长效机制。当然，这也离不开政府和企业的共同努力。三是强化农业转移人口人力资本投入的主动性。在政府引导和企业安排下，农业转移人口必须逐渐形成人力资本投资的良好意识，养成主动提升个人文化素质和职业技术知识水平的学习习惯，并加强对企业用工需求情况和工作技能要求的了解，有的放矢地选择和参加教育培训活动。

（四）增加农业转移人口收入渠道

一是增加农业转移人口家庭农业经营收入。虽然家庭农业收入作为农业转移人口收入来源趋势在逐步弱化，但仍然具有较大作用，是农业转移人口消费支出的重要来源。要以农业现代化推进农业转移人口家庭农业收入持续稳定增长。二是增加财产性收入。在总结推广试点成功经验的基础上，对于农业转移人口的土地承包权、宅基地及住房、集体财产等资产，通过确权发证、土地股权流转、宅基地及房屋货币置换、集体资产股份化等手段，把农民在农村占有和支配的各种资源转变为资产，实现农业转移人口带资进城，提升承担市民化成本的能力。三是增加政府转移性收入。加快收入分配制度改革，完善社会保障体系，提高对农业转移人口等低收入者的支持力度。

执笔：盛见

孟州市新型城镇化综合试点实施路径研究

孟州市是豫北工业强市，产业基础雄厚，区位交通发达，自然环境优越，人文底蕴深厚，新型城镇化建设综合优势突出。近年来孟州市先行先试，以改革完善农业转移人口市民化成本分担机制为核心突破，积极推进新型城镇化建设，成效显著。

一 工作基础

（一）新型城镇化工作成效

近年来，孟州市以加速新型城镇化为目标，以积极引导农民进城落户作为工作重点，按照"一个载体、三个体系"的总体要求，以"一基本两牵动"为抓手，强化产业支撑，通过加快土地流转、促进宅基地及房屋流转、建设"五种模式"新型城市社区、深化户籍及其公共服务配套等改革创新举措，着力推动农民"带财产进城、入厂变工人、进城变市民"，加快推进农业转移人口市民化，初步走出一条孟州特色新型城镇化的路子。

（二）试点探索的基础和条件

现阶段，孟州市紧紧围绕"人的城镇化"，攻坚克难，积极探索建立农业转移人口市民化成本分担机制，化解市民化成本分担难题，整体推进创新城市、低碳城市、人文城市建设，提升城市及人的可持续发展能力，为内陆地区县市树立典范，探索积累可推广的成熟经验。

1. 探索建立农业转移人口市民化分担机制

一是产业发达，农业转移人口市民化成本分担经济基础扎实。孟州市拥有装备制造和生物化工两大超百亿元产业集群，是全国著名的皮毛加工基地和硬材料行业引领基地；产业集聚区连续三年位居"河南省十强"，吸纳从业人员 6 万多人；国家、省市级技术研发中心众多，企业创新能力强、成长性好、发展潜力大，是新兴工业强市。孟州市农业产业化发展迅速，是农业科研试验和良种培育基地，是现代农业先进市。产业发达为农业转移人口市民化成本分担打下坚实的经济基础，政府、企业、个人的承担能力大大增强。2013 年全市农民人均纯收入达到 11852 元，其中工资性收入占 80% 以上；政府公共财政收入达 9.1 亿元。

二是农民实现带财产进城，个人承担市民化成本能力得到提升。孟州本地农业转移人口宅基地及房屋流转补偿较高，土地流转股权和农村集体财产收益都得到相应的保障。转户农民实现带财产进城，再加上工资性收入，家庭经济实力增强，有条件承担城镇社会保险、职业教育和技能培训等费用，个人市民化成本分担能力大大提升。

三是体制机制健全，农业转移人口市民化成本分担机制保障有力。户籍实施"一元化"制度改革，建立较为完善的城乡人口流动制度通道；基本公共服务提供机制健全，城镇常住人口义务教育、劳动就业、基本养老、医疗卫生、保障性住房等市民化配套服务得到保障；本地转户农民宅基地及房屋流转退出货币补偿、农地流转股权收益等权益实现常态化、制度化保障，农民转户意愿提高。

四是实施面向进城农民的安居工程，住房保障得到强化。政府和企业把农业转移人口的安居工程作为市民化成本分担工作的重中之重，向农业转移人口提供集体职工宿舍、安置房、公租房、廉租房、低价商品房等不同形式的保障性住房。特别是为加强住房保障力度、引导农民进城落户，政府让利惠民，主要通过宅基地和房屋流转货币补偿、土地零收益、返还土地出让金和优惠地价、减免税费、集中安置等手段，为五类农业转移人口推出五种模式的新型城市社区建设，涵盖十大城市宜居社区（简称"五种模式十大宜居城市社区"），强化进城农民所购城市社区住房的保障性和安居性，大大增强了住房保障功能。

2. 积极推进创新城市、低碳城市和人文城市建设

一是科技和体制创新能力强，建设创新城市的条件优越。孟州拥有首家县级企业博士后科研工作站和 2 家研发基地、5 家国家级高新技术企业、

7 家省级工程技术中心，专利申请量连续 7 年位居全省前列，科技进步对经济增长的贡献率超过 60%，是"国家科技进步示范市"，企业科技创新能力较强；近年来，市委市政府积极推进户籍"一元化"改革、探索建立宅基地及房屋流转补偿机制、配套改革城市公共服务提供机制，体制创新成效显著。

二是环境优美、人文厚重，建设低碳城市、人文城市潜力巨大。全市空气洁净、林果飘香，水库成串、湿地成片、自然环境醉美人心，没有资源型工矿企业，高科技高成长性企业占比高，有利于城市走绿色发展、循环发展、低碳发展道路；历史上，孟州号称"京洛孔道、太行八陉"之地，是中国古代文化的交汇地区，是"唐宋八大家"之首韩愈的故乡，人文遗存众多，城市文化底蕴深厚。

(三) 经验总结

孟州市在探索建立农业转移人口市民化成本分担机制过程中，先行先试，强化产业支撑，创新体制机制，确保带资进城，实现住房难点突破，形成"群众带了资、乐于转，入城进得去、落得下，政府投得起、企业乐于帮"科学模式，具有鲜明的地方特色和典型的示范意义，具备进一步探索转移人口市民化成本分担试点市的基础和条件；在此基础上，孟州市走扩大人口规模与提高城市发展质量并重的可持续发展之路，城市软实力持续提升，城镇居民生活品质不断提高，有条件建设成为具有中原风貌、时代特征、和谐发展的创新城市、低碳城市、人文城市，为同类地区树立典范。

(四) 试点意义

孟州市发挥现有优势，探索健全农村转移人口市民化成本分担机制，具有重大意义。一是加速城镇化建设的重要推手。推进城镇化需要大量资金投入，农业转移人口市民化成本高昂、资金短缺是中国现阶段推进城镇化面临的最大难题之一。健全农村转移人口市民化成本分担机制和完善多元化可持续投融资机制，是破解新型城镇化可持续发展的核心，能够为实现城镇基本公共服务全覆盖和城镇基础设施建设提供资金保障，促进城镇化快速健康发展。二是实现以人为核心的城镇化的内在要求。人的城镇化与物的城镇化相反，是一切以人为核心，将农业转移人口市民化作为新型城镇化的出发点和落脚点。农业转移人口市民化的过程就是农民进入城镇就业并融入城镇生活的过程，是城镇基础设施、义务教育、养老医疗、住房保障等公共服务实现均等化与全覆盖的过程，圆进城农民的"市民梦、创业梦、安居梦"，这是实现人的城镇化战略目标的内在要求。三是促进城镇化可持续发展的必然途径。城镇化的发展应当在提高城市综合承载能力基础上，兼顾经济社会、环境资源和文化的全面协调可持续发展。创新城市建设有利于助推产业升级，促进经济发展方式加速转变；低碳城市建设有利于环境保护和生态建设、促进资源集约节约利用；人文城市建设，有利于挖掘城市文化内涵，推进文化传承与创新。全面协调经济社会、环境资源和文化发展是城镇化可持续发展的必然途径。

二　思路与目标

（一）工作思路

深入贯彻《国家新型城镇化规划（2014～2020年）》和《河南省新型城镇化规划（2014～2020年）》，依据国家多部委《关于开展国家新型城镇化综合试点工作的通知》和省发改委《关于开展新型城镇化综合试点申报工作的通知》要求，发挥现有基础优势，结合孟州实际，以建立农业转移人口市民化成本分担机制作为开展新型城镇化的专项试点，并结合低碳城市、人文城市和创新城市开展综合试点。以方案为引领，以产业为支撑，以体制构建为目标，优化政府、企业和个人成本分担比例，开拓创新，努力增加成本分担的经济来源，改革创新体制机制，构建市民化成本分担机制，降低农业转移人口市民化的经济门槛，为全国县级市新型城镇化探索积累经验。

（二）具体目标

1. 起步准备阶段（2013～2014）

按照国家要求，结合孟州成功做法，加强构建农业转移人口市民化成本分担机制的研究，制定和完善方案和工作计划，做好试点推进准备。进一步推进以前市民化成本分担成功的做法，加快推进低碳城市、人文城市和创新城市建设。2014 年，城镇基础设施持续改善；市民化成本分担体制机制初步呈现；城市产业支撑有力，创新城市和文化城市建设步伐加快，生态环境改善；总人口达到 39 万人，城镇常住人口达 18.8 万人。

2. 全面推进阶段（2015～2017）

以方案为指导，围绕建立农业转移人口市民化成本分担机制，全面推进新型城镇化综合试点工作。三年内，计划完成新增农业转移人口 7.6 万人，城镇居住的农业户籍人口共完成 27 亿元的成本投入。转移人口市民化成本分担更加优化，政府、企业和个人成本分担比例由 2013 年的 58.2∶3.6∶38.2 优化为 2017 年的 64∶6∶30，降低农民进城成本，增强进城转户意愿。达到经济来源充足，成本分担的体制机制健全，可复制可推广经验成型。城镇基础设施较为完善，社会保障公共服务水平显著提高，城市辐射带动能力和综合承载能力显著提升；城市产业发达，低碳城市、人文城市和创新城市建设取得明显进展。2017 年，全市总人口 42 万人，常住人口城镇化率达到 62.6%，城镇常住人口达到 26.3 万人。

3. 宣传推广阶段（2018～2020）

农业转移人口市民化成本分担合理，体制机制完备，经验成熟，在省内外全面宣传推广；城市辐射带动能力和综合承载能力较强；城市内部二元结构问题基本破除，户籍人口城镇化率与常住人口城镇化率差距很小；城市产业发达，创新突出，历史文化氛围浓郁、自然生态环境优美、人文环境和谐。2020 年，全市总人口 43 万人，常住人口城镇化率达到 69.7%，城镇常住人口达到 30 万人。

三　实施路径

（一）市民化成本分类

农业转移人口市民化成本是指由农村居民转化为城镇居民并融入城市所付出的各类经济成本，包括政府提供的公共成本、企业承担的单位成本和个人付出的个人成本。

按照成本来源，结合孟州实际，将市民化成本做如下划分。

1. 公共成本

政府要承担农业转移人口市民化在义务教育、劳动就业、基本养老、基本医疗卫生、保障性住房以及市政设施等方面的公共成本。

第一，随迁子女教育成本。由于城乡之间生均事业经费和生均公共财政预算公用经费支出有差别，加上为满足随迁子女教育需求，需增加城镇教学设施和校舍建设的支出。

第二，社会保障成本。在养老教育、医疗、事业和低保等社会保障方面，政府也要增加投入，保障农业转移人口与城镇居民享有同等社会保障。

第三，保障性住房成本。农民转化为市民后，为纳入城镇住房保障体系的新市民建设廉租房、公租房等需要投入的成本。孟州市政府通过宅基地和房屋流转货币补偿、土地零收益或返还土地出让金和优惠地价、减免税费、集中安置等手段，加大政府支出，来直接或间接降低住房成本，强化进城农民城市社区住房的保障性和安居性。因此，孟州市政府的保障性住房成本还应包括这一部分政府的支出。

第四，城镇基础设施成本。就是市政设施成本，包括建设医疗卫生、学校教育、体育服务等社会性服务设施，以及交通道路、给排水、通信、能源、生态绿化和环境保护等工程性基础设施所需的最低资金需求。

2. 企业成本

企业要落实农民工与城镇职工同工同酬制度，加大职工技能培训投入，依法按比例为农民工缴纳职工养老、医疗、失业、工伤、生育等社会保险费用。

3. 个人成本

农民工要积极参加城镇社会保险、职业教育和技能培训等，并按照规定承担相关费用，提升融入城市社会的能力。

第一，城镇生活成本。是指农民转化为城镇居民在城镇正常生活的日常开支超出农村生活水平的部分，包括在城镇生活的人均住房（房租）、水、电、气、暖、交通、通信等方面的支出。

第二，个人基本保障成本。个人基本保障成本包括个人缴纳的基本养老保险、基本医疗保险、失业保险、住房公积金等基本保障。

第三，个人住房成本。既包括大部分转移人口市民化后购买商品房的支出，也包括部分低收入转移人口个人享受政府保障性住房补贴后的支出。

（二）市民化成本测算

1. 市民化人口变动测算

2013 年，孟州市人口规模为 38 万人，城镇常住人口 16 万人，户籍人口 5.36 万人，常住人口城镇化率达到 42.9%，户籍人口城镇化率为 14.1%，人口自然增长率 6.07‰。

第一，孟州市总人口的变化。总人口增长源于人口自然增长和外来务工人员的增加，根据人口自然增长率 5.07‰以及近年来孟州外籍务工人员的增加速度，来确定未来孟州总人口规模。

第二，城镇农业户籍人口（存量）的变化。根据《中共孟州市委、市政府关于进一步深化户籍制度改革的实施意见》的推进计划，结合城中村改造实际，16 万城镇农业户籍人口变化将呈现前快后慢的递减状态。

第三，新增进城务工及其家属人口（增量）的变化。孟州产业发达，近年每年都有几千农民工进城务工、居住。根据近几年进城务工人员自购商品房的规模和速度，以及购买政府推进的"五种模式十大城市宜居社区"住房的规模和速度，确定今后各年度新增进城务工人员及其家属人口规模。为便于计算，采取平均值计算，每年自购商品和购买宜居城市社区新增人数分别为 0.55 万人和 1.98 万人。

以上人口变动具体数值见表 1。

表 1　孟州市试点期间人口年度变化

单位：万人

年　份	2013	2014	2015	2016	2017	2020
人口总数	38.0	39	40	41	42	43
城镇常住人口数	16.3	18.8	21.3	23.8	26.33	30.0
常住人口城镇化率（%）	42.9	48.2	53.3	58.1	62.6	69.7
新增进城务工及家属人口（增量）	2.53	2.53	2.53	2.53	2.53	0.55
城镇农业户籍人口（存量）	10.6	7.0	6.0	5.0	4.0	2.0

2. 新增进城务工及家属（增量）市民化人均成本测算

一是人均公共成本。包括以下四个方面。

首先，随迁子女教育成本。孟州市积极推进义务教育均衡化，农民随迁子女生均预算内事业费和生均公共财政预算公用经费相同，不存在城乡差别，不存在教育经费增加的问题。新建学校和配套设施成本涵盖在城镇基础设施成本里面，在此不再计算。

其次，政府社会保障成本。2013 年政府为农业转移人口增加医疗保险补贴是人均增加 20 元；孟州城乡居民不分户口性质，均可参加养老保险，年缴纳标准统一为人均 100 ~ 1000 元，统称城乡居民养老保险，因此农业转移人口养老保险方面，不存在城乡差别；2013 年，孟州城乡低保户低保发放额度差别为户均 2813 元，按低保户占所有住户 5% 和户均 4 人计算，政府发放给农业转移人口低保人均增加 35 元。

再次，政府保障性住房投入。在"五种模式十大城市宜居社区"建设中，孟州市政府主要通过宅基地和房屋流转货币补偿、土地零收益、返还土地出让金和优惠地价等手段，强化进城农民购买的城市社区住房的保障性和安居性，从 2013 年开始，整个投资期为 5 年，政府总投资 20.66 亿，每年人均投入 3266 元。2013 年，政府在公租房、廉租房等保障性住房投入人均 556 元，投资期为 3 年。

最后，城镇基础设施。鉴于数据收集的可得性，本方案将孟州市城镇固定资产投资扣除农村投资、产业投资、房地产投资后的余额，作为城镇基础设施投资。2013 年，孟州市城镇基础设施投资为 15.28 亿，城镇居民人均基础设施成本为 9590 元。

二是人均企业承担成本。包括以下两个方面。

首先，企业承担的基本保障成本。2013 年，企业为职工缴纳的养老保险、医疗保险、失业保险、工伤保险、生育保险，分别占孟州城镇居民职工平均工资 2959 元的比例分别为 20%、7%、2%、1%、0.8%，企业承担的职工人均基本保障成本为 911 元。按照平均一家四口双职工计算，企业承担人均保障成本为 455 元。

其次，企业承担的购房成本。在五种模式中，企业自建社区，投资期为 3 年，共承担本企业农民工 1.2 亿购房成本，本企业农民工低价购房。企业承担每个农业转移人口的购房成本为 395 元。

三是人均个人承担成本。包括以下三个方面。

首先，城镇生活成本。通过计算孟州农村居民与城镇居民的消费差距，获取农业转移人口增加的生活成本。2013 年，城乡人均消费支出差距为 4048 元。

其次，个人基本保障成本。我国基本养老保险、基本医疗保险、失业保险由企业职工个人缴费的比例分别占其工资的 8%、2% 和 1%，总比例为其工资的 11%。根据 2013 年孟州城镇职工平均工资 2959 元，职工人均保障成本为 325 元，转移人口人均为 163 元。

最后，个人住房成本。2013 年孟州市住宅平均价格是 2800 元/平方米，按每人 30 平方米，每户 4 口人，共 120 平方米来计算，装修 10 万元，农业转移人口人均住房成本 11 万元。按照 20 年分摊，每人每年 5500 元，扣除政府每人每年 900 元，为每人每年 4600 元。

以上各类人均成本见表 2。

表 2　孟州市新增人口市民化人均成本

单位：元

	人均成本项目	金额	备注
公共成本	随迁子女教育成本	0	城乡成本相同，教育服务设施投入含在"城镇基础设施"中测算
	社会保障成本	55	
	保障性住房投入	3822	包括保障性住房支出和"五种模式十大城市社区"住房补贴
	城镇基础设施	9590	包括市政和公共服务设施投入
	人均公共成本合计	13467	占人均总成本比例58.22%
企业成本	基本保障成本	455	养老、医疗、失业保险等
	购房成本	395	为本企业的农民工补贴
	人均企业承担成本合计	850	占人均总成本比例3.67%
个人成本	城镇生活成本	4048	
	个人基本保障成本	163	
	个人住房成本	4600	按照20年分期付款计算
	人均个人成本合计	8811	占人均总成本比例38.0%
	人均总成本合计	23128	

3. 城镇农业户籍人口（存量）的市民化人均成本核算

孟州城镇农业户籍人口，在城市基础设施和个人住房成本上无须较大投入，成本主要集中在医疗、低保、优抚等社会保障方面。按照城镇农业户籍人口 10.6 万的规模，政府每年需增加 1000 万左右的经费投入，人均 94 元。

4. 市民化最终成本核算

在以上测算的基础上，市民化最终成本核算为人均成本与年度城镇农业户籍人口规模（存量）和年度新增进城务工及家属人口规模（增量）的积。具体核算见表 3、表 4。

表 3　孟州市农业转移人口市民化成本分布

单位：亿元

时间分布	市民化人口规模（万人）		农业转移人口市民化成本		
	"存量"人口规模	"增量"人口规模	"存量"总成本	"增量"总成本	总成本
2013 年	10.6	2.53	0.099	5.581	5.86
2014 年	7.0	2.53	0.066	5.581	6.880
2015 年	6.0	2.53	0.056	5.581	7.853
2016 年	5.0	2.53	0.047	5.581	8.946
2017 年	4.0	2.53	0.038	5.581	10.176
2020 年	2.0	0.55	0.005	—	

注：市民化成本会存在随着物价上涨和经济发展不断增加的趋势。结合孟州实际，假设 CPI 平均为 2.5%，GDP 增速为平均 10%，二者之和为 12.5%，以 2013 年人均成本为基数，那么各年度市民化成本应该是基数与 12.5% 年度乘方数之积。

表 4　孟州市农业转移人口市民化公共成本分布

单位：亿元

	年份	总成本	政府成本	企业成本	个人成本
起步准备阶段	2013 年	5.86	3.41	0.211	2.26
	2014 年	6.880	3.99	0.247	2.61
全面推进阶段	2015 年	7.853	4.554	0.283	2.984
	2016 年	8.946	5.188	0.322	3.39
	2017 年	10.176	5.900	0.366	3.86
宣传推广阶段	2012 ~ 2020 年	—			

（三）优化市民化成本分担结构

1. 明确分担主体

按照注重公平、务实求效的原则，结合孟州市实际，明确分担主体，合理分担成本。纵向层面上划分中央、省级、地市级和孟州市等四层政府的职责，横向层面上孟州市政府、企业、个人和社会市民化成本共担，形成"一主四层三辅"的分担主体格局。

2. 发挥孟州市政府市民化成本分担的主体作用

孟州市政府承担城镇常住和新增农业转移人口市民化公共服务和市政设施成本，并通过"五种模式十大城市社区"建设，承担农业转移人口的宅基地及住房流转补偿成本、有条件返还部分土地出让金、减免税费等住房保障成本。引导企业加大按标准缴纳农民工社会保险经费，增加企业自建房规模和让利程度。督促个人按照国家要求缴纳相关保险费用。按照上述成本测算，2013 年，政府承担各类公共成本占市民化总成本的 58.2%。不断提高政府支出比例，力争 2017 年达到 64% 左右。2015～2017 年政府承担市民化公共成本分别为 4.554 亿元、5.188 亿元、5.900 亿元。其中政府补贴居民购房成本按照 5 年分配分担。

3. 积极发挥企业市民化成本分担的作用

发挥孟州市企业本土性、高成长性和国际化的优势，进一步通过返还土地出让金、减免税收等政策，引导和鼓励企业特别是本土企业，提高承担本企业农民工相应的公共服务成本和低价房、职工宿舍成本。按照上述成本测算，2013 年，企业承担市民化成本占市民化总成本的 3.67%。不断提高企业支出比例，力争 2017 年达到 6% 左右。2015～2017 年，企业承担市民化成本分别为 0.283 亿元、0.322 亿元、0.366 亿元。

4. 积极引导个人和社会承担市民化成本

农民工承担养老、医疗、失业等社会保障成本中的个人支出部分。积极引导社会慈善和福利机构在推进市民化进程中的积极作用，作为有益的补充，重点在法律维权、社会救助等方面提供人财物支持，参与成本分担。按照上述成本测算，2013 年，农业转移人口个人承担市民化成本占市民化总成本的 38.00%。逐步降低个人承担的比例，争取 2017 年下降到 30% 左右。2015～2017 年，个人承担市民化成本分别为 2.984 亿元、

3.399 亿元、3.866 亿元。其中居民购房成本按照 20 年分配分担。

(四) 强化经济支撑，增加资金来源

1. 发挥产业经济支撑作用

进一步优化经济发展环境。发挥装备制造和生物化工两大主导产业集群优势，依托产业集聚区推进产业集聚，推动产业集聚区晋位升级，着力打造焦作首个"千亿园区"，做大做强工业；加快土地流转，加速农业产业化步伐，发展休闲农业，建设特色农业示范基地，推进农业现代化，增加农业产业化工人；结合城镇人口和产业集聚，大力发展商贸餐饮、总部经济、商务金融、保税物流、文化旅游等服务业，构建现代产业体系，形成地域竞争优势，促进产城融合。力争地区生产总值、公共财政预算收入、城镇居民人均可支配收入、农民人均纯收入年度增长速度均保持在12% 以上。

2. 增加农民财产性收入渠道

在全市范围内，总结推广南庄镇和城伯镇成功经验，对农民土地承包权、宅基地及住房、集体财产等资产，通过确权发证、土地股权流转、宅基地及房屋"双置换"、集体资产股份化等手段，把农民在农村占有和支配的各种资源转变为资产，让农民带资产进城，帮助跨越市民化的成本门槛。保障农民公平分享土地增值收益，提高宅基地退出补偿比例，自愿退出宅基地及房屋的居民购房货币补偿，由现在每人 3.4 万元增加到每人 5 万元，提高农民带股带资进城额度，增强个人成本承担能力。

3. 拓宽投融资渠道

继续加大对驻孟金融机构的考核奖励，引导其加大信贷投放，提高银行存贷比率。加快组建新的投融资发展公司，全面做实"五大投融资平台"资本。加大国有资源、资产、资金、资本整合力度和运作力度，支持五大投融资平台通过财政注资、市场募资、整合存量资产、做优增量资产等多种方式提高融资能力。理顺市政公用产品和服务价格形成机制，利用BT、BOT、TOT 等多种形式制定特许经营，政府购买服务等，鼓励社会资本参与。

4. 争取上级政府财政转移支付与农业转移人口市民化挂钩

对于省外农业转移人口，争取中央政府专项转移资金；对于省内非焦

作市的农业转移人口，争取省政府专项转移资金；对于焦作市内非孟州市农业转移人口，争取焦作市专项转移资金。

（五）完善市民化成本分担机制，形成常态体制保障

建立农业转移人口市民化成本分担机制，点多面广，关系复杂，需要调整各方面的权益，更需要深化和完善相应的体制机制改革，形成稳定的常态体制保障。

1. 创新资金多元化筹措机制

改革完善财政体制，专项建立城镇基本公共服务支出分担和奖补机制，提高投入比例，加大保障性安居工程、义务教育、公共交通、污染治理、就业培训、生活消费服务等方面的投入，实现基本公共服务支出持续稳定增长。争取上级财政转移支付，建立财政转移支付同农业转移人口市民化挂钩机制。拓宽城市建设融资渠道，发行市政债券，建立规范的政府举债融资机制。深化与开行等政策性金融机构合作编制城市建设规划及融资规划，鼓励金融机构对符合政策的重大基础设施建设项目和城市功能区连片开发提供信贷支持，设计差别化融资模式和偿债机制。创新城市基础设施建设与土地储备相结合的联动机制，探索公益性基础设施建设和商业性开发相结合的长效机制，实现公商协同、以商补公。探索编制完整的政府资产负债表。统筹考虑发展条件、资金供给等因素，设立动态、包括市政债在内的全口径负债"天花板"。建立覆盖市政债等政府性债务的风险偿债基金。

2. 完善城市公共服务提供机制

一是深化户籍制度改革。分步推进城乡"一元化"居民户口登记，积极稳妥地实行"村改居"，放开外来人口落户政策，逐步将城乡居民统一登记为"孟州市居民户口"，建立城乡统一的"一元化"户籍登记制度，跨越农业转移人口市民化的户籍制度门槛。2014 年，完成在城市建成区范围内稳定就业和居住（含租赁）人群的户口"一元化"登记工作。2015年，完成在城市规划范围内和产业集聚区规划范围内稳定就业和居住（含租赁）人群的户口"一元化"登记工作。2016 年，有序推进条件比较成熟的区域开展户口"一元化"登记工作。

二是围绕户籍制度改革，配套改革和完善义务教育、劳动就业、基本

养老和医疗卫生等公共服务提供机制。按照《中共孟州市委、市政府关于进一步深化户籍制度改革的实施意见》，转户农民享受与城镇居民同等的基本公共卫生、教育、就业、保障性住房、社会救助等公共服务。在计生政策上，转户农民在生育期内，按农业户籍享受原有计划生育政策和计划生育技术服务。农民子女在服役期间转户的，期满后可享受城镇入伍义务兵的安置政策。继续探索城乡居民养老保险和城镇职工养老保险的衔接转换，逐步实现由依靠居民养老保险向依靠职工养老保险转变。

3. 完善农业转移人口财产性收益保障机制

把农业转移人口市民化成本分担与完善农村产权制度有机结合起来，构建保障农业转移人口农村资产权益保障机制。

一是完善农村土地承包权益保障机制。保留转户农民土地承包经营权不变。转户农民在承包期内，自愿将土地交回村委会的，应获得合理补偿。采取"确权确地"或"确权确股不确地"，加快完成农村土地承包经营权确权登记颁证工作，赋予农民对承包地的多项资产权能；建立市、乡镇、村三级统一的土地流转服务体系，保障土地流转效益；准许以承包经营权入股发展农业产业化经营，探索完善耕地承包权的多样化实现形式，提高土地产出效益和农民土地流转收入。

二是保障农村宅基地用益物权。保留转户农民宅基地使用权不变。自愿退出的宅基地、集中安置后退出的宅基地和房屋，由所在村集体收回，并按照相关政策给予合理货币补偿。加快农村宅基地确权登记颁证，保护农户宅基地用益物权。结合《孟州市进城落户农民退出宅基地补偿办法》《孟州市进城落户农民房屋征收补偿办法》，提高转户农民补偿比例，进一步完善"双置换"方案，建立公平合理、自愿有偿的宅基地退出机制，在全市推广实施。允许农村宅基地、农房依法在村集体组织内部流转。

三是健全集体经济收益权保障机制。保留转户农民原有集体财产权益不变。因地制宜地推进以股份合作制为主、多种形式并存的农村集体经济组织产权制度改革，在保证提取必要的公共积累前提下，将集体财产评估折股、量化到人，赋予农民对集体资产股份占有、收益、有偿退出及抵押、担保、继承权。建立健全市、乡两级农村产权交易市场体系，推动农村产权要素合理流动。

（六）建设创新型城市、低碳城市、人文城市

1. 建设创新型城市

一是科技创新。依托"一站四基地"，发挥中原内配、大地合金等创新企业骨干作用，搭建创新公共平台，推动产学研协同创新，培育创新集群，建立政府引导、企业主体、市场导向、产学研结合的科技创新体系。二是政府管理创新。创新政府决策、运行和监督体系，构建思想解放、勇于探索实践、运转协调、公正透明的行政管理体制，建设创新型政府。三是制度创新。适应科技和管理创新，完善体制规范，建立健全企业自主创新工作协调机制和管理体制，建立政府、企业、个人创新的考核评价机制，推动制度创新。

2. 建设低碳城市

以美丽孟州为目标，以实施"蓝天工程""绿地工程""碧水工程"为抓手，加强城市生态建设和环境整治，全面推进低碳城市建设。一是实施"蓝天工程"。实施"气化孟州"，大力推广以天然气为主的清洁能源，加大锅炉污染源整治力度，建设集中供热工程。发展绿色交通，倡导绿色出行，建造绿色建筑，构建城市绿色生活空间。二是实施"绿地工程"。以创建国家级森林城市为载体，加快推进"一带""两区""三网""多点"的林业生态体系建设，到2016年全市森林覆盖率达到33%。建设美丽乡村。三是实施"碧水工程"。加快城市水系建设。加快建设黄河湿地和五大人工湿地工程，促进水质深度净化。建设"引黄入孟"工程。

3. 建设人文城市

深入挖掘地域文化资源，提炼文化精髓，强化传承创新，建设人文城市。一是塑造"韩愈故里"文化城市形象。把韩愈文化元素融入城区建设中，建设文化地标，展示韩愈文化内涵；将韩愈文化引入文化、教育、商业、节会等活动中，提升整体城市文化品位。以韩愈文化产业园、体育中心为载体，科学规划建设图书馆、文化馆、博物馆、体育馆等标识性公共文化建筑。发展以韩愈文化为主体的文化旅游业。二是再现历史风貌。启动孟州古城修复规划编制工作，逐步恢复钟鼓楼、古县衙、城隍庙等重要历史建筑，再现"古孟州"历史风貌。三是提炼城市精神。凝聚城市精神力量，培育文化自觉和集体意识，塑造"开放、创新、生态、人文"的城

市精神。

四 保障措施

（一）强化组织保障

　　成立孟州市开展新型城镇化综合试点工作领导小组，市委主要领导任组长。领导小组负责顶层设计，统筹重大政策研究和制定，协调解决开展新型城镇化综合试点工作中的重大问题。市委农村工作办公室、发展和改革委、住房与城乡建设局、国土局、人力资源和社会保障局等部门以及各乡镇、办事处，根据本方案提出的各项任务和政策措施，研究制定具体实施方案，建立健全工作机制，全面推进和落实试点方案。培养一批专家型城市管理干部，提高城镇化管理水平。

（二）加大政策扶持

　　用足用好国家和省关于新型城镇化发展的各项政策，推动投融资、土地、住房、人才、生态环境等方面政策和改革举措形成合力、落到实处。逐步放宽民间资本市场准入领域，引导社会资本和境外资金参与城乡基础设施、教育、医疗、养老、住房保障等公共服务建设。政府采取零地价、有条件返还土地出让金、减免税费、包销房屋等政策，完善以"五种城市新型社区模式"为主的住房保障政策体系。放宽人才引进政策，建立健全人才引进绿色通道，完善高层次人才财政奖励和住房保障政策。

（三）加强监测评估

　　加强综合试点统计监测工作，结合孟州开展新型城镇化综合试点工作，建立健全统计监测指标体系和统计综合评价指标体系，规范统计口径、统计标准和统计制度方法。细化转移人口市民化成本分担监测评估体系，对保障性住房、就业创业、教育、医疗等公共服务实施动态监测与跟踪分析，明确创新城市、低碳城市、人文城市建设的阶段目标与实施步骤，开展期中评估和监测。采用台账式管理模式，制定考核评分标准，将考核评估结果作为领导干部实绩的重要依据。

五 时间安排

综合试点工作为期六年半，从 2014 年 7 月到 2020 年 12 月，共分为起步准备（2014 年 8 月～2014 年 12 月）、全面推进（2015 年 1 月～2017 年 12 月）、宣传推广（2018 年 1 月～2020 年 12 月完成）三个阶段，试点关键在于全面推进阶段。

（一）起步准备阶段

结合国家要求，对城镇化试点综合配套改革进行研究，理清国家、省市级新型城镇化工作思路，按照现阶段的具体目标，搞好顶层设计，深入研究试点重点、难点，进一步完善提升综合试点方案。围绕方案，各单位结合部门工作做好工作计划。进一步推进新型城镇化的各项工作，总结前期探索经验。

（二）全面推进阶段

在前期试点探索的基础上，吸取探索经验，凝聚共识，尊重规律，先易后难，分类有序，科学稳步，全面推进。对市区 10.6 万城镇农业户籍人口，优先转户并实现公共服务全覆盖；结合"十大城市宜居社区"和农村产权体制改革，分类推进新增农业转移人口市民化，有效化解成本分担难题，全面推进市民化和城镇化。整体推进创新城市、低碳城市和人文城市建设。

（三）宣传推广阶段

在分类指导、全面推进的基础上，加强对全面推进工作的监测评估、检查指导和跟踪分析，及时反映试点工作的进展、成效及存在问题，提出对策建议，及时完善提升。广泛宣传试点的重大意义、目标任务和政策措施，及时推广试点中的好做法、好经验，营造良好氛围。

执笔：盛见、尹勇、李守辉、张莎

浙江省特色小镇调研报告

浙江特色小镇"非镇非区"、产业特色鲜明、功能叠加融合、制度供给新颖等特点，不仅引领浙江省经济转型升级，而且迎合"五大发展理念"，给全国园区建设带来鲜活样板和新的思维空间。笔者通过调查研究浙江特色小镇建设，认真梳理其主要建设经验和做法，并以此为基础，就河南省推进特色小镇建议提出几点想法和建议，供大家商榷。

一 浙江特色小镇基本情况

（一）建设背景

2014 年以来，为适应和引领经济发展新常态，破解经济结构转化和动力转换的现实难题，减缓和消解城乡二元结构，探索供给侧结构性改革，推进经济转型升级，浙江省在深入分析本省块状经济、山水资源、历史人文等独特优势的基础上，充分发挥其在新一轮信息技术和新业态发展的领先优势，开创性地提出创建特色小镇的决策部署。

特色小镇的提出，源于浙江块状经济和区域特色产业 30 多年的实践，具有较好的基础和条件：一是浙江县域经济比较发达，城镇化率达到 65.8%，特别是块状经济优势突出，目前年销售收入达 50 亿以上的纺织、袜业、皮革等产业集群超过 180 个；二是浙江民营经济发展较快，民间资金积累丰厚，民间资本存量达到 1 万亿，民营企业超 120 万户，是全国性的"资本高地"；三是浙江已进入工业化后期，三次产业加快融合，信息化向经济社会各个领域深度渗透；四是浙江互联网和信息技术产业全国领先，山水和人文资源充沛，大众创业万众创新氛围浓厚。

建设特色小镇，有利于破解空间资源瓶颈，用最小的空间资源达到生产力的最优化布局；有利于补齐有效供给上的短板，实现制造业由"微笑曲线"底端向两端延伸；有利于促进高端要素聚合，构筑创业创新良好生态；有利于推动城乡一体化发展，促进生产、生活、生态融合，实现人的城镇化。

（二）功能定位

特色小镇不是行政区划单元上的"镇"，不同于产业园区、风景区的"区"，在发展模式上与传统工业园区也不同，是按照创新、协调、绿色、开放、共享发展理念，结合自身特质，找准产业定位，进行科学规划，挖掘产业特色、人文底蕴和生态禀赋，形成"产、城、人、文"四位一体的有机结合的重要功能平台。

特色小镇在主导产业选择上，定位于最有基础、最有特色、最具潜力的产业，聚焦支撑浙江长远发展的信息经济、环保、健康、旅游、时尚、金融、高端装备等七大产业，以及茶叶、丝绸等历史经典产业（即"7 + 1"产业）。在生产力配置上，努力实现功能的集聚与扩散之间、城市化与逆城市化之间、生产生活生态之间的最佳平衡。

（三）主要特点

2014 年以来，浙江充分汲取瑞士达沃斯小镇、美国格林威治对冲基金小镇、法国普罗旺斯小镇等国外特色小镇的建设经验，提出在三年内建设100 个特色小镇的工作计划。经过两年的创建，无论是在激活市场活力、再创发展新优势，还是在政府服务转型、五位一体协调发展等方面，特色小镇均起到了示范引领、辐射带动作用。目前，浙江省已经公布了两批共79 个特色小镇省级创建对象，51 个省级特色小镇培育对象。特别是首批的 37 个省级特色小镇，更是成为浙江在经济新常态下实现转型升级、促进创新创业的一张亮丽名片。总的来看，浙江特色小镇的建设发展主要有以下特点。

产业发展"特而强"。紧扣产业升级趋势，锁定产业主攻方向，定位突出"独特"，投资突出"有效"，建设突出"质量"，着力打造特色鲜明、综合效益强的主导产业。截至 2015 年底，37 个省级特色小镇共入驻企业 8776 家，全年企业营业收入近千亿元，其中特色产业营业收入占比接近 70%；完成特色产业投资 288 亿元，占投资总额的 60.3%；税收收入达到 53 亿元。

功能叠加"聚而合"。围绕优势特色产业，发掘文化功能、嵌入旅游功能、夯实社区功能。打造生产、生活、生态"三生融合"和产业、文化、旅游、社区功能"四位一体"的新载体。2015 年，37 个特色小镇累计接待国内游客 2768.6 万人次；拥有高中级技术职称人员 4139 人，国家及省级"千人计划"人才 49 人，国家级、省级大师 91 人，国家级、省级非遗代表性传承人 32 人；集聚了以大学生创业者、大企业高管及其他连续创业者、科技人员创业者、留学归国人员创业者为主的"新四军"创业人员 7839 人、创业团队 2116 个，入驻个体工商户 2.34 万家。

建设形态"精而美"。按照"一镇一风格"，多维展示地貌特色、建筑特色和生态特色，建设"高颜值"小镇。坚持集约集成、精益求精，规划面积控制在 3 平方公里左右，建设面积控制在 1 平方公里左右。坚持形态优美、生态优先，根据小镇地形地貌和功能定位，做好整体规划和形象塑造，突出建筑的个性设计和艺术风格，实现独特的自然风光之美、错落的空间结构之美、多元的功能融合之美、多彩的历史人文之美的有机统一，形成"宜业、宜居、宜游"的生态魅力小镇。

制度供给"活而新"。规划运营理念新，坚持规划先行、多规融合，统筹考虑人口分布、生产力布局、国土空间利用和生态环境保护，联动编制各种元素高度关联的综合性建设规划；注重创业者、风投资本、孵化器等高端要素集聚，促进产业链、投资链、创新链、人才链、服务链耦合，切实做到有项目、有投资、有形象、有成果。工作推进方式新，实施创建制，通过省市二级联动，分级分批梯度创建，实行"宽进严定"，在具体工作中采用"日常动态监察＋年度考核＋验收命名"的方式，培育一批、创建一批、验收命名一批，支持方式上采取期权激励、事后奖惩。

虽然浙江特色小镇建设取得显著成效，但通过交流，我们也了解到浙江特色小镇在规划建设过程中的一些难点和瓶颈，主要表现在以下几个方面。一是一些地方还存在"新瓶装旧酒"和"大拼盘大杂烩"的传统建设模式，致使部分小镇空间分离、功能拼凑，短期内可能达不到预期效果。二是部分小镇出现民间投资不足、后继投资乏力的苗头，2015年 37 个特色小镇民间投资占固定资产的比重为 51.28%，比全省平均水平低 11.51 个百分点；奉化滨海养生小镇、南湖基金小镇、青田石雕小镇、开化根缘小镇等个别小镇只有 1 个亿元项目。三是由于交通、教育、医疗等基础设施和配套公共服务不足，部分小镇人才集聚的持续性不强。

二　浙江特色小镇经验做法

特色小镇建设是浙江贯彻五大发展理念的积极实践，摒弃了行政化的思维定式、路径依赖和体制束缚，大胆探索，大胆试验，从概念提出到全面展开，效果初显，小镇创建热潮不断掀起，"小镇经济"日新月异，走出了一条行之有效的改革创新之路。

（一）聚焦特色产业，再造增长新动力

产业是特色小镇的立足之本和魅力所在，更是小镇的地理标志和名片品牌。浙江要求每个特色小镇主攻一个主导产业，培育具有行业竞争力的"单打冠军"，打造完整的产业生态圈，将比较优势转化为竞争优势、先发优势转化为产业优势，推动形成新的经济增长点。

一是在"特"上做文章。每个特色小镇都紧扣七大产业和历史经典产业，主攻最有基础、最有优势的特色产业，即便主攻同一产业，也要引导差异定位、细分领域、错位发展，真正做到"他无我有，他有我优，他优我精"，防止百镇一面、同质竞争。如云栖小镇、梦想小镇都是信息经济特色小镇，但云栖小镇以发展大数据、云计算为特色，而梦想小镇则主攻"互联网创业＋风险投资"。

二是在"强"上下功夫。占领一批产业高地，孵化一批新兴业态，着力在云计算、机器人、新能源汽车、新材料、金融及浙江原有的块状经济等方面培育一批高端产业。例如，物联网小镇的科技研发投入占生产总值的比重达到 14%，小镇所在的杭州高新区（滨江）承担了全省 70% 的国家核高基重大专项，企业参与国际标准研制 40 项，主导研制已发布的国际标准 13 项。

三是在"聚"上求突破。聚焦一批高端要素，吸引一批海内外中高级

人才，落户一批世界知名企业，特别是加快创业者、风投资本、孵化器等创新要素的集聚与耦合，促进产业链、创新链、人才链等聚变。例如，云栖小镇依托阿里巴巴、富士康等优势平台资源和西湖历史生态优势，集聚各类涉云企业近300家，涵盖APP开发、互联网金融、数据挖掘等多个领域；萧山机器人小镇在引入全球机器人领军企业的同时，引入了浙江大学机器人研究中心和上海交大机器人研究中心，使机器人小镇具有了研究开发和生产制造两大核心功能。

（二）创新建管模式，强化制度新供给

创新是特色小镇建设的灵魂。浙江率先在体制机制上寻找突破，推动特色小镇建设在探索中实践、在创新中完善。

一是在总体定位上，突出"试验"。始终把特色小镇定位为综合改革试验区，坚持"三个凡是"（即凡是国家的改革试点，特色小镇优先上报；凡是国家和省里先行先试的改革试点，特色小镇优先实施；凡是符合法律要求的改革，允许特色小镇先行突破），允许特色小镇先报、先行、先试、先行突破。

二是建管模式上，突出"多元"。特色小镇建设坚持政府引导、企业主体、市场化运作，每个特色小镇要明确投资主体，由企业为主推进项目建设。各地结合自身实际，灵活选择企业主体、政府服务模式，或政企合作、联动建设模式，或政府建设、市场招商模式。

三是在创建方式上，突出"创新"。特色小镇创建摒弃传统的审批制，实行创建制（见表1），明确目标、竞争入队、优胜劣汰、达标授牌，将符合基本条件的纳入培育名单，将条件成熟的纳入创建名单，将达到目标要求的纳入命名名单，上不封顶、下不保底，不搞区域平衡、产业平衡，宽进严定、动态管理。实施"期权激励制"和"追惩制"。

表1　浙江省特色小镇创建程序

阶段	内　容
（一）自愿申报	由县（市、区）政府向省特色小镇规划建设工作联席会议办公室报送创建特色小镇书面材料，制定创建方案，明确特色小镇的四至范围、产业定位、投资主体、投资规模、建设计划，并附概念性规划

续表

阶段	内　容
（二）分批审核	根据申报创建特色的具体产业定位，坚持统分结合、分批审核，先分别由省级相关部门牵头进行初审，再由省特色小镇规划建设联席会议办公室组织联审，报省特色小镇规划建设工作联席会议审定后，由省政府分批公布创建名单。对各地申报创建特色小镇不平均分配名额，凡符合特色小镇内涵和质量要求的，纳入省重点培育特色小镇创建名单
（三）年度考核	对申报审定后纳入创建名单的省重点培育特色小镇，建立年度考核制度，经考核合格的兑现扶持政策。考核结构纳入各市、县（市、区）政府和牵头部门目标考核体系，并在省级主流媒体公布
（四）验收命名	制订《浙江省特色小镇创建导则》。通过三年左右创建，对实现规划建设目标、达到特色小镇标准要求的，由省特色小镇规划建设工作联席会议组织验收，通过验收的认定其为省级特色小镇

（三）政策精准对接，探索服务新模式

一是优化政策设计，土地供给有奖有罚、财政扶持验后返还。纳入创建名单的特色小镇，并不能直接享受省里的相关扶持政策，只有在年度考核合格或验收命名后，才能获得土地和财政方面的扶持。结合各地土地利用总体规划调整，将特色小镇建设用地纳入城镇建设用地扩展边界内。确需新增建设用地的，由各地先行办理农用地转用及供地手续，对如期完成年度规划目标任务的，省里按实际使用指标的50%给予配套奖励，其中信息经济、环保、高端装备制造等产业类特色小镇按60%给予配套奖励；对于三年内未达到规划目标任务的，加倍倒扣省奖励的用地指标。特色小镇在创建期间及验收命名后，其规划空间范围内的新增财政收入上交省财政部分，前三年全额返还、后两年返还一半给当地财政。

二是强化服务保障，率先在小镇推进简政放权、放管结合、优化服务的政府自身改革，严格履行"引导、扶持和服务"职责。利用"商务秘书企业"、线上线下结合的O2O、"四换三名"等服务活动，在商事、创业、社区等服务方面，实施"店小二"式贴心服务，努力营造扶商、安商、惠商的良好发展环境。进一步放宽商主体核定条件，实行集群化住所登记；改革投资审批制度，对"零地"投资项目、非独立选址项目不再进行政府

审批，独立选址项目高效审批。

（四）坚持市场运作，释放市场新活力

市场化机制是特色小镇的活力源泉。浙江在特色小镇建设过程中，强调成败的关键不在于政府是否给帽子、给政策，关键在是否按专业的人干专业的事原则，厘清政府、企业、市场的边界，充分发挥政府引导、企业主体、市场化运作的合力。

一是用市场化手段招引项目。在发挥小镇管委会"服务者"角色的基础上，委托行业领军企业和专业孵化机构，组织运作主体开展产业链招商。如山南基金小镇委托浙江省金融发展促进会、永安期货等，引进和培育一大批私募金融行业和相关专业服务机构；梦想小镇通过引入阿里"百川计划"、浙大校友孵化器、良仓孵化器、极客创业营、马达加加、良仓孵化器等十余个各具特色的"种子仓"，种好梧桐引来更多凤凰。

二是坚持市场化运作。给予小镇独立运作的空间，调动当地居民、村（社区）的主动性和积极性，积极引进战略合作伙伴，以市场化的机制，激活产业基金、股权众筹、PPP等投融资模式，构建新型众创平台，为入驻企业提供专业的融资、市场推广、技术孵化、供应链整合等服务。如吉利主导沃尔沃小镇，绍兴黄酒集团主导黄酒小镇，斯麦乐集团投资建设嘉善巧克力甜蜜小镇，常山县携手中国观赏石协会共建赏石小镇。

三是用市场力量培育"生态圈"。让小镇中的行业领袖、技术专家、企业高管、中小创业者等，在产业链的不同环节扮演好各自角色，构建"共生共荣"的生态圈层。如云栖小镇由阿里巴巴牵头，会同鸿海集团、英特尔等建设"创新牧场"，会同小镇创业企业组成"云栖小镇"联盟，举办阿里云开发者大会等，形成良好的云产业生态圈。

（五）融合叠加功能，营造发展新生态

在"大众创业、万众创新"的新经济时代，竞争的关键是生态竞争。浙江特色小镇在建设中，坚持"多规合一"，坚持把生态环境保障放在首位，深挖、延伸、融合产业功能、文化功能、旅游功能和社区功能，以生产、生活、生态融合为目标，增强叠加效应，推动产城人文深度融合。在建设形态上，浙江要求所有特色小镇要充分利用各地的山水风光、地形地

貌、风俗风味、古村古居、人文历史等旅游题材，持续嵌入旅游元素，不断丰富休闲旅游、工业旅游、体验旅游、教学旅游、健康旅游等多元化的旅游功能，最低达到3A级景区标准，旅游类特色小镇要按5A级景区标准建设。在文化建设上，坚持文化是特色小镇"内核"的理念，把文化基因植入产业发展全过程，培育创新文化、历史文化、农耕文化、山水文化，注入科技、文化、时尚等元素，保护非物质文化遗产、延续历史文化根脉，形成文化标识。在社区功能上，完善社会管理职能，建立"小镇客厅"，提供公共服务APP，推进数字化管理全覆盖，完善医疗、教育和休闲设施，实现"公共服务不出小镇"。通过多种功能的叠加融合，最终建成有山有水有人文，宜居、宜业、宜游的特色小镇。

三 河南建设特色小镇建议

（一）科学编制总体规划

充分借鉴浙江建设经验，坚持规划先行。统筹考虑人口分布、生产力布局，强化与周边中心城区、产业集聚区的产业对接、功能互补，按照产业、城镇、土地、生态和公共服务规划五规合一的要求，遵循特色小镇规划区域面积控制在3平方公里左右的原则，核心区建设面积控制在1平方公里左右的标准，科学编制特色小镇总体发展规划，合理确定功能定位、主攻方向和建设规模，实现以规划定空间、定功能、定产业、定项目，切实提高规划的前瞻性、科学性和可操作性。

（二）培育壮大特色产业

围绕服务区域主导产业转型升级和新兴产业、新业态培育，瞄准科技和产业发展前沿，强化与中心城市、产业集聚区的分工协作，细分领域、差异定位，锁定主导产业和主攻方向，强化"点"集聚、"链"拓展和"群"联动，培育一批位于产业链两端、价值链高端的创新型产业集群。适应绿色、生态、安全、个性化的消费升级需求，推动二三产业联动、三次产业融合，完善"服务+制造""平台+模块"的网络化协同生产服务体系，促进生态景观型、体验参与型、高科技设施型等都市生态农业发展。

（三）打造创新创业平台

将创新型供给与区域、产业个性化需求有效对接，积极引入市场化投资运营管理主体，加速集聚科技领军人才、高水平创新团队、风投创投基金、小微科技企业孵化平台等创新要素。加强与龙头企业、高校科研院所、国内外知名互联网企业合作，积极培育创新服务联盟和协同创新机构，建设发展一批众创、众包、众扶、众筹空间，搭建面向大众、服务小微企业创业创新的科技创新服务平台、产学研协同创新平台、资源信息共享平台，推动跨领域、跨行业的融合创新和协同创新。量身定制政策和服务，大力发展成果转化、创业孵化、检验检测认证、知识产权、科技咨询等科技服务，完善"创业苗圃+孵化器+加速器"的创业孵化链条，推广"孵化+创投"、创业导师等孵化模式，构建富有吸引力和发展活力的创新创业生态系统。

（四）打造精致宜居环境

遵循城镇发展规律，科学预测人口规模和发展趋势，充分利用现有区块的环境优势和存量资源，优化用地结构，促进功能叠加与精明集约增长，形成生产空间集约高效、生活空间宜居适度、生态空间山清水秀的发展格局。按照智慧型海绵城市发展理念，完善水电气暖路、信息网络、污水垃圾处理等基础设施建设，鼓励有条件的小镇在兼顾经济可行性的前提下，建设地下综合管廊、开发地下空间。合理确定公共服务设施建设标准，拓展"云社区""微生活"等新兴社区服务模式，提升公共服务便利化水平。实施生态环境提升和人文特色塑造工程，充分利用和挖掘自然生态、历史文化、民俗风情等资源禀赋，延续历史文脉，活化历史文化遗存，形成独特文化标识和特色风貌，促进小镇建设与自然景观融合，建设环境优美、文化浓郁、生态宜居、时尚魅力的特色小镇。

（五）创新发展体制机制

全面落实"放管服"改革，积极探索符合特色小镇发展的体制机制，尽快形成可复制、可推广的经验和模式。创新行政管理体制，合理界定特色小镇与其所在的城乡一体化示范区、产业集聚区的管理职能，健全城镇基层治理机制，减少管理层级，提高行政服务效能。探索扩权增能，按照权责一致原则，以下放事权、扩大财权、改革人事权以及保障用地指标为重点，依法赋予特色小镇部分县级经济社会管理权限。提升公共服务水平，鼓励特色小镇按照相同人口规模的城市市政设施标准和公共资源配置标准对小镇进行规划建设。推进政府向社会力量购买公共服务工作，搭建一体化公共服务平台，发展民生服务智慧应用，提高居民生活、投资贸易、创新创业的便利化程度。

（六）强化各类保障

一是创新金融服务方式。优先支持各地设立引导基金，发起设立特色小镇产业投资发展基金和产业风险投资基金；支持构建种子、天使、创投基金体系，规范发展股权众筹，合理引导大众投资者进行股权投资；充分利用发行债券和 PPP 等模式，以市场化机制带动社会资本投资特色小镇建设。二是加大财政精准扶持力度。对认定的众创空间、科技企业孵化器公共科技创新服务平台分别给予适当的补助；同时整合各类城镇补助资金，创新补贴创业券、创新券等，集中力量支持特色小镇建设。三是鼓励土地二次开发。建立低效用地再开发激励机制，鼓励通过回购、增减挂钩等方式盘活利用低效存量建设用地；支持有条件的特色小镇开展农村土地承包经营权、农村宅基地使用权、集体收益分配权自愿退出机制探索，盘活农村土地资源。四是吸引高端人才。率先落实中关村、郑洛新国家自主创新示范区先行先试政策，并结合实际情况，鼓励各地围绕科研项目和经费管理、科技成果转化、高端人才引进、科技金融结合、股权激励等重点领域，研究出台针对性强的相关政策。

执笔：张长星、李守辉

第三篇
厚植开放，拓展对内对外开放新空间

实施开放带动，拓展对内对外发展空间，打造内陆开放高地，是河南省适应经济全球化趋势、实践国际经贸新规则、深度融入国家"一带一路"建设的迫切需要。本篇主要研究河南省参与"一带一路"建设、口岸体系发展、海关特殊监管区域贸易多元化试点推进等对策措施，不断拓展开放的广度和深度，以开放促改革促创新促发展，推动中原腹地成为开放前沿。

河南省参与"一带一路"建设发展报告（2016 年度）

前　言

　　"一带一路"，即"丝绸之路经济带"和"21 世纪海上丝绸之路"，是党中央在新时期以全球化视野，统筹国内国际两个大局、全面谋划全方位开放战略的重大决策，不仅是对我国对外开放战略格局的重构，也是对国内区域发展战略格局的新一轮顶层设计。自党中央作出建设"一带一路"重大倡议决策以来，河南省委、省政府抢抓机遇，按照习近平总书记关于"河南要建成连通境内外、辐射东中西的物流通道枢纽，为丝绸之路经济带建设多作贡献"的重要指示精神和"8·17"重要讲话精神，围绕提升内陆腹地战略支撑作用和全面建成小康社会，聚焦政策沟通、设施联通、贸易畅通、资金融通、民心相通，突出河南省区位交通、产业基础、市场潜力、开放平台、人文交流优势，系统谋划河南省在"一带一路"建设中的战略定位、战略布局、重点任务，建立健全工作机制，务实推进基础设施互联互通、开放平台功能完善和经济贸易、人文交流、国际产能合作。目前，郑州、洛阳主要节点城市辐射带动作用显著提升，航空、铁路国际国内"双枢纽"战略稳步推进，"空中丝绸之路"、"陆上丝绸之路"和"网上丝绸之路"雏形初现，在深度融入"一带一路"建设中取得了阶段性成效。在国家信息中心《"一带一路"大数据报告（2016）》省市参与度评价报告中，河南省总体排名第 8 位，中西部地区第 1 位。其中，政策文件出台排名第 5，对外贸易增速排名第 7，友好城市数量排名第 6，人文交流合作排名第 5，国外影响力排名第 2。

一 总体框架篇

（一）总体思路

"一个紧密结合"。将参与"一带一路"建设与粮食生产核心区、中原经济区、郑州航空港经济综合实验区、中原城市群和促进中部地区崛起"十三五"规划等国家战略规划实施和郑洛新国家自主创新示范区、中国（郑州）跨境电子商务综合试验区、中国（河南）自由贸易试验区、国家大数据综合试验区、郑州国家中心城市等国家战略平台建设紧密结合，充分发挥组合优势，强化叠加效应，显著提升河南省在全国发展大局中的地位和作用。

"三个战略导向"。东联西进、贯通全球、构建枢纽。

"四个着力推进"。着力推进基础设施连通合作，着力拓展能源资源合作，着力深化经贸产业合作，着力加强人文交流合作，构建全方位对外开放新格局，在参与"一带一路"建设中更好地发挥内陆腹地战略支撑作用。

（二）战略定位

1. "一带一路"重要的综合交通枢纽和商贸物流中心

发挥连接东西、沟通南北的区位优势，完善铁路、公路、航空网络，推动航空港、铁路港、公路港与海港一体协同，构建三网融合、四港联动、多式联运的现代综合交通枢纽，强化地区性枢纽功能协同，密切与"丝绸之路经济带"沿线中心城市和"海上丝绸之路"重点港口城市的经济联系，建设郑州现代化国际商都，形成国际航空物流中心和亚欧大宗商品商贸物流中心。

2. 新亚欧大陆桥经济走廊区域互动合作的重要平台

发挥市场规模优势和产业基础优势，提升郑州、洛阳等主要节点城市辐射带动作用，加快中原城市群一体化进程，推动与东部沿海城市群、西部沿线城市群协同互动，打造产业转移、要素集疏、人文交流平台，建设华夏历史文明传承创新和文化交流中心，形成连接东中西、沟通境内外、支撑经济走廊的核心发展区域。

3. 内陆对外开放高地

发挥郑州航空港经济综合实验区内陆对外开放门户功能，完善口岸平台体系，扩大郑欧国际货运班列运营规模，提升国际陆港集疏能力，加快跨境电子商务发展，建立与"一带一路"沿线国家的关检合作机制，建设中国（河南）自由贸易试验区，优化全省海关特殊监管区域布局，打造内陆开放型经济高地。

（三）战略布局

根据国家"一带一路"倡议走向，充分发挥各地优势，以郑州、洛阳为主要节点，以其他中心城市为重要节点，加强外部联系，强化内部支撑，构建"两通道一枢纽"，形成共同参与"一带一路"建设的整体格局。

1. 构建东联西进的陆路通道

以陆桥通道为主轴，依托国家铁路和公路主通道，串联省内中心城市，形成连接"一带一路"的东西双向战略通道。东向重点连接我国沿海港口，与"海上丝绸之路"连接，打造面向海外战略支点的海公铁多式联运国际物流通道；西向密切与中亚、俄罗斯、蒙古和东南亚等国家和地区的陆路连接，增强对新亚欧大陆桥经济走廊的支撑作用，参与中蒙俄、中国—中亚—西亚、中国—中南半岛、中巴以及孟中印缅经济走廊建设，与"丝绸之路经济带"进行融合。

2. 构建贯通全球的空中通道

以郑州新郑国际机场为龙头，开辟航线、加密航班，完善通航点布局和航线网络，建设国际航空货运枢纽和国内航空综合枢纽，构建连接全球重要枢纽机场和主要经济体的"空中丝绸之路"。

3. 构建内陆开放的战略枢纽

强化郑州国家中心城市支撑作用，发挥各地开放优势，形成内陆开放枢纽平台。建设国际航空货运枢纽、国际铁路中转枢纽，提升郑欧班列运营水平，完善口岸功能，形成"铁公机海"四港联动综合枢纽，打造陆空高效衔接的国际物流中心；申建自由贸易试验区，打造面向"一带一路"

的高端商贸合作平台；建设中国（郑州）跨境电子商务综合试验区，打造全球网购物品集散分拨中心；强化华夏历史文明传承创新区的国际影响，与沿线国家合作建设一批人文交流平台，打造"丝绸之路"文化交流中心。

二 设施互通篇

坚持把设施联通作为优先环节，突出抓好东联西进的陆路通道、贯通全球的空中通道和"信息丝绸之路"建设，不断完善"米"字形快速铁路网、高速公路网，稳步推进航空铁路、国际国内"双枢纽"战略，实现与"一带一路"沿线国家的直接有效的对接。

（一）东联西进的国际陆路通道

着力提升中欧班列（郑州）品牌影响力，建设多式联运海关监管中心，加密"五定"国际出海班列线路班次，形成东西双向国际战略通道，实现与"海上丝绸之路"的对接。

1. 中欧班列（郑州）

2013 年 7 月 18 日始发，由阿拉山口出境，途经哈萨克斯坦、俄罗斯、白俄罗斯、波兰至德国汉堡站，全程 10245 公里。2016 年实现每周去程 3 班回程 3 班均衡对开，全年开行 251 班（137 班去程，114 班回程），承运货物 12.76 万吨，货值 12.57 亿美元，成为全国 23 个中欧班列中唯一实现双通道（阿拉山口西通道、二连浩特中通道）、双向稳定开行的中欧班列，总载货量、境内集货辐射地域、境外分拨范围均居中欧班列首位。

中欧班列（郑州）向东与沿海港口对接，并通过空运与韩、日、以及我国台、港等亚太国家和地区实现空铁、海铁联运，形成以郑州为中心的境内核心物流集疏枢纽；向西，通过合资合作等方式建设白俄罗斯布列斯特铁路集装箱中心站、波兰马拉舍维奇集疏中心、芬兰科沃拉集疏中心和德国汉堡、慕尼黑海外仓等项目，形成汉堡西欧枢纽、华沙中欧枢纽、布拉格东欧枢纽和波兰马拉舍维奇、白俄布列斯特等换装车站点。网络遍布欧盟和俄罗斯及中亚地区 22 个国家 112 个城市，中途上下货常态开展，东联西进覆盖辐射范围持续扩大，境内境外双枢纽和沿途多点集疏格局基本形成。

2016 年 6 月，郑欧国际铁路货运班列"一干三支"铁海公多式联运项目入选国家首批多式联运示范工程项目，将进一步探索"多口岸出境、多线路运行、多货源组织、多式联运发展"模式，加快多式联运枢纽节点建设，完善多式联运信息共享标准和机制，构建铁路港、公路港、空港、海港无缝衔接的"四港一体"多式联运体系，打造"郑欧国际集装箱班列跨境公铁联运""郑日韩集装箱班列铁海公联运""郑州国内集装箱班列公铁联运"三条精品示范线路。

2. "五定"国际出海班列

开通经连云港、青岛等港口，直达日本、韩国、马来西亚等国家和地区的"五定"（定点、定时、定线、定价、定车次）国际出海班列，对接海上"丝绸之路"，实现了陆海相通，为建设连通境内外、辐射东中西的物流通道枢纽奠定了基础。

3. 郑州多式联运海关监管中心

郑州多式联运海关监管中心于 2015 年 4 月经国家海关部署批复建设，是将海、陆、空、铁多种运输方式的货物进行换装、仓储、中转、集拼、配送等作业集合为一体的综合型海关监管场所，由海关、检验检疫部门对中心进出口货物实施"一次申报、一次查验、一次放行"，设计年监管吞吐量 120 万标箱。目前，一期工程常态投入使用，二期工程计划于 2017 年年底建成，项目建成后可开展空铁联运、海铁联运、公铁联运、跨境电商等多式联运业务，为跨境电商企业提供备案、仓储、监管、运输、支付、分拨、集疏、报关等一站式服务。

（二）贯通全球的空中通道

积极串联亚洲航线、加密欧美航线、拓展非洲航线，不断完善枢纽航线网络，初步构建形成连接全球重要枢纽机场和主要经济体的"空中丝绸之路"。

1. 客运航线网络

机场二期工程建成投运，郑州成为全国第二个实现"机公铁"零换乘的机场，已具备客运 3000 万人次、货运 100 万吨的吞吐能力。2016 年，郑州机场完成旅客吞吐量突破 2076.32 万人次，同比增长 20.04%，其中国际客运吞吐量 126.58 万人次，同比增长 5.69%，客运量行业排名位居全国第 15 位，客运量增速在全国千万级机场中位居第 1 位。

覆盖全国以及欧美主要城市、连接亚澳的枢纽航线网络基本形成。国内航线方面，郑州至昆明、上海、海口、乌鲁木齐、深圳等城市的"空中快线"不断加密。国际航线方面，南航、春秋航、东上航开通至日本东京、大阪航线；成功引进阿联酋航空、新加坡虎航等国际知名外籍航空公司，开通郑州经银川至迪拜、郑州至新加坡直飞航线，郑州至温哥华的洲际航线，郑州至罗马包机航线；在东南亚地区引进低成本运营模式航线，打通了郑州连接印尼、澳洲等地区的中转航路。截至 2016 年底，入驻郑州机场运营的客运航空公司达到 41 家（其中国际 9 家），开通客运航线 187 条（其中国际 26 条），客运通航城市达到 95 个（其中国际 20 个）。

2. 货运航线网络

依托成熟的全货机枢纽航线网络、完善的航空口岸功能和一流的综合保障能力，航空货运持续快速良性发展，以国际货运为主导的增长格局基本确立。2016 年，郑州机场累计完成货邮吞吐量 45.67 万吨，同比增长 13.23%，其中国际货运吞吐量达 27.51 万吨，同比增长 20.93%，全货机承运货邮量达 32.3 万吨，同比增长 19.7%；货运量位列全国第 7 位，航空货运增速连续 3 年在全国大型机场中位居前列，成为国内第四大货运机场。

横跨欧美亚澳四大经济区、覆盖全球主要经济体的货运航线网络加快完善。2016 年，郑州机场不断加密郑州至芝加哥、莫斯科、卢森堡等货运航线，每周新增货运航班 11 班。新开通至阿布扎比、悉尼、吉隆坡等货运航线，积极吸引美国 UPS、俄罗斯空桥、香港国泰等航运巨头入豫布局，与俄罗斯空桥、阿塞拜疆航空、阿联酋阿提哈德航空等公司的战略合作逐步深化。目前，河南航投已成功收购卢森堡货运航空公司 35% 的股权，飞机维修基地和合资航空公司项目建设加快推进，卢森堡货航航班累计完成货邮吞吐量超过郑州机场总货运量的 1/5，郑州、卢森堡"双枢纽"格局基本确立。截至 2016 年底，入驻郑州机场运营的货运航空公司达到 21 家（其中国际 14 家），开通全货机航线 34 条（其中国际 29 条），通航城市 37 个（其中国际 27 个），在全球前 20 位货运枢纽机场中已开通了 15 个航点，为打造全球航空货运枢纽发挥了重要作用。

（三）国内集疏通道网络

加快推进米字形快速铁路网，不断完善高速公路网，实现与国家综合交通网络的有机衔接，成为加强东中西联动、促进区域协调发展的重要支撑。

1. 米字形高速铁路网

以郑州为中心，在京广和徐兰"一纵一横"十字形高铁大通道交叉格局基础上，规划建设郑州至万州、郑州经周口至合肥、郑州经濮阳至济南、郑州经焦作至太原等4条放射高速铁路，形成"米"字形高速铁路网络格局。目前，京广高铁、郑徐高铁已全面通车运营；2015年底，郑万高铁河南段、郑合高铁开工建设；2016年10月，郑太高铁全线、郑济高铁郑州至濮阳段开工建设，预计"十三五"末，米字形高速铁路网全面建成。通过与国家快速铁路网的有机衔接，未来将形成以郑州为中心，省内1小时、中部地区3小时、全国主要大中城市8小时的经济圈；并将依托对外运输通道，形成以郑州为中心，沿陇海、京广、济（南）郑（州）渝（重庆）、太（原）郑（州）合（肥）四轴带的"一核四轴"经济发展新格局，实现与京津冀、长三角、环渤海等区域经济的互通互融，进一步强化河南内陆腹地经济支撑作用。

2. 互联互通高速公路网

按照"核心带动、轴带发展、节点提升、对接周边"的总体要求，河南省高速公路网按照重要通道和联络线相结合的形式，由6条省会放射线、12条南北纵向通道、12条东西横向通道和若干联络线组成，将于2030年全面建成。截至2016年底，河南省高速公路通车总里程达到6448公里，中部领先、全国前列，全省所有县（市）实现20分钟上高速。以郑州为中心的放射状高速交通网络加速形成，省际高速公路出口基本打通，与周边省份实现互联互通，形成了以郑州为中心，1.5小时中原城市群经济圈，实现3小时可达全省任何一个省辖市，6小时可达周边6省任何一个省会城市。未来，高速公路建设将更着重于省际通道、城际联络项目、网络增效项目的建设，力争形成"网络更完善、核心更突出、衔接更顺畅、覆盖更广泛、出行更便捷、保障更有力"的高速公路网络。

（四）"信息丝绸之路"

自2014年9月郑州国家级互联网骨干直联点开通以来，以国家一级干线光缆和互联网高速直达链路为骨干，积极参与国家互联网骨干网络架构优化调整，持续扩容河南互联网国际和省际出口，增强郑州国家互联网骨干直联点流量疏通能力。2016 年 8 月郑州又成功获批建设国际通信专用通道，其通道设计总带宽为 320G，容量位居 16 个已开通国际通信专用通道的城市之首，提升了区域国际通信能力。未来将提升扩容郑州国家级互联网骨干直联点，畅通"信息丝绸之路"，力争将郑州建成全国互联网的重要枢纽和新的数据交换口岸。

"宽带中原"建设成效斐然，农村及贫困地区宽带网络建设力度不断加大，城乡"数字鸿沟"呈缩小之势。新一代高速光纤网络不断完善，城市百兆光纤工程和宽带乡村工程正在积极推进，覆盖全省的高速光纤宽带网络加快构建，"全光网河南"全面升级（见表 1）。

充分发挥河南云计算大数据产业联盟作用和国家大数据综合试验区优势，统筹布局云计算大数据基础设施，已开工建设中国联通中原数据基地二期工程、中国移动（河南）数据中心一期工程等 9 个重点项目，建成后将提升服务支撑河南省云计算大数据发展能力，加快数据开放共享，助力打造郑州国家级数据中心。

表 1　河南省宽带接入用户占比

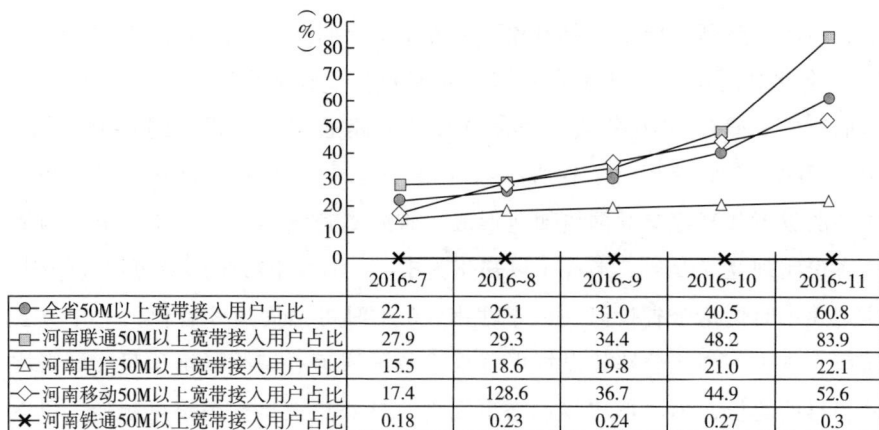

	2016~7	2016~8	2016~9	2016~10	2016~11
全省50M以上宽带接入用户占比	22.1	26.1	31.0	40.5	60.8
河南联通50M以上宽带接入用户占比	27.9	29.3	34.4	48.2	83.9
河南电信50M以上宽带接入用户占比	15.5	18.6	19.8	21.0	22.1
河南移动50M以上宽带接入用户占比	17.4	128.6	36.7	44.9	52.6
河南铁通50M以上宽带接入用户占比	0.18	0.23	0.24	0.27	0.3

三　产能合作篇

坚持"走出去"与"引进来"相结合，统筹利用国际国内两个市场两种资源，推动优势产能、优势行业和优势企业走出去，积极承接先进制造业和现代服务业转移，构建"优进优出"发展格局。

（一）拓展优势产业境外发展空间

抓住"一带一路"沿线国家基础设施建设和产业结构升级带来的机遇，大力推进农业、装备制造、工程承包、资源加工等优势企业在境外布局设点、开展业务。目前，国际产能和装备制造合作示范省建设稳步推进，境外经贸产业合作园区加快建设，为河南省企业"抱团出海"搭建了广阔平台。

1. 农业合作领域

发挥农业生产技术优势，依托省内涉农龙头企业，以农作物种植、畜牧业养殖、农产品加工为重点，广泛开展境外投资与项目合作。目前，与塔吉克斯坦、吉尔吉斯斯坦、哈萨克斯坦、乌克兰、俄罗斯、乌兹别克斯坦以及老挝、马来西亚等国家的战略合作全面展开，一批农业产业园、科技示范园的海外影响力持续扩大。

亚洲之星产业园。由商丘贵友实业集团在吉尔吉斯斯坦投资建设，主要从事粮食生产，培育发展棉花、蔬菜、畜牧产业链条。目前，该集团已经投资6000多万美元，建成了年产10万吨的颗粒饲料生产线，共有福润食品、惠普饲料、凯撒鸡场有限公司等6家中资企业入驻，2016年正式获批国家级境外经贸产业园区。

中塔（河南）农业科技示范园区。由黄泛区实业集团在塔吉克斯坦投资建设，主要打造棉花、养殖、蔬菜三条产业链。目前，黄泛区实业集团已经在塔吉克斯坦投资将近2亿元，拥有长期经营权和租赁权土地近10万亩，单产达到当地农户产量的两倍以上，创造了塔国农业生产的最高纪录。投资5000多万元建成的种子加工中心是塔吉克斯坦现有规模最大、技术最先进的种子生产线，可以满足塔国480万亩农业耕地的用种量，可覆盖塔国三分之一的耕地面积。此外，公司已经建成150多个蔬菜大棚，种植黄瓜、苦瓜、番茄等蔬菜，蔬菜供应在塔国市场占有绝对优势地位。

中乌（乌克兰）农业科技示范园区。黄泛区实业集团在乌克兰拥有长期经营权土地近10万亩，种植玉米、燕麦、荞麦、苜蓿等约4.5万亩，农场改造及畜牧业项目进展顺利。

此外，商丘贵友集团在哈萨克斯坦协议购买土地170余万亩，用于农业产业园区、粮食种植、畜牧养殖及配套全产业链建设，相关投资计划正在规划协调中。河南省在乌兹别克斯坦的投资公司 UZBEK HENAN 已经在当地购买适于粮食种植及畜牧养殖的优质土地近 5 万亩，目前正在协商推进农业产业园建设项目。好想你枣业股份有限公司在哈萨克斯坦的种植椰枣项目正稳步推进。河南天冠集团在柬埔寨投资的木薯干片原料基地建设，目前已完成土地购买约 8 万公顷，累计投入 9900 万美元。新乡同仁祥实业有限公司在阿联酋建设有机农业示范园项目的前期论证已经完毕。周口天豫薯业股份有限公司在印度尼西亚建设 2 万亩红薯种植基地、3 万吨淀粉生产线及其配套设施项目，前期考察工作已经完毕。鹤壁永达集团计划并购巴西两家年加工肉鸡共计 3 万吨的养殖屠宰厂，并得到了国家进出口银行河南分行（筹）的项目投资认可，将在近期实现产能倍速增长。南阳鹏远肠衣有限公司计划在泰国开展的农畜副产品加工基地项目也在积极推进中。

2. 制造业领域

重点推动农业机械、建材、钢铁、电力装备、轨道交通、工程机械等领域优势企业走出去，在中亚、东南亚等地区投资建设生产线、备件仓库和服务中心。

现代农机海外散件组装（KD）。洛阳一拖集团在吉尔吉斯斯坦、哈萨克斯坦等国建立组装厂，"东方红"拖拉机占吉尔吉斯斯坦 90% 的市场份额；洛阳一拖集团进驻中白（中国－白俄罗斯）工业园区，设立一拖东欧研发中心，与白俄罗斯明斯克拖拉机厂的战略合作全面展开。

整车制造。宇通－哈萨克客车工业园项目（年产 5000 台客车和 5 个加气场建设）的整车订单商务方案已经签订，加气场项目正在施工建设；宇通－印尼客车工业园（城市交通改造和年产 1000 台 KD）、宇通－苏丹客车工业园（年产 1200 台客车和 500 台 KD）的框架协议已签订。河南骏通专用车远销俄罗斯、乌兹别克斯坦、吉尔吉斯斯坦、安哥拉、越南、阿尔及利亚等 14 个国家和地区。

电力装备及工程机械。许继集团越南北方电气项目、河南征兆哈萨克斯坦合成车间及油套管车间项目已获批。林州重机集团与捷克 TM 公司围绕技术、产品和代理达成合作意向。

建材产业。河南省安装集团马来西亚 2×5000T/D 水泥生产线机电设备安装工程已完成，在马来西亚的浮法玻璃生产线和光伏玻璃生产线项目正在进行国内制作和车外安装。中信重工在柬埔寨、阿尔及利亚、巴基斯坦水泥生产线和商丘利恒乍得水泥项目进展顺利，与菲律宾、巴基斯坦、老挝、阿联酋、黑山、印尼等国家的水泥生产线项目前期工作有序推进。

钢铁产业。河南太行全利重工投资建设的伊朗20万吨/年电炉节能炼钢连铸轧钢工程（交钥匙工程）进展顺利。马来西亚中关丹钢铁项目（年产350万吨钢材）开工建设。永通特钢印尼优特钢项目前期工作已经完成，与孟加拉国、俄罗斯、伊朗等国合作的钢铁项目正在进行初步设计。

轻工业。新乡革田明亮制革埃塞俄比亚100万张牛皮项目、驻马店安装公司俄罗斯纸浆厂项目、河南中亚控股塔吉克斯坦化肥项目、南阳木兰花乌兹别克斯坦抽纱项目建设顺利推进，南阳红棉天使乌兹别克斯坦纺织印染项目正在可行性研究。

3. 工程承包领域

以许继、平高、天瑞、同力、中联等龙头企业为依托，加强与中建、中铁、中交建等大型工程总承包企业的合作，通过工程总承包、交钥匙工程、直接投资、联合重组等多种方式，积极参与境外基础设施建设。河南省与"一带一路"沿线国家的工程承包已遍布孟加拉、柬埔寨、吉尔吉斯斯坦、蒙古、肯尼亚、巴基斯坦等国家。2016年，全省对"一带一路"沿线国家新签500万美元以上对外承包工程项目18个，新签合同额为10.66亿美元，下降27.5%，完成营业额6亿美元，增长4.4%。

对外城市轨道建设。中铁隧道集团承建的中亚最长隧道在习近平主席和乌兹别克斯坦总统共同见证下正式通车；中铁隧道集团马来西亚地下工程和新加坡地铁项目建设进入收尾阶段，以色列轻轨项目建设已完成合同总额的4%。

对外电力工程。平高集团印度变电站承包工程已完工并投入运营，波兰电网及电站总承包工程和3个变电站均已开工建设，与老挝输变电项目已签署商务合同。中信重工缅甸水泥厂及余热发电项目基本建成并投入运营，在巴基斯坦的125MW电厂项目前期工作正在推进。禹州油气印尼水电站项目已与当地电力公司签署了PPA购电协议。中国水利十一工程局赞比亚、玻利维亚、尼泊尔、哥斯达黎加以及中信重工蒙古的水电站建设项目正在进行可行性研究。

对外道路交通。交投集团采用PPP模式（合作）投资建设的柬埔寨金边至巴域高速公路项目工程已部分完成;孟加拉达卡环城公路改建项目、孟加拉达卡至机场高架桥项目、巴基斯坦 M5 高速公路项目和坦桑尼亚达累斯萨拉姆至查林泽道路升级项目正处于前期论证和合作谈判阶段。省交通规划勘察设计院承担的援柬埔寨国家路网规划拟于近期向柬方正式移交,柬埔寨 95 号公路、开罗环城路、开罗 – 艾斯尤特 – 阿斯旺西部沙漠公路设计方案正在制定,达卡 – 库尔纳 N8 公路项目勘察设计及施工监理合同中标通知书已下达,与中建集团以 BOT 方式共同投资建设金边机场快速路拟于 2017 年重新启动,国家商务部委托承担的援尼日尔第三大桥项目管理合同已签订,与柬方合作的柬埔寨国际基础设施研究院项目正在推进中。三门峡吉尔吉斯斯坦公路建设机场高速项目已签订承包合同,中国水利第十一工程局埃塞俄比亚和三门峡吉尔吉斯斯坦公路建设项目正在对接。宇通缅甸公共交通改造项目正在进行可行性研究。三门峡昌通路桥建设有限责任公司吉尔吉斯斯坦南北路一期、二期工程进展顺利。

房地产开发项目。国基 – 塞拉利昂公务员住房项目一期 36 套房屋已开始销售,配套设施正在建设;国基 – 马拉维公务员住房项目一期在建,已建设 100 多套,销售 70 多套;国基 – 乌干达公务员住房项目 70 套主体竣工。莫桑比克地产开发项目正在开展前期工作。

4. 资源开发领域

按照"开拓中亚、巩固非洲、兼顾东南亚和南美"的基本思路,强化贵金属、有色金属、稀有金属等资源开发合作,推动地质勘探单位和优势企业加快"走出去",多渠道获取矿业权,加大境外资源勘查开发力度,着力推进勘查程度高、开发条件好的项目,加快建设一批境外资源勘查开发基地和能源原材料基地。

地质矿产勘查。河南省有色金属地质矿产局在开展境外项目的同时,不断加大境外基地建设力度,马达加斯加、智利等一批老基地进一步巩固,埃塞俄比亚、坦桑尼亚等一批新的基地正在加快形成。2016 年,在埃塞俄比亚、坦桑尼亚、赞比亚、柬埔寨等国家和地区承担了 10 个地质勘查和技术服务项目。其中,在马达加斯加探获特大型铝土矿 1 处,在坦桑尼亚探获中型金矿 1 处;哈萨克斯坦铀矿矿产资源调查评价和塔吉克斯坦银多金属矿矿产资源调查评价项目正在进行,柬埔寨蒙多基里省 MESAM 金矿勘查工作已全面展开,吉尔吉斯斯坦、加纳等国家的 5 个项目正在积极

谋划。河南省煤田地质局在吉尔吉斯斯坦、坦桑尼亚、老挝、塔吉克斯坦
4 个国家承担参与项目 8 个，吉尔吉斯斯坦巴特肯州金矿普查、坦桑尼亚
欣延加省金矿勘探、老挝钾盐资源开发等项目有序推进，并积极筹建驻塔
吉克斯坦地质研究中心。河南豫矿资源开发集团有限公司的坦桑尼亚环维
多利亚湖金矿、尼日利亚铌钽矿、塔吉克斯坦有色金属、土耳其铬铁矿、
塞拉利昂宝玉石矿等勘查及开发项目加快推进，豫矿地中海矿业贸易有限
公司注册工作已经完成。

资源投资并购。洛阳栾川钼业集团股份有限公司投资 176.2 亿元收购
刚果（金）铜钴矿，河南钜丰矿业有限公司投资 13 亿元在苏丹红海州进
行金、铜多金属矿开发，开封金亿商贸有限公司投资 4.6 亿元在刚果金成
立聚成矿业公司进行铜矿开采加工，河南国际矿业开发有限公司投资 4.2
亿元在几内亚博凯地区进行铝土矿开发，河南坦瑞矿业有限公司投资 1.7
亿元在坦桑尼亚马拉省进行金矿开发，灵宝黄金股份有限公司投资 1.3 亿
元在吉尔吉斯斯坦进行金矿开发，河南中孚实业股份有限公司投资 1.2 亿
元实施印度尼西亚铝土矿股权收购。

地质服务项目。谋划实施地质环境等地质服务项目，积极推进埃塞俄
比亚主裂谷（MER）地质公园、坦桑尼亚恩格罗恩格罗世界地质公园等项
目建设，争取取得旅游特许经营权，不断拓展业务领域。

5. 现代物流领域

以铁路物流和航空物流为重点，在中欧班列（郑州）沿线中心城市、
航空货运枢纽机场布局建设集疏中心、海外仓、综合物流园区，推动境外
货物集疏业务发展，为产业合作、经贸合作提供物流支撑。

不断强化与中欧班列（郑州）沿线国家合作，通过合资合作等方式推
进白俄罗斯布列斯特铁路集装箱中心站、波兰马拉舍维奇集疏中心、芬兰
科沃拉集疏中心和德国汉堡、慕尼黑海外仓等项目建设，在哈萨克斯坦阿
拉木图、蒙古扎门乌德、德国汉堡等地建立境外物流集疏枢纽，在法国巴
黎、意大利米兰、捷克布拉格、波兰华沙、波兰马拉舍维奇、白俄罗斯布
列斯特等地建立二级集疏中心。目前中欧班列（郑州）集疏网络遍布欧
盟、俄罗斯和中亚地区 22 个国家 112 个城市，合作伙伴达 1700 多家，中
途上下货常态开展，并持续实现多点密布，拼箱运输、冷藏运输、快件运
输等多元物流业务全面开展。河南民航发展投资有限公司分别与卢森堡国

际货运航空有限公司、立陶宛阿维亚（AviaAM）租赁集团、中非发展基金达成战略合作，共同致力于将卢森堡建设成为辐射欧美的枢纽、将立陶宛建设成为辐射独联体和欧洲市场的枢纽、将吉布提建设成为东北非地区重要航空货运枢纽，为加快建设贯通全球的"空中丝绸之路"奠定基础。

河南林德国际物流有限公司注资118.6亿元的德国帕希姆中欧空港产业园项目正在持续推进，在东南亚地区布局的水果海鲜等冷链物流园区和在中亚地区建设的钢铁、化工等大宗商品专业物流园等项目也正加紧谋划推进。

河南航投集团与泰国正大集团达成"以贸易为先驱，以物流为支撑"的全面合作意向，开展面向东南亚市场的海外集成采购、集成物流、大宗贸易等业务；积极参与吉布提的"丝路驿站"规划建设；与中非发展基金、吉布提港务局合作，参与吉布提航空与吉布提机场建设。

（二）高水平承接产业转移

以产业为纽带，突出重点国别、重点地区、重点行业、重点企业和重点项目，加快承接先进制造业和现代服务业转移步伐，不断增进河南省与"一带一路"沿线国家和地区的联系沟通，实现河南省经济发展的质量和效益的双提升。

1. 先进制造业领域

以重大项目为牵引，以产业集聚区为主要载体，强化与国内外优势企业合作，积极承接高端制造业和产业集群化链式转移。2016年，全省签约1000万美元以上项目114个，合同引进外商投资169.9亿美元，与巴西航空工业公司、西门子公司等达成了战略合作，引进、储备了一批制造业领域的重大项目，在智能终端、航空装备、数字制造等领域均有所突破，承接产业转移成果丰硕。

智能终端制造。依托郑州航空港经济综合实验区综合开放优势，对国内外智能终端企业以"品牌＋整机＋配套"进行垂直整合式转移承接，相继引进富士康、正威、友嘉等智能终端产业园，入驻手机整机及配套企业达159家，2016年智能手机生产和维修总量预计达到2.58亿部。

航空装备制造。河南民航发展投资有限公司与巴西航空工业公司签署合作备忘录，在郑州航空港经济综合实验区建立第二代E190飞机总装生产基地，飞机维修、航材供应等配套业务全面开展。

数字制造。河南省与西门子公司合作设立的工业 4.0 示范项目正在进行可行性研究，通过整合价值链中集成 IT 系统应用，推动传统制造向数字制造转型。

2. 现代服务业领域

以现代物流和金融服务为重点，加强与国内外企业和机构合作，不断创新服务模式和服务产品，拓展服务业开放合作领域，持续优化服务结构和提升服务水平。

航空物流方面。以河南民航发展投资有限公司为主体，积极寻求境外合作，围绕发展航空物流拓展货运航空、航材维修、物流货代、地面服务等相关服务项目，与卢森堡、瑞士等航空公司合作，吸引更多航空物流要素向郑州集聚。目前，豫卢重大合作项目进展顺利，合资货航项目正在开展前期筹建工作，旨在打造以郑州为核心，覆盖环太平洋地区及南亚和非洲的航线网络，与卢森堡货航现有航线形成无缝衔接；飞机维修基地项目完成可研报告评审和商业计划书编制，合资协议谈判正在进行，将建成拥有 D 检资质的大型航空维修基地。与瑞士空港合作，共同组建地面服务合资公司的框架合作协议已签署，正在开展合资协议谈判。航空金融方面，以飞机租赁为突破口加快推动航空金融发展。河南民航发展投资有限公司与立陶宛阿维亚（AviaAM）租赁集团战略合资成立河南省首家专业飞机租赁公司，重点面向东欧、东南亚、非洲、中亚市场开展飞机租赁服务。目前已与俄罗斯航空签署了 16 架飞机租赁合作意向书，实现了河南第一单飞机租赁业务。

四　经贸合作篇

积极适应全球产业转移发展趋势，按照比较优势和资源禀赋，充分利用国际国内两个市场、两种资源，持续创新发展各类交流合作平台，优化产业国际化布局，促进河南在更广范围、更宽领域、更深层次上加强国际经贸合作，提升参与国际分工的能力和地位。

（一）对外贸易交流

坚持优化货物贸易结构、创新贸易方式、健全服务贸易促进体系，重点抓好电子、汽车装备制造、纺织服装等优势产品出口和技术、先进设备、能源资源原材料进口，推动对外贸易发展的质量和规模进一步提升。

1. 贸易规模增加

2016年全省对"一带一路"沿线国家进出口总额达到801.8亿元，比2015年增长15.4%。其中出口603.2亿元，增长20.4%；进口198.6亿元，增长2.6%。跨境电商异军突起，2016年全省跨境电商进出口（含快递包裹）突破110亿美元，较上年增长1倍以上。

2. 贸易结构优化

充分利用河南省与"一带一路"沿线国家在资源、产品、技术等方面的互补性，积极开拓中亚、东南亚等"一带一路"沿线国家市场，推动对外贸易在稳定传统市场基础上向"一带一路"沿线国家全面拓展。2016年，对"一带一路"沿线国家进出口801.8亿元，对东盟、欧盟和金砖国家进出口分别比2015年增长117.3%、115.5%、10.6%，其中对俄罗斯进出口增长66.3%，对捷克、保加利亚、柬埔寨等9个沿线国家出口增长1倍以上；对美国、韩国等传统外贸市场进出口分别下降33.9%、47.4%。进出口产品结构不断优化，出口产品质量、档次不断提升，农产品、电子、汽车装备制造、纺织服装等优势产品出口持续增长，其中农产品出口增长25.9%，手机出口增长1.6%；重要技术、先进设备、能源资源、原材料等进口规模不断扩大，在资源类大宗商品低价位的大背景下，全省铜矿砂和铅矿砂进口量连续9个月快速增长。

3. 贸易交流活跃

互访交流更加频繁。与波兰、卢森堡、塔吉克斯坦、捷克、立陶宛、柬埔寨、印度、以色列等10多个国家的经贸互访活动常态化开展，与塔吉克斯坦建立起经济合作协调推进机制，与捷克中波希米亚州建立了友好省州，灵宝黄金公司柬埔寨金矿开发、风神轮胎公司印度独家代理、宇通客车公司出口以色列600辆客车销售合同等一系列合作全面展开。截至2016年底，河南省与"一带一路"沿线国家签订战略合作协议或备忘录达15项，落实合作项目超过40项，其中"走出去"项目11个，总合同金额达73亿元，主要集中在吉尔吉斯斯坦、哈萨克斯坦、乌兹别克斯坦、俄罗斯、乌克兰等国家。

4. 经贸洽谈会成效显著

通过举办第十届中国（河南）国际投资贸易洽谈会、中欧政党高层论坛经贸对话会、2016河南国际友好城市经贸合作洽谈会、2016中国（郑州）国际旅游城市市长论坛、河南省与柬埔寨工业矿山部矿山开发洽商会、中国（河南）－以色列经贸合作推介对接会、河南省融入"一带一路"建设推介会暨经贸合作项目签约仪式等一批经贸合作洽谈活动，签署了一批经贸合作项目。其中河南国际友好城市经贸合作洽谈会共签约项目43个，签约总额达168.9亿元人民币，合同金额34.07亿元；第六届中原华侨华人经济合作论坛，累计签约项目168个，签约金额1931.17亿元。

（二）对外投资合作

截至2016年底，与吉尔吉斯斯坦、哈萨克斯坦、乌兹别克斯坦、俄罗斯、乌克兰等国家签订战略合作协议或备忘录达15项，落实合作项目超过40项，其中包括11个"走出去"项目，总合同金额达73亿元。

1. 对外投资

2016年，全省境外投资备案项目173个、协议额43.7亿美元，新设立境外企业121家，均创历史新高。2016年全省对"一带一路"沿线64个国家（地区）中的14个国家（塔吉克斯坦、乌兹别克斯坦、吉尔吉斯斯坦、蒙古、马来西亚、老挝、印度尼西亚、文莱、柬埔寨、泰国、越南、尼泊尔、新加坡、俄罗斯）投资4.33亿美元，占投资总额的9.9%。

2. 外商投资

2016年"一带一路"沿线国家和地区在河南省共设立外商投资企业10个，实际到位资金15亿美元，同比增长111%，外商投资融资租赁企业达到10家。其中新加坡新设项目6个，合同外资达0.5亿美元，实际吸收资金11.5亿美元。郑州逸凯新世代科技有限公司项目总投资280亿元，是富士康在河南投资的最大的单体项目。香港裕鸿投资2.3亿美元设立了中原航空融资租赁股份有限公司，香港物流控股投资3000万美元设立海盛融资租赁有限公司。

（三）交流合作平台

按照开放合作、双向互动、发展共赢的理念，重点加强航空港经济综合实验区、自由贸易试验区、跨境电子商务综合试验区、口岸及特殊监管区和境外经贸合作区等对外合作交流平台建设，推动优势产业、优势产能、优势企业参与"一带一路"建设。

1. 郑州航空港经济综合实验区

自 2013 年以来，围绕"一枢纽一门户一基地四中心"，加快建设大枢纽，发展大物流，培育大产业，塑造大都市，成为引领区域经济发展的战略突破口和核心增长极。2016 年，郑州航空港经济综合实验区完成生产总值 622.5 亿元，同比增长 13%；规模以上工业增加值达 360.4 亿元，增长 13.6%；固定资产投资 626.2 亿元，增长 20%；一般预算财政收入 33 亿元，增长 18.3%；民航货邮吞吐量 45.7 万吨，增长 13.2%；民航旅客吞吐量首次突破 2000 万人次，达到 2076 万人次，增长 20%。

全球重要的智能终端（手机）基地加快形成。截至 2016 年底，入驻实验区的手机整机及配套企业达到 159 家。2016 年智能手机生产和维修总量预计达到 2.58 亿部，同比增长 27.8%，其中，非苹果手机 1.3 万台，增长 1.1 倍。交通枢纽功能进一步完善。郑州机场全面完成转场，创下单日起降飞机 602 架次的新高，成为全国第二个实现"机公铁"零换乘的机场，"三纵两横"外围高速公路网及内部骨干路网基本形成。

国际物流中心加快建设。郑州机场基本形成了覆盖全球主要经济体的枢纽航线网络，入场运营的货航公司、货机航班量和通航城市均居全国大型机场第四位，在全球前 20 位货运枢纽机场中已开通 15 个航点。2016 年完成客货邮吞吐量 2076.3 万人次、45.7 万吨，客货运增速在全国千万级机场中分别位居第 1 位、第 4 位，客货运吞吐量全国排名分别居位第 15 位、第 7 位。

体制机制创新加快推进。赋予实验区省辖市级经济管理权限，实验区与省直部门实现直通。获批全国首批"双创"示范基地、国家级引智试验区、内陆首个跨境人民币创新试点等。

2. 中国（河南）自由贸易试验区

近三年来，河南省积极推广复制上海等自贸试验区成功经验，不断在投资、贸易、金融、创业创新、事中事后监管等多个方面进行探索，现已推广复制上海自贸试验区 28 项改革试点经验，正在进行的有 6 项，河南省法治化国际化便利化的营商环境持续完善。2016 年 8 月，党中央、国务院决定，在辽宁省、浙江省、河南省、湖北省、重庆市、四川省、陕西省新设立 7 个自贸试验区。中国（河南）自由贸易试验区实施范围 120 平方公里，包括郑州、开封、洛阳三个片区，重点落实中央关于加快建设贯通南北、连接东西的现代立体交通体系和现代物流体系的战略部署，着力建设服务于"一带一路"建设的现代综合交通枢纽。目前，《中国（河南）自由贸易试验区总体方案》已报国务院等待正式批复，《中国（河南）自由贸易试验区建设实施方案》《中国（河南）自由贸易试验区管理办法》《中国（河南）自由贸易试验区发展规划》等配套文件正在抓紧研究制定中，自贸区相关管理架构和挂牌运营等前期筹备也正在有序推进。

3. 中国（郑州）跨境电子商务综合试验区

按照"立足郑州、梯次推进、带动全省"的思路，建成了国内领先的跨境电子商务通关平台，实现了海关、检验检疫、公安等系统的融合。整合完善跨境电子商务等相关应用系统功能，服务跨境电商综试区的中国（河南）国际贸易"单一窗口"（2016 版）上线运行，跨境人民币创新业务试点正式启动。首创了"电子商务＋保税中心＋行邮监管"（海关代码1210）的跨境电商保税通关模式，"制度＋科技"推进跨境"秒通关"系统每秒处理单量约 3 票，峰值达到每秒 35 票，创新成效显著，多项指标在各试点城市处于领先地位。依托郑州新郑综合保税区、河南保税物流中心、郑州国际机场、郑州国际陆港、郑州出口加工区等平台，常态化开展郑州跨境电子业务，并积极向许昌、焦作等省辖市推广覆盖，初步形成多区域、多模式、多元化的跨境电子商务发展格局。2016 年全省跨境电子商务零售进出口商品 8499.5 万单，货值累计 67.5 亿元，单量和货值较 2015年增长超过 60%。

4. 口岸及特殊监管区域

2016 年以来，围绕融入"一带一路"和推进郑州航空港经济综合实验区建设的战略部署，以大力发展口岸经济、打造国际物流中心为重点，持续探索不沿海、不沿边内陆省份扩大开放的新途径，口岸体系建设取得显著成效，站在了新的历史起点上。

郑州国际枢纽口岸。按照融入"一带一路"建设的战略部署，加快构建航空铁路、国际国内"双枢纽"，努力完善贯通全球的航线网络，打通东联西进开放大通道，基本形成以郑州枢纽口岸为核心、空陆高效衔接的全方位口岸开放格局。郑州航空口岸全面实现了 7×24 小时快速通关，拓展了台胞落地签、外国人口岸签证、保税航油航材、国际货物转运、国际快件邮件、跨境电商等业务；郑州机场已开通国际地区航线 52 条，其中客运航线 22 条，全货机国际地区货运航线 30 条，形成了覆盖亚太、欧洲和北美的航空货运网络，为打造"空中丝绸之路"核心节点奠定了坚实基础。依托郑州铁路口岸开行中欧（郑州）国际班列，实现往返常态化开行和境内境外双向集疏；郑州到青岛、连云港、上海、天津等沿海港口的"五定班列"正常运行；与北京、天津等 9 个海关签署了"卡车航班"协议，空空转运和空陆、铁海联运加快发展，郑州国际陆港多式联运集疏中心、多式联运海关监管中心一期等工程相继投入使用，铁路口岸功能进一步完善。

功能性口岸。建成运行进口水果、进口肉类、汽车整车、冰鲜水产品、进口活牛、进境食用水生动物等 6 个功能性口岸和国际邮件经转口岸，河南成为内陆地区指定口岸数量最多、功能最全的省份。进境粮食指定口岸一期、汽车整车进口口岸二期正在建设，药品进口口岸、进境植物种苗、进口木材等功能性口岸正在申建。目前，国际航空邮件经转口岸已开通 17 个国家直航邮路，建成了服务全省的跨境电商通关服务平台。2016 年，郑州国际邮件经转口岸进出口邮件 1608 万件，同比增长 113%；肉类指定口岸进口肉类 5.89 万吨、货值 8.6 亿元，业务量在全国内陆口岸排名第一；进口水果 4104.98 吨，成为我国进口高档水果的重要集散地。

海关特殊监管区域。截至 2016 年底，河南省已建和在建的海关特殊监管区域共计 6 个，分别是新郑综合保税区、南阳卧龙综合保税区、郑州经开综合保税区、郑州国际陆港保税物流中心（B 型）、焦作德众保税物流中心（B 型）、商丘保税物流中心（B 型）。其中，按照国务院批复，将郑州出口加工区（B 型）和河南省保税中心（B 型）整合为郑州经开综合保税区，目前整合优化工作进展顺利。鹤壁、洛阳综合保税区和信阳保税物流中心申建工作正在加快推进。2016 年新郑综合保税区进出口总额完成 3161.2 亿元，跃居全国综保区第一名，被国家海关总署誉为"小区拉大省"的典范。

口岸通关一体化。积极探索创新大通关协作机制，在全省推进通关一体化、通检一体化、检验检疫一体化、"三互"大通关、关检合作"三个一""双随机"查验制度，通关流程进一步优化。中国（河南）国际贸易"单一窗口"平台上线运行，跨境人民币创新业务试点正式启动。与"丝绸之路经济带"沿线九个关区实现了通关一体化，有力推动了与"一带一路"沿线国家和地区主要口岸的互联互通。

5. 境外经贸合作区

坚持重点突破、分类施策，选择与河南发展互补性强、合作潜力大的重点国别，突出农业、制造业、能源资源、物流业等重点领域，推动河南省有实力的企业到境外投资建设经贸产业合作园区。先后与"一带一路"沿线国家签订战略合作协议或备忘录 15 项、落实合作项目超过40 项，设立和规划建设的境外经贸合作园区已达 15 个。其中豫塔农业及矿业产业园、宇通产业园、乌克兰产业园、吉尔吉斯斯坦产业园示范带动效应明显。

五 人文交流篇

依托河南省与沿线国家人文历史渊源，全面加强文化、旅游、教育、科技、医疗、人才交流与合作，不断增强相互理解和认同，为深化合作奠定坚实的社会基础。

（一）文化交流

紧密配合国家文化外交战略，借助国家平台优势推进中原文化"扬帆出海"，把对外文化交流作为塑造河南良好形象的有效渠道，不断开拓"一带一路"沿线国家文化产品市场，传承古"丝绸之路"精神，提升中原文化的海外影响力。

1. 文化"走出去"

2016 年，结合国家文化对外交流战略实施，以"一带一路"国家和地区为重点，实施文化交流项目百余项，广泛传播了中原特色和优势文化。豫剧、民俗、杂技、手工艺品借助"央地合作"计划和"欢乐春节"品牌项目走出国门，在"一带一路"沿线 12 个国家和地区巡回演出或展示，受到各国普遍欢迎，成为海外认识中原文化的新名片。功夫文化作为河南省文化产业"走出去"的旗舰项目，通过"太极遇见瑜伽"、《少林武魂》等大型文化主题巡演或推广活动，在印度、中亚、东欧等国大放异彩，成为各国认识河南的文化符号，获得了良好的社会效益和经济效益。河南文物依托"一带一路"全球行系列活动、拉脱维亚国际"丝路瑰宝展"展示活动，进一步彰显中原文化的博大精深，成为海外华人认识"老家河南"的窗口。

2. 文化市场开拓

借助中原文化"走出去"的东风，河南省各类文化主体竞相拓展"一带一路"沿线国家市场，产生了一批具有核心竞争力的文化贸易领军企业和文化出口品牌。2016 年，河南省有 6 家企业和 2 个项目入选国家文化出口重点企业和重点项目名单。固始柳编、潢川羽毛作为河南省工艺品登陆"一带一路"沿线国家的先行者，针对中东、东南亚客户的多样性需求，开发出具有艺术性、民族性的文化产品，深受市场热捧，远销至东南亚、中东、东欧等 30 多个国家和地区，成为河南省文化产品进军"一带一路"国际市场的成功范例。登封市大成健身有限公司积极筹备在阿联酋、俄罗斯等国家建设中医文化、少林武术文化、特色工艺品贸易基地工作，已与两国相关部门达成了初步意向；河南杂技集团启动海外上市，正着手开拓"一带一路"沿线国家市场，各项工作正在有条不紊地进行。

3. 联合开展申遗

与哈萨克斯坦、吉尔吉斯斯坦联合申报"丝绸之路"世界文化遗产工作取得突破性进展。巩义石窟寺、灵宝函谷关和洛阳白马寺三个遗产点成功入围"丝绸之路"申遗扩展项目，正在等待世遗大会的审批。"丝绸之路"博物馆机构已经成立，"丝绸之路"伊斯兰风情街建设进展顺利，"丝绸之路"申遗项目的保护和展示工作受到世遗大会的肯定。

（二）旅游合作

积极推进与沿线国家的旅游合作，加强旅游互送、路线共建、信息共享，创新旅游合作形式，促进旅游转型升级，加快推进"一带一路"国际旅游目的地和客源地建设。

旅游推介成效显著。2016 年河南代表团共参加 5 项国际性大型旅游展览会、4 个国际旅游高端论坛，在 10 余个国际知名媒体平台投放河南旅游形象广告，河南旅游的知名度和感召力进一步提升。依托 2016 中国（郑州）国际旅游城市市长论坛，郑州、开封、洛阳、安阳等优秀文化旅游城市、郑汴洛精品旅游线路，以及一批优秀旅游产品，赢得了世界范围的关注，《大宋·东京梦华》《天下洛阳》《禅宗少林·音乐大典》《功夫诗·九卷》等一批旅游演艺产品成为与会外商们心中的"河南印记"。依托 2016 印度"中国旅游年"，河南省的主要旅游资源"一河、两拳、三山、四都"为印度、南亚各国熟知，中原山水景观和文化旅游资源成为印度人民心驰神往的旅游目的地。少林功夫、龙门石窟、开封古都、云台风情亮相亚洲新闻等国际知名媒体，信阳毛尖、汴京刺绣作为"美丽中国"河南品牌的代表，在第 11 届俄罗斯莫斯科旅游博览会占尽风头，为河南旅游工艺品走向世界增光添彩。

项目合作向纵深拓展。旅游产业对接和项目签约成为 2016 中国（郑州）国际旅游城市市长论坛的一大亮点，通过举办"旅游＋金融"分论坛，成功搭建对外合作投融资平台，签约总额突破千亿元大关，创历史新高。"太极圣地"焦作市与"瑜伽之都"印度瑞诗凯诗市签署了国际旅游友好合作备忘录，并着手研究开发适应两国民众兴趣和爱好的旅游产品。成功加入中俄蒙"万里茶道"国际旅游联盟，与内蒙古、湖北等国内"一带一路"重点省份的合作更加密切，为河南省开发中俄蒙跨境旅游合作创造了新的机遇。赊店镇、信阳市作为"万里茶道"的重要节点焕发出新的活力，展现出广阔的发展前景，信阳浉河区、南阳赊店镇将茶文化、酒文化、饮食文化和民俗文化产品做成国际化旅游品牌。

（三）教育合作

通过搭建教育互联互通平台，实施留学推进计划、合作办学推进计划、语言互通计划，全方位推进与"一带一路"沿线国家的教育务实合作，深度融入"一带一路"建设。

"留学河南"计划。通过实施留学河南"丝路奖学金"计划，对首批 815 名外国留学生资助奖学金 800 万元，其中约 40% 的学生来自"一带一路"沿线国家，扩大了河南省教育在中亚、东南亚以及东欧国家的影响力。同时，争取了 30 个中国－东盟"丝绸之路"奖学金千人计划名额。

推动合作办学。全省全年新增中外合作办学项目 23 个，其中 9 个是与"一带一路"沿线国家高水平大学合作举办的。新申请的华北水利水电大学乌拉尔学院、郑州亚欧高铁学院、黄淮学院中印国际软件工程学院均为本专科层次办学机构。其中，华北水利水电大学乌拉尔学院的机构申报材料已通过教育部初审，正在根据专家意见进行修改完善。俄罗斯彼得堡航空学院已与中原工学院达成联合办学意向，郑州航院与波兰合作设立郑州航院华沙环境设计专业本科教育专业，正等待教育部审批。

建立教育联盟。华北水利水电大学凭借水利电力方面的突出特色优势和良好的办学声誉，入选"金砖国家网络大学"项目中方参与院校，也是全国 11 所参与院校中唯一一所非"985"和"211"高校；并先后成立了"金砖国家大学联盟"和"金砖国家网络大学"水工程与能源研究中心，极大拓展了国际人才联合培养规模和层次。郑州大学和河南师范大学充分利用其作为"中俄文化高校联盟"创始成员的有利条件，联合中俄双方其他 24 所高校积极筹建"中俄语言文化大学"，为两国在语言、文化、艺术等领域开展国际化人才培养、学术合作、联合办学等方面搭建了重要平台。

职业教育合作。依托第九届中国－东盟教育交流会，河南省十余所中职、高职院校加入中国－东盟职教人才流动与网络工作坊，与东盟国家职业院校签署了 30 份合作备忘录，涵盖了文化交流、学术研讨、科技合作等领域，开启了河南省职业教育院校与东盟国家职教合作的新时代。

海外办学。教育"走出去"再添新成员，新增 4 个推广汉语和传播中国国学教育的文化交流机构。河南大学与捷克技术商业学院合作建设的中国文化交流中心正式开门招生，郑州大学与莫斯科国立文化艺术大学等高校合作筹建"郑州大学中俄文化艺术学院"，准备在俄罗斯开设中国文化教育办学项目；河南理工大学与尼泊尔特里布汶大学、河南工业大学与巴基斯坦俾路支省信息管理科技大学合作筹办孔子学院，两项目的前期准备工作已经完成。

语言互通。先后向泰国、菲律宾、印尼、缅甸等"一带一路"沿线国家派遣 400 余名汉语教师志愿者。选派 23 名高中毕业生赴俄罗斯本科留学，在商丘四中、周口鹿邑三高和郸城三高 16 个班级推广俄语项目，培育既懂俄语又掌握专业知识的中俄合作人才。

（四）科技合作

以共同发展产业为导向，以共建平台为支撑，以项目协同创新为抓手，通过"请进来"与"走出去"，实现与"一带一路"沿线国家技术、人才和高新技术产品的双边、多边有序转移。

科技合作。与中东欧、西亚十多个国家确立了长期稳定的全面合作关系。郑州机械研究所与乌克兰巴顿焊接研究所合作成立的先进钎焊技术国际联合实验室，被认定为国家级国际科技合作基地，河南省化工新材料与纳米加工国际联合实验室、光电功能材料国际联合实验室被认定为省级对外科技合作基地，省高远公路养护技术有限公司与白俄罗斯合作的"重轴载沥青路面承载性能快速检测与评价技术"被列为国家重点研发计划，争取到国家资金支持236万。河南中以科技城有限公司与以色列英飞尼迪集团合作建成中以国际技术转移中心，利用以色列专利技术、商业网络、创业和经营管理经验，与国内外相关企业建立了牢固的合作关系，成为河南省与"一带一路"国家科技合作的成功范例。

科技交流。依托首届驻华科技外交官中原国际创新合作研讨会，与斯洛文尼亚卢布尔雅那科技园、国际技术转移协作网络（ITTN）签署了关于共同开展国际创新合作的战略框架协议，开辟了河南省跨国技术转移新渠道。与捷克共和国技术局、联合国工业发展组织俄罗斯联邦分中心、捷克巴塔大学等单位签订科技合作协议。与巴基斯坦达成了双方技术合作与输出协议。

技术转移。2016年，河南省面向"一带一路"沿线国家的科技成果转移主要以实施技术输出专项实现，集中于农业产业肉类加工、经济及农作物种植两大领域，共实施4个重大专项，投入财政资金2250万元。河南农业大学主导的"调理肉制品与面向中亚的肉类加工关键技术研发"专项，研究出适合吉尔吉斯斯坦人们消费习惯的牛羊冷鲜肉加工技术。河南科技学院主导的"面向中亚五国的棉花玉米现代种业技术示范与产业化"专项，推出了适宜中亚地区的玉米杂交种和棉花种子生产技术，建立了规模化的种子生产基地和标准化的种子加工车间。河南牧业经济学院通过"肉鸡和肉牛高效养殖关键技术集成与示范"专项，研究中亚地区畜禽品种高产与抗病技术，并开始启动技术集成与规模化、标准化生产示范。

（五）医疗卫生合作

发挥河南中医药资源优势，引进先进理念、技术和管理模式，与"一带一路"国家开展医疗合作与交流。推动与德中科技交流基金会合作开展人才培养项目，选派 120 余名全省各级医院骨干医师赴德进行培训。充分发挥河南省中医药资源优势，支持河南省中医药大学开设中医国际教育学院，现已有来自乌兹别克斯坦、沙特阿拉伯等国的 20 多名留学生在校学习。南阳理工学院张仲景国医学院、南阳医专、南阳张仲景传统医药研究会积极开展多种形式的对外中医药教育培训服务，招收俄罗斯、印度等"一带一路"沿线国家留学生 30 多人次。河南省中医药大学与乌克兰等国联办中医药大学，向境外输送中医护理、康复理疗等专业人员。促成省直单位及部分省辖市医疗单位与德国、韩国、澳大利亚等国家和地区新签合作协议 8 个，省肿瘤医院与美国明尼苏达大学附属肿瘤医院签订合作协议，截至目前，全省卫生计生系统与有关国家在政府层面和医疗机构之间已签约合作协议 47 个。坚持做好卫生医疗援外工作，推动援埃塞俄比亚"中国中医中心"良好运营，完成"中国创伤治疗中心""中国妇幼健康中心"项目的前期考察和筹备工作。

（六）人才合作

国际人才交流与合作。通过举办第三届"河南省海外高层次人才智力引进暨项目对接洽谈会"，吸引俄罗斯、乌克兰、白俄罗斯、新加坡、波兰等 30 多个国家和地区的院士、教授、知名专家、专家组织代表、海外留学人才与省内企事业单位、科研院校进行面对面对接洽谈，实现了"搭建一个海外智力引进平台、达成一批合作意向、铺就一条引才路、展示一个良好形象"的目的。搭建国际人才交流与合作的长效平台，与俄罗斯国立罗蒙诺索夫莫斯科国立大学、白俄罗斯国家技术大学、乌克兰聚英有限公司、新加坡专业教育培训中心、新加坡中侨集团日升培训等海外专家组织和机构建立了"海外引智工作联络处"，进一步加深了与"一带一路"沿线国家的交流与合作。

引智工程。在机械、农业、环保、新能源等领域，引进了一批俄罗斯、乌克兰、以色列等沿线国家专家。郑州机械研究所引进两位乌克兰新型钎焊材料与技术专家，使该所钎焊技术在全国保持领先地位。河南省高等级公路养护工程研究中心同白俄罗斯联合建立"中国－白俄罗斯道路建设科研中心"，邀请了十几名白俄罗斯专家，在道路建设、养护、工程机械制造、新材料开发、人才交流等方面展开广泛合作，项目计划目标已经完成。塔吉克斯坦农业大学校长、吉尔吉斯斯坦国家农业与农垦部副部长、吉尔吉斯斯坦国立农业大学校长受邀考察了河南省棉花基地，为相关研究机构提供了5个吉尔吉斯斯坦的优良棉花品种。河南多尔克司食品股份有限公司开展的"中以奶牛产业化体系研究"，2016年继续入选国家高端外国专家项目。开封市农林科学研究院执行与以色列专家合作的项目，聘请了5位以色列专家、教授等来豫指导，取得了良好效果。

出国（境）人才培训。组织开展南阳师范学院赴新加坡的"基于半导体氧化物的气体传感器研究"项目、信阳师范学院赴新加坡的"类风湿关节炎诊断标志物和治疗靶点的筛选"项目、省科学院化学研究所有限公司赴白俄罗斯的"有机功能纤维材料及其在空气净化领域的应用技术开发"项目、省外专局赴以色列的"河南省现代农业专题培训第二期"项目。

六 保障措施篇

在省委、省政府的正确领导下，各有关单位抢抓机遇，健全工作推进机制，完善政策支持体系，强化平台支撑，充实项目储备，为河南省参与"一带一路"建设、打造内陆对外开放高地提供强了有力的保障。

（一）建立健全工作机制

1. 推动建立组织架构

成立了由省长担纲、25个相关单位参与建设的"一带一路"工作领导小组，制定颁布了《河南省参与建设"一带一路"工作领导小组主要职责和议事规则》《河南省参与建设"一带一路"工作领导小组办公室主要职责和工作规程》《河南省参与建设"一带一路"2016年工作方案》等文件，明确了职责分工，细化了工作任务，规范了工作流程。

2. 初步建立纵向协调联动机制

按照上下衔接、内外协调、多路并进的原则，建立了多层次立体化工作机制。向上，各委厅局通过与相关国家部委、行业协会建立沟通衔接机制，在信息获取、动态了解、培训指导、行业支持等方面得到有力支持。向下，通过建立健全对地市和企业的引导服务机制，加强了和优势企业的联系，妥善解决了相关企业与沿线国家合作过程中出现的困难和问题。对外，通过参与由国家牵头各省参与的信息交流平台，对"一带一路"沿线国家政治生态、经济政策、投资环境和利益诉求有了深度了解，制定了对口合作方案。对内，建立了省直单位协同配合机制、全省联络员制度，加强了郑州、洛阳等主要节点城市和省直相关部门的日常联络，形成了共同参与推进"一带一路"建设的工作合力。

3. 建立风险警示机制

加强国别风险管理，建立风险警示机制，提升"一带一路"安全保障水平。建立河南省"一带一路"境外安全保障工作领导机制，维护境外公民、企业和机构生命财产安全及合法权益。对接国家"一带一路"安保协调小组，做好海外风险预警和领保应急处置工作。加强各部门间的信息共享和形势研判工作，完善河南省对"一带一路"沿线国家的风险防控及利益保护机制，为河南企业"走出去"保驾护航。

（二）逐步完善政策体系

1. 完善顶层设计

根据中央《"一带一路"建设战略规划》，在全国较早编制了《河南省参与建设"一带一路"实施方案》，并按照"两通道一枢纽"战略布局，细化了基础设施、能源资源、产能合作、经贸合作、金融合作和人文交流等六个方面的战略任务。制定印发了《2015～2016年河南省参与建设"一带一路"工作要点》和《河南省参与建设"一带一路"优先推进项目清单》，明确了近期的重点工作任务和责任分工。同时，主动参与和配合国家相关部委，完成了河南"新亚欧大陆桥经济走廊"规划以及中哈、中捷、中塔、中波等国家层面的合作规划编制工作。

2. 制订专项扶持政策

按照国家统一要求，编制实施了河南省参与建设"一带一路"重点行业实施方案。促进产业转移方面，出台了《河南省制造业承接产业转移2016年工作计划》《河南省农业对外合作实施方案》《河南省加快发展服务贸易的实施意见》等 9 个专项规划或实施意见。贸易便利化方面，制定了《河南省郑州航空口岸实施 72 小时过境免签政策的请示》《河南省加强和改进教学科研人员因公临时出国管理工作实施细则》等专门文件，扩大"一次审批、一年内多次出国（境）有效"审批范围，改革省管企业因公出国（境）审批申报程序，由企业直接向省政府报批，协助企业赴免签国家申办公务护照，并积极做好 APEC 商务旅行卡的宣传推广和申报管理工作，为企业出行创造有利条件。促进外贸回稳方面，出台了《河南省进一步加强和改进口岸工作的若干意见》《关于加强自由贸易协定实施和原产地签证工作的通知》《关于建立河南省出入境人员健康管理和服务协作联席会议机制的通知》等专项意见。河南省出口检验检疫局和郑州海关分别出台降低外贸企业成本政策。2016 年，全省取消事业单位及所属经济实体的进出口环节经营服务性收费项目 8 项，每年减少收费约 778 万元，签发 5.32 万份原产地证书，为河南省出口商品减免关税 9.79 亿人民币。

（三）加快建立支撑平台

1. 建设多层次对外投融资平台

通过搭建金融对接平台，与亚洲基础设施投资银行、中投海外直接投资公司、国开国际投资有限公司实现了有效对接，现已有多个河南外贸企业被列入亚投行等金融机构支持名单。河南省豫资公司与中国邮政储蓄银行合作设立了邮银豫资"一带一路"（河南）发展基金，基金总规模 1000 亿元，专门用于支持河南省参与建设"一带一路"重点项目。通过搭建银企融合平台，与商务部、国家开发银行、中国进出口银行、中国出口信用保险公司等实现了对接，中国银行河南省分行、中国工商银行河南省分行等 5 大金融机构积极参与河南省"一带一路"建设，各金融机构组建了专门团队，制定了专项工作方案，为河南省"一带一路"企业提供金融支持。其中，国开行河南省分行全年发放"一带一路"项目外汇贷款 6.82 亿美元；中国建设银行河南省分行为中原证券提供境外机构融资 3.8 亿港币，为河南佰利联、双汇集团、中铁七局投放 8000 万美元外汇贷款用于支持企业海外并购、境外工程施工项目，为中铁隧道提供 3 亿元人民币支持乌兹别克斯坦铁路项目；中国银行河南省分行为洛钼、郑煤机、河南国合、双汇集团、灵宝黄金等企业开立涉及境外项目保函 2.2 亿美元，支持中信重工柬埔寨水泥生产线 EPC 总包项目 1.5 亿美元；中国农业银行河南分行累计为 15 家企业发放国际贸易融资 42.61 亿元；中信银行累计指导企业办理对外投资业务金额 3.91 亿美元。

2. 不断推动金融平台创新

与中国出口信用保险公司合作，建立了政策性出口信用保险"走出去"风险统保平台，形成了"开行 + 信保 + 企业 + 项目"新型融资机制，累计投入 45 亿美元用于支持省内优势产业拓展海外市场。中国银行河南省分行通过推广海外代付、协议付款、出口协议融资、同业代付、转收款等产品，支持"一带一路"项目共开立信用证 200 多笔，占跨境人民币市场份额的 31.43%，市场份额同业排名第一。中国工商银行河南省分行积极帮助有海外融资需求的企业推介内保外贷业务，先后开出中平能化 5.43 亿人民币、机械四院 1 亿人民币、河南国际 3000 万美元、丹尼斯 3000 万欧元、灵宝黄金 3100 万美元、同舟棉业 4000 万美元、舞钢集团 1800 万美元的各类跨境担保保函。

3. 提升交流信息平台

完善海外投资综合信息平台建设，为企业发展提供有力支撑。进一步密切河南与外交部和驻外使领馆的联系沟通，对接国家"一带一路"沿线及重点国家政策信息平台，搜集发布"一带一路"沿线国家法规政策、政治经济形势等信息。定期收集整理河南省主要涉外部门、重点企业对外交流合作信息，促进全省涉外涉侨信息资源共享。

（四）不断充实项目储备

结合河南省特色优势产业、前沿技术，梳理完善优先推进项目库，落实滚动推进机制，保障"一带一路"项目顺利推进。在河南省呈报的参与建设"一带一路"优先推进项目清单的 4 大类 153 个项目的基础上，对所列对外投资合作项目逐一进行了梳理、核对、补充完善，建立了河南省参与建设"一带一路"重大项目储备库。截至目前，入库项目 197 个，总投资超过 2000 亿元。

通过落实开工一批、储备一批、谋划一批滚动推进机制，在对签约企业项目加强政策支持和服务引导的同时，建立了跟踪服务、定期通报制度，不断提高项目的开工率、资金到位率和投产达效率。目前，中塔（河南）农业产业园、永通特钢印尼年产 300 万吨优质钢、宇通哈萨克斯坦客车产业园、中国一拖东欧研发中心等重点项目建设取得积极进展，中铁隧道集团以色列特拉维夫轻轨等重大标志性项目开工建设，在中亚、东南亚等地区规划或建立经贸产业合作园区达到 15 个。

执笔：张长星、乔金燕、陈玲、尹勇、李守辉、翁珺、弋伟伟、张莎

河南省"十三五"口岸体系发展研究

口岸是对外开放的门户，是对外交往和经贸合作的桥梁。河南处于"丝绸之路经济带"西向、南向和连接"海上丝绸之路"的交汇点，是衔接东西、沟通南北、促进区域协调发展的战略支点。"十三五"时期，是河南省打造内陆高效开放体系的关键时期，要加快口岸体系建设、厚植对外开放新优势、提升利用两个市场两种资源的效率和效益，构建开放型经济新体制，打造内陆开放高地。

一 河南省口岸体系发展现状

近年来，全省上下大力实施粮食生产核心区、中原经济区和郑州航空港经济综合实验区三大国家战略，坚持对外开放基本省策，把口岸建设作为打造内陆开放高地的战略举措，积极探索不沿海、不沿边内陆省份扩大开放的新途径，口岸体系建设取得了显著成效，站在了新的历史起点上。

1. 郑州枢纽口岸建设取得突破性进展

按照融入"一带一路"建设的战略部署，加快构建航空铁路、国际国内"双枢纽"，努力完善贯通全球的航线网络，打通东联西进开放大通道，基本形成了以郑州枢纽口岸为核心、空陆高效衔接的全方位口岸开放格局。

郑州航空国际枢纽加速形成。着力完善提升航空口岸功能，创新口岸发展模式，推进 7×24 小时快速通关，拓展台胞落地签、外国人口岸签证、保税航油航材、国际货物转运、国际快件邮件、跨境电商等业务。已开通国际地区航线 52 条，其中客运航线 22 条，全货机国际地区货运航线 30 条，形成了覆盖亚太、欧洲和北美的航空货运网络，为打造"空中丝绸之路"核心节点奠定了坚实基础。2016 年,郑州机场旅客吞吐量突破 2000 万人次、货邮吞吐量 45.7 万吨,同比分别增长 20%、11.91%。其中,国际客运吞吐量 126.58 万人次、国际货运吞吐量 27.51 万吨,同比分别增长 5.69%、20.93%,客运量行业排名位居全国第 16 位,客运增速在全国千万级机场中位居第 1 位,货运量位列全国第 7 位;全货机承运货邮量 28.99 万吨,同比增长 20.53%,航空货运增速连续 3 年在全国大型机场中位居前列,成为国内第四大货运机场。

打通郑欧国际物流贸易通道。依托郑州铁路口岸开行中欧(郑州)国际班列,实现国内首家往返常态化开行和境内境外双向集疏,进一步巩固和强化了河南省"丝绸之路经济带"物流枢纽地位。2016 年实现每周去程 3 班回程 3 班均衡对开,全年开行 251 班(137 班去程,114 班回程),承运货物 12.76 万吨,货值 12.57 亿美元,成为全国 23 个中欧班列中唯一实现双通道(阿拉山口西通道、二连浩特中通道)、双向稳定开行的中欧班列,集货范围覆盖境外 22 个国家 112 个城市,总载货量、境内集货辐射地域、境外分拨范围均居中欧班列首位。

探索推进多式联运便捷通关机制。开行了郑州到青岛、连云港、上海、天津等沿海港口的"五定班列",扩大郑州 - 海港班列 - 日韩地区等海铁联运业务规模,成功获批建设郑州国际多式联运海关监管中心,积极探索"卡车航班"等监管模式,推动空空转运和空陆、铁海联运加快发展。

2. 口岸开放体系进一步完善

近年来,特别是在"十二五"时期,河南省口岸载体平台数量不断增加,功能大幅提升,初步形成以郑州航空口岸和铁路口岸为龙头,海关特殊监管区域(场所)为支撑,各类进口商品指定口岸为补充,电子口岸平台为窗口,与沿海沿边等主要口岸紧密合作、联动发展的口岸开放新格局。海关特殊监管区域引领带动作用日益突出。先后成功申建郑州新郑综合保税区、南阳卧龙综合保税区、郑州经开综合保税区、焦作孟州保税物流中心、商丘保税物流中心等一批海关特殊监管区域(保税监管场所),居中部六省第一位。功能性口岸建设成效明显。汽车整车口岸和水果、食用水生动物、冰鲜水产品、肉类指定口岸投入运行,澳大利亚屠宰活牛指定口岸和邮政国际邮件郑州经转口岸通过国家验收并批量办理业务,进境粮食、植物种苗指定口岸和药品口岸正在抓紧筹建,河南已成为全国指定口岸数量最多、种类最全的内陆省份。查验机构建设取得重大进展。新获批设立 6 个海关机构、6 个检验检疫机构，共有 12 个省辖市设立了海关机构，14 个省辖市设立了检验检疫机构，新增查验机构数量居全国前列。

3. 口岸通关效率大幅提升

口岸、海关、检验检疫、边防等部门积极适应国际贸易投资便利化趋势，加强互助合作，积极探索创新，大通关各项改革取得突破性进展，基本形成了由点到面的通关协作新局面。集通关、物流、商务为一体的大通关信息平台初步建成。上线运行河南电子口岸平台一期工程 21 个应用系统，完成跨境贸易电子商务通关平台一般进出口模式和保税进口模式的系统开发，实现对全省 17 个监管场所的统一联网管理和省内所有关区"多点报关、口岸验放"，通关效率提高 50% 以上，相应的人力、物流、仓储等综合成本下降 25%。区域通关一体化改革深入推进。建立省口岸工作部门联席会议制度，健全执法管理互助合作机制，深入推进"三互"（信息互换、执法互助、监管互认）大通关、关检合作"三个一"（一次申报、一次查验、一次放行）和查验制度"双随机"（随机抽取被检查对象、随机选派检查人员）等改革，强化"丝绸之路经济带"九省十关的通关一体化合作，口岸通关环境不断优化、服务质量持续提升，省内企业报关回流和省外企业汇集河南省报关数量大幅增加，"秒通关"辐射带动效应初步显现。积极复制推行先进经验。在郑州新郑综合保税区成功复制推行中国（上海）自贸区 11 项海关监管创新制度、8 项检验检疫创新制度，启动跨境人民币创新业务试点，国际化、法制化、便利化营商环境正在加速形成。圆满完成上海合作组织成员国政府首脑（总理）理事会第十四次会议等重大涉外活动通关服务保障任务。

4. 开放型经济快速发展

河南把发展口岸经济作为扩大开放"一举求多效"的关键举措，加快综合保税区、保税物流中心等开放载体建设，大力发展临空经济、跨境电商等新兴产业，推动加工贸易转型升级，有力促进了内陆开放高地建设。综合带动效应不断放大。口岸对河南省参与国际国内产业分工、承接国内外高端产业转移的支撑服务能力全面提升。2016 年，河南省进出口总额达 4714.7 亿元，增速高出全国增速 3.5 个百分点，外贸进出口规模首次跨入全国前十。郑州新郑综合保税区成为"小区拉大省"的典范。自封关运行以来，新郑综保区进出口额由 2011 年的 95 亿美元跃升到 2016 年的 221.8 亿美元，占全省进出口总额的 67.3%，成为全国重要的智能手机生产和分拨、维修基地，带动河南省进出口总额稳居中部地区第一。跨境电子商务快速发展。依托河南保税物流中心，成功申建全国首批跨境电子商务试点城市，中国（郑州）跨境电子商务综合试验区正式获批建设。跨境电子商务已在河南保税物流中心、郑州机场、新郑综合保税区、国际陆港等区域实现多载体、多模式、多元化发展。截至 2016 年，跨境电商进出口单量达到 8290.3 万单，交易额 64 亿元，同比增长超过 65%，在全国试点城市和跨境综试区中继续保持领先地位。

总体来看，河南省口岸体系建设发展速度快，创新实践特色突出，成效显著。但河南地处内陆腹地，长期开放度不高，在口岸体系建设方面还存在一些薄弱环节，与构建形成开放型经济新体制、打造内陆开放高地的新任务新要求还有一定差距，主要表现在：口岸基础设施建设滞后，口岸开放载体总量不足，辐射带动能力不强；口岸和海关特殊监管区域发展布局不均衡，辐射带动作用有待进一步提升；口岸发展相关部门间的高效协作机制亟待健全，省内口岸和海关特殊监管区域与沿海沿边口岸间的通关合作、协同联动有待进一步加强；口岸管理的信息化程度不高，国际贸易"单一窗口"和口岸运行管理的人才队伍建设相对滞后等。

二 "十三五"口岸发展面临的形势要求

"十三五"时期，是河南省全面建成小康社会、实现第一个百年奋斗目标的决胜阶段，是加快形成现代化建设大格局的关键时期，经济社会发展面临着适应新常态、培育新动力、再造新优势的形势任务，对口岸体系建设和发展提出了新的更高要求。

1. 深度融入"一带一路"倡议，厚植开放发展新优势，需要提升口岸服务支撑作用

当前，国际竞争和分工格局发生深刻变化，国际投资贸易规则体系加快重构，强化互联互通、优化发展环境、促进投资贸易便利、方便商品要素流动，已经成为经济全球化与区域经济一体化的重要导向。随着我国自贸区网络渐次展开布局，高标准、全方位的改革开放格局将逐步形成，

河南省作为"一带一路"重要的综合交通枢纽、商贸物流中心和全国区域协调发展的战略支点，迫切需要充分发挥区位、交通、市场、人力资源等优势，以交通物流为基础，以贸易合作为纽带，进一步优化完善口岸和海关特殊监管区域（场所）布局，丰富提升口岸功能，加强东中西互济、南北方联动、空陆海统筹，建立与开放型经济新机制相适应的口岸开放体系，切实把口岸开放优势转化为物流和贸易优势，带动中原腹地走向开放前沿。

2. 培育新的经济增长点，推进动力转换、结构优化，需要加快发展口岸经济

我国经济发展进入新常态，新一轮科技革命和产业变革蓄势待发，新的增长动力正在形成，经济向形态更高级、分工更优化、结构更合理阶段演化的趋势更加明显，提质增效、转型升级的要求更加紧迫。实现河南省经济增长保持较高速、产业迈向中高端，需要持续将口岸建设作为实施开放带动主战略的关键举措，着力提升口岸开放平台承接高端产业转移的承载能力，加快自贸区、海关特殊监管区（场所）申建和发展，统筹利用国际国内两种资源、两个市场，强化引资引智引技，大力发展口岸经济，推动加工贸易转型升级、服务贸易提质增量、跨境电商跃升发展，加快形成口岸经济增长极。

3. 提升政务服务效能，推进供给侧结构性改革，需要率先深化口岸通关改革

打造高效服务型政府，加快实施供给侧结构性改革，不仅需要率先推进口岸领域的简政放权，深化大通关改革，先行落实权力清单、负面清单、责任清单制度，进一步创新监管服务机制模式，推动口岸治理体系和治理能力现代化；也需要通过优化口岸服务提升投资贸易便利化水平，营造法治化、国际化、便利化营商环境，推动优势产业走出去、高端产业引进来，加快化解过剩产能、降低企业成本步伐，打造口岸通关效率高地、企业综合成本洼地和开放型产业基地，尽快实现供给与需求高水平再平衡、引进来与走出去更加均衡。

4. 有效维护国门安全，确保如期建成小康社会，需要提升口岸整体安防管控水平

随着河南省对外贸易快速发展和出入境人员数量迅速增加，走私、贩

毒、洋垃圾、非法出入境、疫病疫情以及各种恐怖活动威胁日趋增多,口岸国门安全风险防控面临着艰巨的任务和挑战。需要在提升通关便利化水平的基础上,严把口岸进出境第一道关口,不断强化口岸管理各部门联防联控和协调协作,建立健全口岸突发事件应急联动机制和处置预案,全面提升口岸整体安防管控水平,确保口岸运行安全、畅通、高效,为维护人民群众生命财产安全、推动经济社会健康发展奠定坚实基础。

三 "十三五"口岸发展总体思路和发展目标

(一)发展思路

坚持开放带动主战略,按照"东联西进、贯通全球、构建枢纽"的战略导向,围绕构建"大开放、大安全、大通关、大产业、大协同"格局,完善口岸布局,深化国际和区域合作,保障口岸安全,优化口岸服务,提高通关效率,营造更加便捷高效、低成本、可预期、公开透明的口岸通关环境,提升口岸经济规模质量效益,推动口岸综合治理体系和治理能力现代化,促进口岸优势互补、分工协作、均衡协调发展,为构建开放型经济新体制、建设富强文明和谐美丽的现代化新河南提供强有力支撑。

(二)发展目标

到 2020 年,建设形成以郑州航空和铁路国际枢纽口岸为龙头,洛阳航空口岸和一批具有口岸功能的查验场所为节点,指定商品等功能性口岸为补充,以保税物流、保税加工、保税服务功能为代表的口岸经济蓬勃发展,与沿海沿边主要口岸紧密合作,布局合理、治理规范、设施完备、执法高效、通行安全便利、辐射全球主要经济体的口岸开放体系。

第一,科学合理的口岸布局基本完成。郑州枢纽口岸走在内陆地区前列,其他省内航空口岸和以一批铁、路、水运口岸为发展方向的查验场所建设投用,指定商品等功能性口岸显著完善提升,形成郑州枢纽口岸带动、"1+N"功能口岸体系为补充,省内外互联互通、优势互补、分工协作协调发展的新格局。

第二,快速发展的口岸经济规模质量大幅提升。中国(河南)自由贸易试验区成功申建,政府管理、金融、贸易等领域的改革创新全面推进,成为立足内陆、服务全国、面向世界的对外开放高端平台；新申建 3～5 个综合保税区、3～5 个保税物流中心和一批公共保税仓库。

第三，便捷高效的大通关改革深入推进。国际贸易"单一窗口"建成投用，各项服务覆盖全省所有口岸、海关特殊监管区域（场所）、物流园区；关检合作"三个一""三互"通关改革全面实施，口岸安全责任制100%覆盖，与沿海沿边主要口岸群的跨区域通关便利化水平显著提升，通关效率、通关成本、通关服务均达到内陆地区先进水平。

四　口岸体系建设路径

（一）构筑口岸开放新格局

积极融入"一带一路"建设，以打造郑州国际航空枢纽口岸和国际铁路枢纽口岸为重点，进一步优化完善口岸布局，形成与沿海沿边等主要口岸群紧密合作、辐射全球主要经济体的全省口岸开放新格局。

1. 着力打造郑州国际枢纽口岸

坚持建设大枢纽、发展大物流、培育大产业、塑造大都市，进一步提升郑州航空、铁路国际枢纽口岸功能，形成航空口岸和铁路口岸双轮驱动、物流与产业融合发展格局，打造郑州国际物流中心枢纽。

打造郑州航空国际枢纽口岸。按照"货运优先、以货带客，国际为先、以外带内"的原则，强化郑州新郑国际机场与国内外航空公司的合作，积极开辟客货运航线、加密航班，完善通航点布局，打造轮辐式航线网络，建设国际航空货运枢纽和国内大型航空枢纽。扩大监管设施和查验场地规模，提升进口水果、冰鲜水产品、肉类、屠宰活牛等指定口岸和邮政国际邮件经转口岸业务规模，积极申建药品、植物种苗、汽车整车等功能性口岸。建设出入境旅客自助查验设施，争取72小时过境免签政策，争取设立进境免税店和卢森堡等国外领事馆。推进国际货物转运中心、进口冷链食品批发交易中心、跨境电子商务物流中心、大型物流集散中心、郑州航空邮件处理中心"五个中心"项目建设，建成投用北货运区（一期）和飞行区配套工程，扩大国际邮件、冷链物流、跨境电子商务等业务规模，打造成为全国重要的国际航空物流中心。

完善郑州铁路国际枢纽口岸。坚持物流、贸易并举，推动中欧（郑州）班列往返高密度、常态化运营，完成铁路口岸升级改造工程，提升郑州国际陆港吞吐能力，打造"丝绸之路经济带"重要的国际物流通道枢纽、亚欧国际贸易重要的商品集散地。推动中欧（郑州）班列"多口岸出境、多线路运行、多货源组织"发展，加密郑州—汉堡班次，开辟郑州至卢森堡、莫斯科、阿拉木图等新线路，建设汉堡西欧枢纽、华沙中欧枢纽、布拉格东欧枢纽，设立华沙、卢森堡、鹿特丹、马德里等一批海外分拨集疏中心，推动集疏半径向亚太地区延伸。建成运营郑州国际陆港跨境电商仓储物流中心、冷链物流中心、进出口商品交易中心等项目，启动国际陆港上街站点工程，逐步展开多式联运分中心在全省的布局。开工建设汽车进口口岸二期工程，打造欧洲进口汽车的全国分拨枢纽。全面展开中欧（郑州）班列国际运邮业务，拓展特种集装箱、冷链物流、跨境电商、商品展示体验等增值服务，推动郑州国际陆港由单一的运输服务模式向物流和贸易并重的"运贸一体化"转型升级，保持在中欧铁路物流大通道中的领先水平。

推动"四港联动、多式联运"发展。推动郑州航空口岸与铁路口岸共同建设铁公机海高效衔接的多式联运监管体系，形成航空港、铁路港、公路港与沿海港口"四港联动"发展格局。探索推进空铁联运，强化与国家铁路总公司在场站布局、联运设备、信息系统、时刻衔接、运力编排等方面的合作，争取空铁联运试点，研究开发旅客空铁联运产品，推动建立以航空标准为导向的联运标准体系。扩大铁海联运规模，开通至沿海港口的"五定班列"，稳定并逐步扩大郑州–海港班列–日韩地区的海铁联运业务规模；开展与东部重点海港的股权合作，推进联运专用设施、操作区、铁路专用线共建和海铁联运通道的共享共用。支持多式联运海关监管中心探索创新多式联运通关新模式，完善铁路舱单系统，拓展监管代码、保税仓储、口岸报关、转口贸易及免税等功能，开展进口拼箱、整进分出、过境中转集拼等业务。大力发展"卡车航班"联程中转，培育中转品牌，将郑州打造成"一带一路"的连接枢纽和重要战略支点。

2. 优化全省口岸布局

抓住国家重点支持中西部地区口岸开放的机遇，统筹全省口岸开放布局，推动航空口岸发展，规划建设一批查验场所，增强口岸综合服务和承接产业转移能力。

推进洛阳航空口岸扩大开放和南阳航空口岸筹建。完善提升洛阳航空口岸，启动洛阳机场二期改造工程，建设机场换乘枢纽，推进对外国籍（地区）飞机开放，开通至东亚、东南亚国际客货运航线和境外包机，实现出入境航班常态化运行，争取境外旅客购物离境退税政策。积极推进南阳航空口岸筹建工作，加快机场航站楼国际厅、联检大楼、国际货运仓库建设，适时申请临时开放开通至首尔、香港等国际（地区）包机航线，为申请国家批准口岸开放创造条件。

设立一批进出境查验场所。在科学规划充分论证的基础上，突出需求导向，推动陇海、京广沿线区域性中心城市、省直管县（市）和重要内河港口，有序设立一批直接办理货物进出境手续的查验场所。依托当地查验机构、场站集疏运设施和河南电子口岸"单一窗口"信息平台，使之成为具备报关、报检、查验和货物集散功能，与郑州航空港、国际陆港、沿海沿边口岸相协同的区域通关物流。洛阳、安阳、商丘、漯河、信阳、南阳、三门峡等依托区域性交通枢纽建设的查验场所，信阳、周口等以内河主要港口建设的海河联运查验场所，按照开放口岸相关标准进行前瞻性规划，并通过查验场所、口岸通关功能的实现和做大业务为争得国家支持创造条件。

3. 完善功能口岸体系

延伸口岸功能，加快特种商品进口指定口岸申建，引导上下游产业集群集聚发展，强化配套服务、增值服务功能和集群带动作用，形成规模高效运营的"1＋N"功能口岸体系。

提升功能口岸运营效益。完善进口肉类等现有指定口岸和邮政国际邮件郑州口岸、汽车整车进口口岸基础设施，有序拓展保税加工、保税交割、展示体验、国际采购、物流配送、查验仓储、金融服务、跨境电商等增值服务，科学规划布局冷链物流园区、国际货物转运中心、空港海关监管物流园、跨境电商物流中心等配套项目，延伸产业链条，拓展增值服务，形成规模化运行的综合大口岸格局。

积极申建功能性口岸。支持具备条件的省辖市、省直管县（市），结合本地开放型经济发展需要，申建不同类型的功能性口岸。推进郑州航空港申建进境植物种苗、药品等口岸，依托郑州国际陆港构建进口汽车贸易基地，争取平行汽车进口政策，推进汽车整车口岸业务和服务能力不断提升。争取新申建木材、固体废物、矿产品等指定口岸。积极探索建设新型功能性口岸。

4. 建设电子口岸平台

按照构建国际贸易"单一窗口"要求，完善便捷通关功能，扩大应用覆盖范围，拓展增值服务，促进口岸监管模式创新，形成网络化协同监管模式和大通关"一站式"服务体系。

推进平台建设。坚持"共建、共管、共享、共用"原则，加快河南电子口岸二期工程建设，进一步拓展跨部门联网应用范围，完善"单一窗口""三互"大通关等重点改革配套系统，构建形成连接口岸执法单位、进出口管理部门、口岸生产单位、沿海沿边主要口岸的数据交换和协同作业平台。建立数据共享目录，加强数据共享安全管理，明确数据安全责任主体，完善电子口岸信息标准体系，推广信息标准的跨部门应用。推动河南电子口岸平台与"一带一路"沿线及沿海沿边主要口岸电子平台互联互通和数据共享共用。

打造智慧口岸。广泛应用云计算、智能物联网等新一代信息技术，优化配置口岸信息系统资源，促进货物流、信息流、资金流有序协同，提高口岸运行服务响应能力。引入大数据分析工具，充分挖掘利用电子口岸平台海量数据，提升形势分析、风险预判、决策辅助、企业信用评估等能力。推广物联网、空间地理信息技术，支撑口岸物流链智能化、在途监管、动态空间展现等业务应用，实现业务全景展示与统一调度指挥。利用移动互联网技术，开发通关手机客户端应用，支撑企业移动申报，加快口岸通行速度，提升口岸通行效率。

（二）推动口岸经济新发展

以口岸为支撑、贸易为先导，统筹利用国际国内两个市场、两种资源，推动口岸、海关特殊监管区域（场所）与其他开放载体联动发展，搭建"丝绸之路经济带"开放合作示范平台，培育口岸经济新的增长极。

1. 推进中国（河南）自由贸易试验区建设

立足内陆、服务全国、面向世界，突出内陆地区特色和河南省物流枢纽优势，强化制度创新和模式创新，建立与国际通行规则相衔接的制度体系，推动郑州、洛阳、开封"一区多片"分层协同发展，建设中国（河南）自由贸易试验区。深化行政审批体制、商事制度、现代流通、事中事后监管服务模式等创新，全面实行准入前国民待遇加负面清单管理制度，拓展跨境人民币创新试点范围，加快形成可复制、可推广的制度框架和经验做法。深化制造业、服务业细分领域开放，创新通关监管模式，深化"一线放开、二线安全高效管住"贸易便利化改革，复制推广上海等自贸区等海关监管、检验检疫查验等创新制度，提升投融资、贸易、物流、监管便利化水平。优化自贸区内海关特殊监管区域（场所）业务形态和贸易方式，构建跨境电子商务平台、保税展示交易平台、大宗商品交易和期货交割平台，支持开展国际贸易、保税加工、保税物流、期货保税交割、融资租赁和仓单质押融资等多元化业务，不断放大溢出效益和辐射带动作用，努力打造内外流通融合、投资贸易便利、监管高效便捷、法治环境规范、具有国际水准的对外开放高端平台。

2. 优化完善海关特殊监管区域（场所）布局

紧抓国家支持中西部地区符合条件的大中城市设立综合保税区的政策机遇，按照坚持标准、择优遴选、公平有序的原则，支持全省符合条件的大中城市、省直管县（市），结合现有基础设施、产业条件和发展需求，科学论证和谋划建设一批综合保税区、保税物流中心。建立择优遴选申建机制，完善区域经济开放度、开放型产业规模水平、进驻项目质量效益、项目用地规划选址、口岸查验机构设置等评价指标体系，合理设定指标权重，科学有序地推进海关特殊监管区域（场所）申建工作。推动鹤壁综合保税区获批，加快洛阳西工等综合保税区申建步伐。积极支持具备条件的省辖市、省直管县（市）申建综合保税区和保税物流中心，形成在中西部地区数量领先、布局合理、服务全省开放型经济发展的海关特殊监管区域（场所）体系。

3. 创新推动开放型经济发展

完善国际化营商环境，提升海关特殊监管区域（场所）功能，推动外向型项目集聚，强化区内外产业融合配套，增强承接高端产业转移能力，打造创新驱动、高端引领、国际合作、功能多元的开放型经济高地。

增强海关特殊监管区域（场所）功能。争取国家海关特殊监管区域整合优化试点，推动海关特殊监管区域（场所）与开放口岸联动，加快复制自贸试验区及海关特殊监管区域试点成熟的创新制度措施和改革经验。争取实行内销选择性征收关税政策，在大力发展高端制造业的基础上，积极吸引高附加值产业入区发展，推动区内产业向研发、物流、销售、维修、再制造等产业链高端延伸。探索实施"分账管理、标识区分、联网监管、实货管控、信息共享"的货物状态分类监管模式，降低企业通关、仓储和流通加工成本。争取开展贸易多元化试点，划定贸易功能区开展贸易、物流和流通性简单加工等业务，赋予贸易功能区内符合条件的企业增值税一般纳税人资格，建设进口与消费、进口与出口、贸易与制造、批发与零售、保税与非保税的商贸功能性平台。

推动海关特殊监管区域（场所）产业转型升级。推动区内和区外的生产加工、物流和服务业等深度融合，延伸产业链条，实现全产业链、高附加值、集群式、多元化发展，带动区域产业升级。优化产业结构，鼓励区内企业加快技术创新和产业转型升级，建设保税展示交易平台，运用跨境电子商务开拓国际市场，有序开展期货保税交割、仓单质押融资、大型设备融资租赁等业务，积极开拓高技术含量、高附加值项目的国际采购、境内外维修、再制造等服务。完善产业链式配套，充分发挥海关特殊监管区域（场所）高端产业引领作用，在周边科学规划布局一批与其主导产业相配套的零部件制造园区、冷链物流园区、综合物流园区、商务会展中心、商品交易市场、出口基地等专业园区，形成高端入区、周边配套、集聚发展、辐射带动的发展格局。

提升外贸发展的质量效益。做大做强加工贸易，积极承接纺织服装、鞋类、玩具等传统劳动密集型加工贸易产业集群转移，加快发展电子信息、移动通信、汽车及零部件等辐射和技术溢出能力强的先进制造业加工贸易，鼓励加工贸易企业进入关键零部件和系统集成制造领域，由单纯加工向设计、研发、品牌、服务等内容扩展，促进加工贸易向全球价值链高端跃升。扩大服务贸易规模，建立与服务贸易相适应的口岸管理和通关协作模式，推进服务贸易便利化、自由化，支持广播影视、文艺演出、体育健身等文化产业输出，推动动漫游戏、电子出版物、创意产品等新兴文化产品进入国际市场，扩大离岸服务外贸规模，积极开展中医药领域服务贸易。鼓励发展生产性服务贸易，提高货物贸易中的服务附加值，促进制造业与服务业、货物贸易与服务贸易协调发展，培育外贸竞争新优势。优化口岸免税店空间布局，促进免税业务健康发展。

4. 加快发展跨境电子商务

以扩大出口为主攻方向，提升保税进口、跨境直邮等不同通关模式竞争力，加快制度创新、管理创新、监管服务创新和企业运营模式创新，推动跨境电子商务与开放型经济深度融合，力争总体发展水平居中西部前列。

加快中国（郑州）跨境电子商务综合试验区建设。复制推广中国（杭州）跨境电子商务综合试验区经验做法，以 B2B 模式（企业对企业）模式为发展重点，以 B2C（企业对消费者）模式为补充，加快建设"单一窗口"综合服务平台、综合园区平台、人才培养和企业孵化平台，构建跨境电子商务信息共享体系、金融服务体系、智能物流体系、信用管理体系、质量安全体系、统计监测体系和风险防控体系，培育形成跨境电子商务金融结算中心、展示交易中心、物流集配分拨中心和大数据服务中心，打造跨境电子商务完整的产业链和生态圈。支持河南保税物流中心提升跨境电商发展水平，推动郑州新郑国际机场、新郑综合保税区、郑州国际陆港等符合条件的口岸及海关特殊监管区域（场所）开展跨境电商业务，推进跨境电商一般出口、特殊区域出口、直购进口、网购保税进口等多点布局、多模式发展，探索开展跨境电子商务市场采购试点，打造全球网购物品集散分拨中心。

推动跨境电子商务业态模式创新。积极引进知名品牌商、电商平台企业和物流集成商，拓展"跨境电商＋空港＋陆港＋邮政"运营模式，探索B2B2C进口和"保税＋万国邮联＋海外仓"B2B、B2C出口业务模式，加快布局建设海外仓、线上线下（O2O）体验店、展览展示中心，完善国际营销网络和物流体系，培育跨境电商知名品牌和平台型企业，带动全省跨境电子商务全面创新发展，促进经济转型和消费升级，实现供需高水平再平衡。主动适应我国跨境电商进口税收政策调整，不断探索创新跨境电商运营模式，重构跨境电子商务产业链。大力发展国际多式联运，在保税物流中心、综合保税区、出口加工区、郑州新郑国际机场、郑州国际陆港、国际邮件监管中心等特定区域建设跨境电商园区、仓储物流中心，构建与跨境电商发展相适应的物流体系。

提升跨境电子商务监管便利化水平。进一步优化跨境电子商务进出境货物和物品的海关监管、检验检疫流程模式，建立适合网络零售形式的出口商品归类办法，探索适合跨境电子商务的转关物流方式。积极稳妥地推进支付机构跨境外汇支付业务试点，完善跨境电子商务经营主体收付汇及结售汇机制，鼓励在跨境电子商务活动中使用人民币计价结算。鼓励金融机构、第三方支付机构、第三方电商平台、外贸综合服务企业开展合作，为具有真实交易背景的跨境电子商务交易提供在线支付结算、在线融资、在线保险、在线退税等完备便捷、风险可控的一站式金融服务。

（三）提升大通关改革新效能

积极探索创新大通关协作机制，建设国际贸易"单一窗口"，强化跨部门、跨区域、跨境的通关协作，优化通关流程，为更高水平、更高层次对外开放提供口岸支撑。

1. 全面推行大通关改革

深化通关一体化改革。创新大通关协作机制和模式，统筹推进海关一体化通关改革和检验检疫一体化改革。完善口岸管理部门配合机制，扩大联合执法、联合查验范围，做到监管信息共享、监管措施互动、监管结果互认。尊重物流运作规律，打破行政区域和业务辖区界限，优化业务流程，简化沿海沿边口岸与河南省口岸间的转关手续，允许企业自主在货物出口或申报人所在地海关和检验机构办理全部报关报检手续。深化落实配套措施，率先在河南省实现海关、征税、查验、旅行通关全流程的一体化作业；除特殊管控产品外，实现以检验检疫的通报、通检、通放为基础的出口直放和进口直通。

全面推行"一站式作业"。发挥口岸检验单位各自优势，合理分工，实现资源的优化配置。全面升级关检合作"三个一"，扩大覆盖范围和内容，将"一次申报""一次放行"纳入单一窗口功能实现，将"一次查验"纳入"一站式作业"，推动建立口岸联合防控机制。全面推行运输工具联合登临检查、货物联合检验、行邮物品检查"一机双屏"。优化保税货物流转管理系统，实现全省海关特殊监管区域（场所）间保税货物流转便利化。深化口岸通关作业制度改革。

创新口岸监管方式。通过实施安全准入与税收征管作业相对分离以及属地管理、前置服务、后续核查、信息共享、执法合作等方式将口岸通关现场非必要的执法作业前推后移，减少口岸通关现场执法内容。探索开展口岸查验机制创新和口岸管理部门综合执法试点，推行"双随机"综合查验制度，提高非侵入式、非干扰式查验比例，增强查验针对性和有效性，不断优化事中事后监管。全面推进全流程通关作业无纸化，进一步完善和优化报关单随附件单证传输方式以及联网核查管理，逐步取消人工验核纸质单证，加快推进许可证无纸化进程。加快推进税费电子数据联网进程，取消纸质税单，实现税单无纸化。

改进口岸通关服务。加强口岸通关和服务窗口规范化建设，及时公布通关任务环节进程，提高口岸执法政务透明度和公信力。在郑州航空口岸率先实行 7×24 小时通关、外国人 72 小时过境免签等便利服务。参照国际先进经验，探索货物口岸放行时间评价体系，定期公开全省各口岸通关效率。加快旅客通关信息化建设，积极推广旅客自助通道系统和车辆"一站式"电子验放系统。进一步提高鲜活农产品等特殊商品的口岸通关速度。

2. 建设国际贸易"单一窗口"

建设河南国际贸易"单一窗口"。依托河南电子口岸平台，按照循序渐进、先易后难、以点带面、注重实效的原则，统筹顶层架构设计、突出前瞻谋划、统一接口标准、分步有序实施，推动海关、出入境检验检疫、税务、外汇管理等口岸管理相关部门共用数据标准、共享数据信息、协同监管服务，建设集申报、监管、物流、金融等政务和商务服务于一体的河南国际贸易"单一窗口"平台。力争 2018 年年底建成覆盖全省的国际贸易"单一窗口"。

建设中国（郑州）跨境贸易综合试验区"单一窗口"综合服务平台。依托河南跨境贸易电子商务通关平台，升级通关应用系统，接入全国跨境电商统一版，完善信息共享、金融服务、智能物流、电商信用、统计监测和风险防控等系统，加强与工商、金融、物流、电商平台、外贸企业等的数据对接，强化与口岸管理相关部门互联互通，建立信息支撑、物流带动、线上线下融合、多部门协调联动、通关一体化的跨境电子商务服务新模式，实现业务多载体、多模式、多元化开展，企业一次备案、多场所共享、全流程使用，推动跨境电子商务自由化、便利化、规范化发展，保持河南省在跨境贸易电子商务应用技术的领先水平和地方特色。力争 2016 年年底建成覆盖中国（郑州）跨境电子商务综合试验区的"单一窗口"。

3. 加强口岸通关合作

首先,加快区域通关合作。进一步深化中原经济区主要口岸与"丝绸之路经济带"沿线城市、长江经济带、京津冀地区、泛珠三角地区以及东北地区口岸群的合作与无缝对接,促进内陆与沿海沿边口岸的功能相互延伸,实现海关报关、征税、查验、放行通关全流程的一体化作业和检验检疫通报、通检、通放的紧密协作,强化"陆桥丝路"和"海上丝路"的连接点功能,构建东联西进、南延北拓、接轨国际规则的大通关格局。积极探索陆空、铁海、空铁的多式联运监管体系,允许运输工具、货物换装和集拼,实现多式联运一次申报、指运地(出境地)一次查验,对换装地不改变施封状态的予以直接放行。

其次,深化口岸跨境合作。积极参与多双边口岸合作机制,积极探索联合监管,争取在具备条件的口岸推广旅客在同一地点办理出入境手续的"一地两检"查验模式。建立健全中欧(郑州)班列便捷通关协作机制,加强与"一带一路"沿线国家口岸执法机构的机制化合作,提高跨境通道的口岸通关便利化水平,推进跨境"信息互换、监管互认、执法互助"海关合作,以及检验检疫、认证认可、标准计量、统计信息等方面的多双边合作,提高中欧(郑州)班列通行效率和品牌影响力。

五 实施保障

(一)强化规划实施组织领导

在省政府统一领导下,充分发挥省口岸工作部门联席会议统筹规划、协调指导、研究解决全省口岸改革发展重大问题的作用,建立健全适应口岸发展新形势、新要求的组织领导机制。省政府口岸办要加强与口岸规划相关部门的沟通协调,督导评估规划各项目标、任务、措施的落实。口岸管理相关部门要按照各自职责,在有关政策措施实施、重点项目安排、体制机制创新等方面通力协作,增强整体合力。各省辖市、省直管县(市)政府要建立健全口岸工作协调机制,在扩大开放、建设投入、功能扩展、通关模式创新和人力资源配置等方面做好保障服务工作,增强口岸综合治理能力，保证口岸安全、畅通、高效运行。

（二）加大政策支持力度

加大口岸通关简政放权力度。全面落实国家已公布取消的涉及口岸通关及进出口环节的行政审批事项，全部取消非行政许可审批，严格控制新设审批事项。推进放管结合，明确审查标准，承诺办理时限，探索推行联合审批、并联审批和"互联网＋监管"的新模式，推动行政管理重心由事前审批向事中、事后监管转移。研究制订支持口岸快速健康发展的政策措施。

全面清理规范进出口环节收费。坚决取缔进出口环节违规设立的行政事业性收费，规范进出口环节经营服务性收费。对依法合规设立的各类收费和基金实行目录清单管理，作为政府公开项目公开收费项目、标准和依据，对未列入清单的一律按乱收费查处。按照有关规定，对征收对象相同、计征方式相似、使用范围相近的收费项目予以归并，适当降低收费标准。增强口岸查验针对性和有效性，对查验没有问题的免除企业吊装、移位、仓储等费用。

（三）加强口岸基础设施建设

加强基础设施土地和资金保障。各省辖市、省直管县（市）要做好口岸发展规划与城市规划、土地利用总体规划的衔接，对列入规划的口岸重大基础设施用地及口岸作业区用地，优先保障土地供应。要为口岸基础设施建设提供必要的资金保障，积极争取中央相关专项资金支持，研究探索用市场化办法设立口岸发展基金，探索政府和社会资本合作模式，鼓励金融机构加大对海关特殊监管区域（场所）重点项目建设的信贷支持力度。

推进口岸基础设施和查验设施建设共享共用。根据"三互"等通关作业和查验流程需要，统筹设置口岸查验和检验检疫场地，以口岸为单元统一配备共用的监管检验设备。口岸查验基础设施建设优先保障查验现场通关查验、检查检验执法需要，并在此基础上统筹安排业务用房和值班备勤用房。在当地已经建有相关查验技术业务用房且临近口岸，不会增加旅客和企业等候查验结果时间或造成通关不便利的情况下，原则上不再另设同类查验技术业务用房。引导和鼓励监控室、计算机房、现场会议室和值班备勤用房等集中设置、共同使用。办公用房建设严格执行国家相关规定和标准。

(四)强力推进项目带动战略

按照全局性、带动性、龙头型要求，科学谋划、精准谋划、高效谋划一批口岸建设重大项目。建立重点项目推进机制，实行重点项目建设目标责任制，推行领导分包制度，强化协调服务和进度督导，及时协调解决项目前期、建设、运营过程中存在的问题。争取将郑州航空口岸北货运区项目、洛阳航空口岸改扩建工程、南阳机场改扩建工程、安阳铁路口岸和洛阳陆路口岸项目、鹤壁综合保税区、洛阳西工综合保税区、商丘保税物流中心等重大项目纳入省级重点项目库，实行联审联批，强化土地、资金等要素保障。

(五)优化口岸人力资源配置

支持符合条件的省辖市申请设立海关、检验检疫、边防检查机构。根据口岸业务快速增长实际，采取多种形式，支持口岸查验机构增加人员编制，积极探索实施人员编制动态调配机制，促进系统内编制的挖潜调剂与优化配置，将业务量不饱和口岸的查验人员调剂到人力资源紧缺的口岸。研究建立口岸协管（检）员保障经费使用和人均标准正常增长机制，制定出台全省口岸查验单位协勤（管）人员指导意见。进一步优化口岸查验流程，整合内设机构，合理设置工作岗位，全面落实"瘦上强下"要求，推行口岸查验机构扁平化管理模式，释放中间层查验人员编制，增加执法一线人员数量。实施口岸人才外引内育工程，支持高等院校、科研院所培养一批适应口岸发展需求的技能型人才和熟悉国际规则的开放型人才，引进一批急需的高素质人才。围绕口岸部门间协作、"单一窗口"、通关改革、跨境电商、自贸区申建发展等操作实务，定期开展口岸工作人员业务培训和考察学习，打造一支专业化、职业化的口岸人才队伍。

(六)提升口岸运行管理水平

加强口岸法治建设。严格落实国家口岸管理法律法规和规章制度，制订并公布河南省口岸相关部门的权力清单和责任清单。研究将口岸通关记录纳入全社会诚信管理体系，根据守信激励、失信惩戒原则，实现差别化通关管理，引导企业、个人遵规守法。

实施口岸动态管理。加强口岸运行绩效评估，进一步完善口岸运行综合评价指标体系。按照国家口岸准入退出标准和管理办法，研究建立退出机制，对长期无通关业务和业务量小、国家批准开放后长期不开放的口岸进行整合或关闭；对建成使用后连续三年客货运量不达标、经两年整改后仍不达标的口岸，按国家要求启动退出程序。

强化口岸安全管理。明确与口岸安全运行相关的职责分工，建立健全口岸常态化的口岸安全联合防控机制，加大口岸安防设施设备投入，提高查验监管科技水平，完善相关保障机制。建立健全口岸突出事件应急处理预案，开展定期和不定期演练，增强口岸安防整体管控能力。

完善口岸统计体系。建立健全口岸发展监测指标体系和综合评价指标体系，规范统计口径、统计标准和统计制度方法，及时定期公布相关数据，为优化口岸布局、整合口岸资源、科学运行管理等提供决策辅助。

执笔：张长星、乔金燕、陈玲、李守辉、弋伟伟

河南省海关特殊监管区域贸易多元化试点研究

在全球经济一体化的趋势下，随着"一带一路"倡议和"中原城市群"建设的提速，我国对外开放将呈现由沿海向内陆加速推进的态势，特别是更高水平自由贸易试验区的相继设置，再加上现代产业链、物流链的不断延伸，种类繁多、功能重复、优惠政策参差不齐、落实不到位的问题逐步显现，优化整合提升已经成为当前河南省海关特殊监管区域基本共识，其中贸易多元化发展就是优化整合提升的一种全新尝试。以积极推进贸易多元化发展为先导，对接上海自贸区的可复制、可推广的政策创新，为河南省承接国际国内产业转移、提升进出口贸易竞争力、全面提升开放型经济发展水平打造新平台、构筑新优势，实现多载体、多模式、多元化发展。

一 当前河南省海关特殊监管区域发展面临的困境

近年来，河南省口岸经济快速发展，特别是郑州新郑综合保税区和郑州出口加工区等海关特殊监管区域在河南省承接加工贸易梯度转移、促进产业结构优化升级、带动开放型经济发展等方面发挥主导作用。随着新一轮高水平的加工出口产业的快速升级，综合保税区已经转变成为面向国际国内两个市场的重要载体，由两头在外的 V 型，发展成 X 型模式。然而目前河南省海关特殊监管区的功能政策还不能很好地实现与国内市场的融通，体制机制和监管方式的弊端已经成为制约口岸经济提质增效的主要瓶颈，在探索发展实践中，也存在一些突出问题。

（一）现行税收政策满足不了区内产业类型快速发展的需要

当前海关特殊监管区域本身税收政策优势弱化，一定程度上存在海关特殊监管区域区内外"政策倒挂"的问题,在现行制度下适合在海关特殊监管区域内发展的产业相对有限。郑州新郑综保区现执行的是入区退税和内销征税政策,对于出区内销货物尚不能选择性征税,区内企业在内销时需要按照货物的实际出区状态征税。但是对于区内企业开展委内加工限制很严,区外加工贸易企业货物内销时,产成品及半成品按照原材料计征税,这种税收政策对于内销时原材料进口关税高于产成品进口关税,或者产成品进口关税为零的货物大进大出的 IT 企业有利,因此造成区内产业发展受限。很多产成品税率高于原材料进口关税的区外企业从综合成本角度出发,不愿入区发展。再加上区内严密的监管政策,海关特殊监管区域对于很多企业的吸引力大幅下降,导致地方政府在对外招商时,项目选择面窄,不利于海关特殊监管区产业结构的优化调整和产业多元化的发展。

此外,产业配套能力亟须加强,如本地原材料供应企业少,部分原材料需从外地采购,本地产业链延伸企业少,海关特殊监管区域内部分企业受生产能力限制,有些产品仍需结转到沿海地区进行深加工。不仅直接影响区内招商引资,也制约区内企业做大做强。

(二)区内现行企业纳税制度导致运营成本居高不下

目前河南省除保税区外,其他海关特殊监管区内企业不具备一般纳税人资格,在对境内贸易时,不能开具增值税专用发票,无法通过增值税进项税抵扣的办法降低企业税负。因此,区内加工制造类企业在采购国内原材料时,国内原材料供货方可以享受出口退税政策,但是出口退税率根据货物类型从 5% 到 17% 进行退税,而生产环节增值税一般均按 17% 进行征收,所产生的税差往往被转移到区内企业身上;对于区内仓储物流等现代服务类企业,由于没有一般纳税人资格,无法享受"营改增"试点政策所带来的整体税负减少的红利,企业总体竞争力减弱。同时也使区内企业在购买区外服务时,因增值税进项税无法抵扣问题,而导致运营成本大幅增加,影响了现代物流、检测维修等高附加值现代服务业企业的入区积极性。

(三)区内业务功能配套政策不完善

由于当前河南省综保区内企业没有一般纳税人资格和国内分销权,致使企业无法直接开展对内销售业务。企业在经营进口货物对内销售时，必须先将货物销往区外具有进出口资质的贸易公司，然后由区外公司再销往国内市场。这种操作模式，既增加了贸易手续环节，也增加了企业整体运营成本，出现货物内销流转与货物销售结算环节分离的现象，导致区内代工企业和其品牌委托商之间的交易结算，以及代工品牌产品国内销售环节的交易结算落入原产地以外，所得税收较为优惠的国家和地区，给货物原产地政府带来极大的税收损失。

二 贸易多元化的主要内容及其特征

海关特殊监管区域贸易多元化试点，有利于区内企业充分利用和开拓国内国际两个市场、利用两种资源，满足企业进行全球采购、分拨、销售的多样性、多元化贸易需求。

（一）基本内涵

贸易多元化是指在符合条件的海关特殊监管区域内设立贸易多元化功能区，赋予功能区内企业一般纳税人资格，开展贸易、仓储、物流配送等业务。

贸易多元化试点主要是为了做通做强贸易，重点开展境内外采购、分拨及销售等业务，促进形成进出口商品采购中心和销售中心，支持设立进口商品专业市场和开展进出口商品仓储、集拼、配送和流通性简单加工以及分销、转口、中转业务和保税商品展示交易等试点工作。

2014 年 10 月，苏州工业园综合保税区和重庆两路寸滩保税港区在现有规划面积内划出专门区域作为贸易功能区，成为国务院确立的首批贸易多元化试点区，同意在区内开展贸易、物流和流通性简单加工等业务，实行相关税收政策，突破综保区贸易发展瓶颈。苏州、重庆的先行经验，对河南省海关特殊监管区内深化机制体制创新，引进高端新业态，加快内外贸一体化发展，实现持续转型升级发展具有借鉴意义。

（二）政策对比

按照有关规定，贸易功能区除原保税港区的保税功能政策外，还叠加了国内贸易流通环节的功能，主要有两大政策优势，一是赋予区内企业一般纳税人资格。二是境内区外货物可便捷进出海关特殊监管区，并实行离境退税。具体包括：从境外、海关特殊监管区域以及保税监管场所进入贸易功能区的货物予以保税；从境内区外进入贸易功能区的货物在其实际离境后凭出口货物报关单（出口退税专用）予以退税，而非原来的进入综保区即退税；给予贸易功能区内符合条件的企业增值税一般纳税人资格等。贸易功能区与综合保税区税收政策比较如下具体见表1。

表1　贸易功能区与综合保税区税收政策对比

单位：万美元

序号	税收政策	区域	
		综合保税区	贸易功能区
1	区内企业一般纳税人资格	×	√
2	从境外、特殊区域及税监管场所入区货物保税	√	√
3	区外国产货物入区通税	√	×
4	进口基建物资、机器设备等免税	√	×
5	区内保税货物内销征税	按照货物出区的实际状态	按其进入贸易功能区的状态

由此可以看出，贸易功能区与现有综合保税区主要税收政策对比在于试点前，综合保税区内企业不具备一般纳税人资格，无法开具增值税专用发票，无法以人民币结算自行开展国内进口分销业务。试点后，综合保税区内的企业获得了一般纳税人资格，不再需要第三方公司，开展国内贸易成本降低。

三　推进贸易多元化发展是海关特殊监管区转型升级的必由之路

为了打破海关特殊监管区贸易发展瓶颈，使其更好地连接国内外两个市场、发挥其在开放型经济的主导作用，我国已逐步推进调整相关税收规定促进贸易多元化试点的工作。开展贸易多元化试点是海关特殊监管区域整合优化的重要举措，为海关特殊区域发展提供了新契机。

（一）发展贸易多元化是海关特殊监管区优化整合的重要内容

新形势下，我国经济发展进入新常态，正在实施新一轮高水平的对外开放，海关特殊监管区域发展面临严峻挑战，亟须进一步加快海关特殊监管区域整合优化。2015 年 9 月，国务院办公厅发布了《加快海关特殊监管区域整合优化方案》，全面系统部署海关特殊监管区域整合优化工作，为当前及今后一段时期内的海关特殊监管区域发展指明方向。在整合优化举措的进度安排上，着重强调贸易多元化发展。

1. 指出要抓住当前区域经济发展中存在的主要矛盾和突出问题

使海关特殊监管区域不断适应新的发展和需求，逐步统一各类海关特殊监管区域的类型、功能、政策和管理，即将现有各类特殊监管区域整合为综合保税区，将新设立的海关特殊监管区域统一命名为综合保税区，并将原有区域的功能政策进行叠加和整合优化。

2. 优化业务形态

适应企业生产经营的客观需求，《方案》提出，支持区内企业利用剩余产能承接境内区外委托加工、推进货物状态分类监管和贸易多元化试点等举措。

3. 优化贸易方式

充分发挥海关特殊监管区域保税功能优势，《方案》提出推进新兴产业"保税＋"计划，鼓励企业开展境内外维修、跨境电子商务、期货交割、融资租赁、仓单质押融资、展示交易等业务，促进新型外贸业态发展。

4. 进一步严格海关特殊监管区域新设审批

在符合条件的海关特殊监管区域积极展开内销选择性征收关税、货物状态分类监管、贸易多元化等试点，支持区内企业利用剩余产能承接境内区外委托加工，推广期货保税交割、境内外维修、融资租赁等监管制度。

（二）发展贸易多元化是破解河南省海关特殊监管区困难问题的必然选择

实施贸易多元化试点是海关特殊监管区域转型升级的一项创新举措，为海关特殊区域发展提供了新契机，也为河南省全面推进国际贸易多元化和便利化、提升开放型经济水平带来了重大机遇。

1. 有利于提升产业链发展

河南省海关特殊监管区外向型经济与制造业基础良好，依循产业发展从加工制造向物流、贸易、结算延伸的规律，很多先进制造企业已开始逐步向物流、贸易业务开拓。如郑州新郑综合保税区除了做大做强保税加工这一块功能以外，还积极拓展综合保税区业务功能空间，依托大项目延伸价值链条，积极推进返区维修中心建设，加快内销分拨中心建设，成功将iPhone手机大陆内销分拨中心从上海搬到郑州。设立贸易区，拓展贸易销售功能，将有利于地区推进产业链升级，为地区企业从制造中心向物流中心、销售中心拓展提供功能性平台。

2. 有利于吸引贸易产业集聚

综保区承担着保税加工、保税物流和保税贸易三种功能，由于功能和政策上的一系列限制，保税贸易一直无法双向深入展开。随着开放程度的进一步深化，现在的综合保税区主要特征是"两头在外"的V型发展模式，特殊监管区企业为了更好地对接国内市场，需要在区内外设置两个仓储、两套人马。在海关特殊监管区内贸易推进多元化发展，能更好地发挥综保区在统筹国内国外两个市场、两种资源中的作用，企业发展模式可由外购外销、"两头在外"的V型转变为内购、内销、外购、外销相结合的X型，满足企业进行全球采购、分拨、销售的多样性、多元化贸易需求，对引进高端新业态，加快内外贸一体化发展，持续转型升级具有重大意义。

3. 有利于拓展区域功能

按照有关规定，贸易功能区除原保税港区的保税功能政策外，还叠加了国内贸易流通环节的功能，区内企业没有一般纳税人资格，不能开具增值税发票，无形中给企业增加了制度成本，影响了企业的竞争力。因此，贸易功能区核心优势在赋予区内企业一般纳税人资格，可以经营许可的增加值业务。积极探索赋予区内企业增值税一般纳税人资格、内销货物选择性征收关税、货物按状态分类监管等试点，创造有利于区内企业对接国内国际市场，延伸产业链价值链，培育外贸竞争新优势的发展环境。

4. 有利于推动经济线增长

一是带动地方税收增长。贸易区赋予企业一般纳税人资格后，贸易公司进口保税商品就能实现在区内直接内销，这也为地方带来增值税收入。二是带动进出口的增长。贸易与物流相辅相成，在贸易区内设立物流中心，特别是全国或区域型物流中心势必会将周围进出口业务集聚本地，直接提升地区进出口额。三是支持总部经济增长。制造、物流、贸易的叠加是提升优化地区投资环境的体现，贸易区的设立，有利于鼓励引导制造企业向物流、贸易延伸，推动总部化进程。

（三）河南省推进贸易多元化发展的相关探索

2015 年以来，河南省积极抢抓全面深化改革重大机遇，努力争取海关特殊监管区域贸易多元化试点，优化发展模式，创新业务开展，增创综合竞争新优势，加快平台建设助推转型升级，使得贸易便利化取得初步进展。

全国海关特殊监管区域企业增值税一般纳税人资格试点获批。2016 年11 月，郑州出口加工区、郑州新郑综合保税区被赋予全国海关特殊监管区域企业增值税一般纳税人资格试点，在全国共七个海关特殊监管区域中，河南省占了两个。意味着郑州出口加工区和郑州新郑综合保税区内企业，在试点企业资格生效之日起，将享受多重利好：原海关特殊监管区域内的企业一方面可以继续开展保税加工业务，另一方面还可以像普通境内区外企业一样开具或取得增值税专用发票。此外，企业还可以享受进口自用设备分期按比例缴纳关税、仓储货物按状态分类监管等多种优惠政策的叠加。海关特殊监管区域企业增值税一般纳税人资格试点的实施，有利于试点企业充分发挥产能优势，面对国际国内两个市场扩大份额，是落实国务院稳增长、调结构、供给侧改革的有力体现，同时对提高河南省对外开放程度，服务"一带一路"倡议，构建"走出去""引进来"双向开放格局，凸显中西部地区经济大省地位，具有重要的意义和作用。

四　创新方式方法，推动河南省海关特殊监管区域贸易多元化深入发展

以争取贸易多元化试点改革为契机，积极推进贸易多元化发展为先导，完善税收政策支撑体系，统筹利用国际国内两个市场、两种资源，加

快结构调整和转型升级，培育口岸经济新的增长极，实现多载体、多模式、多元化发展。

（一）完善政策支撑体系，不断优化保税监管和服务

1. 加强监督考核力度

对河南省现有海关特殊监管区域的土地规划、开发、利用情况进行复核评估，建议尽快出台河南省海关特殊监管区域评价体系，通过分类和量化考核加大考核和监督力度。对于运行质量长期欠佳的海关特殊监管区域，结合考核情况，按照海关总署《海关特殊监管区域退出管理试行办法》文件要求，实施退出机制。

2. 深入推进监管业务改革创新

加强政策研究，积极借鉴经验，开放创新综合改革，全力打造开放创新的高地。区内进一步简政放权，推进工商登记制度改革，实行先照后证、"一照三证"并联审批，实施"一口受理"审批模式，开展形式要件审核，使企业需要递交的申报材料大幅减少。进一步简化各类审批手续和通关流程，为企业营造高效、快速、顺畅的通关环境。

（二）按照货物便利化要求，加快推进监管模式创新

1. 加快构建"电子底账＋企业自核＋海关核查"的监管体系

探索"电子底账＋企业自核＋海关核查"的监管模式，完善海关、国税、外管、政府等多部门管理信息、监管资源互通共享的多方协调配合机制，打通监管信息孤岛，促使口岸的中转货物、保税货物以及非保税货物的运输、仓储和加工在同一平台有效对接。

2. 加快推进货物状态分类监管模式

主要探索实施以"分账管理、标识区分、联网监管、实货管控、信息共享"为主要特征的货物状态分类监管模式，借鉴上海海关"物流配送"模式，允许区外的国内出口货物直接入区参与集拼，实现单一货源向多种集拼货源转变，降低企业通关、仓储和流通加工成本。

3. 全面复制自贸区可复制监管经验

结合河南省实际情况，积极借鉴上海自贸区可复制、可推广的政策创新，在监管模式、业务类型和贸易业态等方面改革创新、先行先试。大力

推进"入境维修产品监管新模式""一次备案，多次使用""大宗商品现货保税交易""保税展示交易货物分线监管、预检验和登记核销管理模式""海关特殊监管区域间保税货物流转监管模式"等，提升货物贸易便利化。

4. 自主创新监管模式

创新跨境电商监管模式，针对跨境电商"多批次、小批量、碎片化、全天候"的通关特点，推出商品"即时备案、自动审核、实时验放"，以及实行邮税"电子支付、自动清算、担保验放、汇总征税"等举措。改革企业管理制度，推进企业自主管理，高资信企业进口货物自己申报、自己打单、自己交税，海关事中、事后管理、稽查的新模式。

（三）向价值链两端延伸，提升多元化贸易附加值

1. 瞄准高端制造攀升产业链

加快发展电子信息、移动通信、汽车及零部件等辐射能力和技术溢出能力强的先进制造业加工贸易，鼓励加工贸易企业进入关键零部件和系统集成制造领域，由单纯加工向设计、研发、品牌、服务等内容扩展，促进加工贸易向全球价值链高端跃升。优化园区产业结构，鼓励区内企业加快技术创新和产业转型升级，建设保税展示交易平台，运用跨境电子商务开拓国际市场，有序开展期货保税交割、仓单质押融资、大型设备融资租赁等业务，积极开拓高技术含量、高附加值项目的国际采购、境内外维修、再制造等服务。

2. 拓展区域功能增添园区活力

在国家海关等政策允许下，加强保税业务改革，积极发展保税展示交易、维修检测、期货交割、融资租赁、文化保税交易等新型贸易业态。扩大服务贸易规模，建立与服务贸易相适应的口岸管理和通关协作模式，推进服务贸易便利化、自由化，支持广播影视、文艺演出、体育健身等文化产业输出，推动动漫游戏、电子出版物、创意产品等新兴文化产品进入国际市场，扩大软件、技术进出口，积极开展中医药领域服务贸易。鼓励发展生产性服务贸易，提高货物贸易中的服务附加值，促进制造业与服务业、货物贸易与服务贸易协调发展，培育外贸竞争新优势。优化口岸免税店空间布局，促进免税业务健康发展。

3. 打通内销瓶颈实现内源化发展

充分发挥区内企业增值税一般纳税人资格、内销货物选择性征收关税、货物按状态分类监管等优惠政策，推动区内和区外的生产加工、物流和服务业等深度融合，国内国际市场紧密对接，实现全产业链、高附加值、集群式、多元化发展，带动区域产业升级，培育外贸竞争新优势的发展环境。

（四）用足用好税收优惠政策打造投资高地

在河南省海关特殊监管区域推广开展选择性征收关税以及支持区内企业开展委内加工等试点，破解当前制约海关特殊监管区域发展的瓶颈性因素。在贸易功能区内，赋予贸易区内企业一般纳税人资格，内销可开具增值税发票，将出口货物"入区退税"调整为"离境退税"解决海关特殊监管区域产业结构相对单　以及连接国内、国际两个市场的能力明显不足等实际问题。

1. 用好"选择性征税"的政策

借鉴上海自贸区、横琴新区和平潭实验区的做法，允许区内企业自主选择加工产品内销按原材料缴税或按成品缴税，吸引更多世界一流的加工制造企业，特别是电子产业以外的高附加值产业入区发展，破解区内企业类型及产业结构单一的问题，强化海关特殊监管区域作为国内高端制造业基地的集聚效应和龙头带动作用。

2. 用好企业一般纳税人资格

充分利用赋予区内企业一般纳税人资格优惠政策，吸引更多企业将销售、结算、研发、检测等高附加值业务移至区内，推动区内产业结构由目前的劳动密集型、资源消耗型转向科技创新驱动型，提高产业层次。借助实行15%企业所得税便利，降低区内企业税负，强化税收政策优势，形成洼地效应，吸引苹果公司等国际知名品牌公司将其部分在海外贸易的结算业务落户至区内，进一步提升代工原产地的经济效益。区内企业拥有一般纳税人资格，可以建立起区内外企业之间的增值税抵扣链条，使监管区企业进项税额得到充分抵扣，使得税负有效降低，提升园区的竞争力。

3. 用好企业出口退税政策

充分完善退税政策，使区内企业实行与内地相同的增值税和消费税制度，税收政策相同，征管制度相同，管理手段相同，即能增强企业生产经营的合理预期，改善园区招商投资生态环境。对外销部分的进口设备实行免税政策，增添了区内企业参与国际竞争。对内销部分的进口设备征收进口税，既体现了公平税负原则又促进区内、区外企业公平参与国内市场竞争。

（五）注重多平台联动形成叠加耦合效应

1. 强化与电子口岸、跨境电子商务平台联动

主动对接河南电子口岸大通关信息平台，强化共享信息资源管理，优化整合监管通关、物流监控、统计分析、技术保障等，构筑政府部门间的执法互助体系，真正实现各口岸部门相互配合、紧密协作、高效运行的良好态势。

2. 充分利用跨境电子商务平台便利线上交易网络，保证企业、订单、支付、物流等信息的"一口接入"，降低企业的运营成本

结合跨境电子商务平台多元化进出口渠道，支持企业运用跨境电子商务开拓国际市场，支持海关特殊监管区域企业开展期货保税交割和仓单质押融资等业务，允许在海关特殊监管区域内设立保税展示交易平台，不断创新"保税＋展示交易""保税＋跨境电商""保税＋转口贸易""保税＋专业市场""保税＋融资租赁"等多种服务贸易发展业态，做大做强贸易功能区贸易服务。

3. 强化与区内区外其他功能区的联动发展

积极适应口岸经济发展新形势，在鼓励区内企业开展高技术含量、高附加值项目的境内外维修、再制造业务，加速产业转型升级的同时，借助区内外、国内外交互的 X 型贸易联系，加快布局周边与其主导产业相配套的零部件制造园区、冷链物流园区、综合物流园区、商务会展中心、商品交易市场、出口基地等专业园区，提升特殊监管区域综合竞争优势，加快构筑高端入区、周边配套、集聚发展、辐射带动的发展科学格局。

4. 强化与各类开放载体的联动发展

加强与自贸区高一级开放平台的联系，积极复制自贸区可推广、可复制成功经验，不断提高海关特殊监管区域的管理、运行水平。加强与"丝

绸之路经济带"沿线城市、长江经济带、京津冀地区、泛珠三角地区以及东北地区口岸的合作,促进海关报关、征税、查验、放行通关全流程的一体化作业和检验检疫通报、通检、通放的紧密协作,提升区域的整体竞争能力。加强与"一带一路"沿线国家口岸合作,通过建立健全郑欧班列便捷通关协作机制,推进跨境"信息互换、监管互认、执法互助"海关合作,以及检验检疫、认证认可、标准计量、统计信息等方面的多双边合作,提高郑欧班列的通行效率和产品竞争力。

执笔:弋伟伟、乔金燕、陈玲

河南省海关特殊监管区域申建评价
指标体系研究

为抢抓新一轮开放机遇，加快申建海关特殊监管区域步伐。洛阳、商丘、信阳、南阳、漯河、安阳、三门峡积极谋划建设国家重要口岸或地区口岸，鹤壁、郑州经开区、洛阳西工区、商丘保税物流中心、郑州国际陆港，积极申建综合保税区。面对新形势，需要研究制订海关特殊监管区域申建指标评价体系，为科学评价和有序推进申建工作提供基本支撑。本文从区域经济进出口、开放型产业发展水平、地区区位优势、检验机构及项目建设情况等方面，通过定性指标和定量指标相结合的方式，探索研究简单易行、相对可靠、适应较广的考评办法。

一 指标体系架构

（一）总体考虑

海关特殊监管区域申建评价问题，属于区域经济发展专项水平考评。当前，我国区域经济考评主要有三类办法：一是以定性分析为主，参考部分定量指标；二是定性和定量并重，占比相同；三是以定量分析为主，参考部分定性指标。海关特殊监管区域的申建，既涉及海关总署等国家有关部委的相关文件和规定要求、国家新一轮对外开放布局发展等难以量化的定性问题，又涉外向经济发展等定量指标。为方便各地市指标考评，同时兼顾国家相关政策要求，综合考虑，本文选用第三种方式，即选用定量分析为主，参考定性为辅的考评办法。

（二）考评原则

海关特殊监管区申建评价指标选择，要在遵守海关总署等国家部委的相关文件和规定要求的基础上，坚持科学性和系统性相统一、原则性和灵活性相统一、可比性和可操作相统一的原则，确保考评活动科学有序进行。

1. 科学性和系统性相统一

评价考核指标设置既要充分体现各地在落实科学发展观以及全面落实党中央、国务院和省委、省政府加快构建开放型经济新体制的突出成果，同时还要与地方经济指标形成一个有机整体，既体现口岸经济在各地经济发展中的窗口作用和门户效应，又要反映当地经济发展的综合情况。

2. 原则性和灵活性相统一

评价指标的选择既要体现当地外向经济的发展现状和发展水平，又要体现国家地区发展布局、当地海关机构设置情况等，还要考虑反映各地特殊支持政策、开放型大项目建设、土地获取等随机因素。

3. 可比性和可操作相统一

评价考核指标要有反映各地差距的横向比较指标，也要有反映各地自身发展的纵向指标。为了数据来源的可靠性、可比性，优先在全省统计年鉴选取数据，确保评价考核数据的来源公开、公正和公平。

（三）指标选择

基于上述基本原则，海关特殊监管区域申建评价考核指标主要从区域经济进出口、开放型产业发展水平、地区区位优势、海关机构及项目建设情况四个方面着手。选择地区进出口情况、外商和港澳台商在豫直接投资情况，外商和港澳台商投资企业（单位）注册登记情况、利用省外资金情况、区域公路密度等5类定量指标，确定海关机构、检验检疫机构、重大开放型项目建设、特殊政策等4类定性指标。

二 评价考评细则

（一）模型选择

按照定量为主、定性为辅的原则，每个指标采取标准指数乘权重形式，累计形成每个地区的综合指数。即：

综合指数 = 总量综合指数 + 发展综合指数 + 定性综合指数

$$= \sum_{j=1}^{N} （指标 j 总量指数） + \sum_{j=1}^{N} （指标 j 发展指数） + \sum_{j=1}^{N} （指标 j 定性指数）$$

总量综合指标等于指标绝对量的标准化指数与该指标权重的乘积之和。具体计算公式如下：

$$总量综合指数 = \sum_{j=1}^{N} （指标 j 总量指数）$$

$$= \sum_{j=1}^{N} （指标 j 绝对量的标准化指数 × 指标 j 的权重）$$

发展综合指标等于各单项指标的增长速度或增减量标准化指数与该指标权重的乘积之和。具体计算公式如下：

$$发展综合指数 = \sum_{j=1}^{N} （指标 j 发展指数）$$

$$= \sum_{j=1}^{N} （指标 j 增减的标准化指数 × 指标 j 的权重）$$

对海关机构、检验检疫机构、重大开放型项目建设、特殊政策等定性指标，用 1~0 函数进行赋值量化。为了避免单一定性指标影响过大和取值统一，设定基础为 0.5，其综合指标指数可表示为：

$$定性综合指数 = \sum_{j=1}^{N} （指标 j 定性指数）$$

$$= \sum_{j=1}^{N} F（j） × 指标 j 的权重$$

（二）指标体系

按照"三统一"原则以及海关特殊监管区申建指标体系按照定量与定性分开的原则，设置 4 个一级指标：分别为地区经济进出口、开放型产业发展水平、地区区位优势、海关机构及项目建设情况等。

1. 经济进出口指标分系统

按照总量指标和发展指标分开的原则，设置 2 类共 4 个三级指标。总量指标选用各地外贸进口总额和出口总额 2 个指标，发展指标选用进出口增速、出口增速 2 个指标。

2. 开放型产业指标分系统

设置总量指标和发展指标 2 类共 10 个三级指标。总量指标选用各地实际利用外资、新签协议金额、实际利用省外资金、年末外商企业实有数、年末外商实用金额、新增外商企业数和本年度金额 7 个指标。发展指标选用各地实际利用外资增速、新签协议金额增速和实际利用省外资金增速 3 个指标。

3. 地区区位优势指标分系统

主要选择 1 个二级指标——当年公路密度，通过总里程公路密度、等级公路密度和高速公路密度 3 个三级指标来测算（见表1）。

表1　海关特殊监管区域申建指标体系

指标体系	一级指标	二级指标	三级指标	指标类型	数据来源
海关特殊监管区域申建指标体系	进出口指标	进出口	进出口总额	定量指标	河南省统计年鉴或公告
			进出口总额增速		
		出口	出口总额		
			出口总额增速		
	开放型经济指标	新签协议（合同）金额	新签协议（合同）金额		
			新签协议（合同）金额增速		
		实际利用外资	实际利用外资总额		
			实际利用外资增速		
	开放型经济指标	实际利用省外资金	实际利用省外资金总额		
			实际利用省外资金增速		
		实有企业	实有企业总数		
			实有企业金额		
		本年企业	本年企业总数		
			本年企业金额		
	地区区位优势指标	公路密度	总里程公路密度		
			等级公路密度		
			高速公路密度		
	检验机构及项目建设指标	海关机构			
		检验机构			
		重大开放型项目建设			
		国家特殊政策			

4. 检验机构及项目建设指标分系统

该系统属于定性指标,主要考察海关部门、检验检疫部门设置,是否重大外向招商项目、是否有国家特殊政策支持4类主要情况,并以"有"和"无"设置2个级差。

(三)权重体系

1. 考评对象及划分

综合考虑地市发展基础、经济特点和区域特征,遵循河南省地市考评惯例,依据各地经济发展水平及功能定位,通过人均生产总值对全省18个地市进行分类。

根据2015年人均生产总值排序情况,省辖市分为三类。

第一,人均生产总值在4万元以上(含4万元)的7个省辖市:郑州、济源、三门峡、焦作、洛阳、许昌、鹤壁。

第二,人均生产总值在3万~4万元的6个省辖市:漯河、濮阳、安阳、开封、新乡、平顶山。

第三,人均生产总值在3万元以下(含3万元)的5个省辖市:信阳、南阳、驻马店、商丘、周口。

2. 考核评价指标权重设定

根据分类办法,借鉴河南省产业集聚区和服务业"两区"考评细则,海关特殊监管区申建评价指标体系权重设置如表2所示。

表2 省辖市海关特殊监管区申建评价指标体系权重设置
(按照人均生产总值分类)

	指标	权重			指标属性	数据来源
		4万元以上	3万~4万元	3万元以下		
	(一)外贸进出口	共25分	共25分	共25分		
1	外贸进出口额,出口总额	15(7、8)	13(6、7)	10(5、5)	总量类	统计部门
2	进出口、出口名义增速	10(5、5)	12(6、6)	15(6、9)	发展类	统计部门
	(二)开放型产业	共35分	共35分	共35分		
3	合同、实际利用外资总量	10(5、5)	8(4、4)	6(3、3)	总量类	统计部门

续表

指标		权重			指标属性	数据来源
		4万元以上	3万~4万元	3万元以下		
4	合同、实际利用外资增速	5（2、3）	8（4、4）	8（4、4）	发展类	统计部门
5	利用省外资金总量和增速	10（5、5）	10（5、5）	10（5、5）	总量、发展类	统计部门
6	外商企业实有数和实有金额	5（2、3）	6（3、3）	6（3、3）	总量类	统计部门
7	新增数和本年度金额	5（2、3）	3（1、2）	5（2、3）	总量类	统计部门
	（三）地区区位优势	共20分	共20分	共20分		
8	公路密度（百平方公里，总里程、等级、高速）	10、5、5	8、6、6	6、7、7	总量类	统计部门
	（四）检验机构及项目建设	共20分	共20分	共20分		
9	海关部门、检验检疫部门	10（5、5）	12（6、6）	14（7、7）	定性类	口岸部门
10	重大开放型项目招商情况	5	4	3	定性类	统计部门
11	国家特殊政策支持	5	4	3	定性类	国家政策
	合　计	共100分	共100分	共100分		

三　评价实例验证

（一）数据收集

查阅2011~2015河南省统计年鉴和2015年各地国民经济和社会发展统计公报，为保证各数据真实、科学、合理反映当地开放型经济现状和发展速度，对外商新签协议投资总量、省外直接投资总量、外商注册数量和金额4个指标取2010~2014年数据的平均值，进出口总量、出口总量、外商直接投资金额为2010~2015年平均数（其中安阳缺少2014和2015年数据），交通情况主要采用2014年底公路总里程、等级公路里程数、高速公路里程数。海关机构、检验机构、重大开放型项目建设、国家特殊政策支持（纳入国家规划等）等情况的最后日期为 2016 年 6 月 30 日。

（二）指标量化

为统一量纲方便计算，根据人均生产总值把全省 18 个省辖市划为 3 组，而后对各小组总量指标、发展指标和定性指标分别进行综合评价。

1. 定量指标的无量纲化处理

对参加评价的每组各市的 17 个定量指标采用极值法无量纲处理，取值区间为【0，1】。

$$i \text{ 地区指标 } A \text{ 的标准化指数} = \frac{A_i - minA}{maxA - minA}$$

在数据处理中，由于郑州市进出口总量、出口总量、实有企业数、实有企业金额、本年企业数 5 个数据分别占第一组总额的 79.9%、78.7%、53.4%、52.3%、48.9%，且与排名第二的洛阳市的数值相距较远。为便于区分，将郑州这 5 个数据按异常数据处理。

2. 定性单项指标的处理

对海关机构、检验机构、重大开放型项目建设、国家特殊政策 4 个定性指标采取二级量化处理，同时为便于与定量指标统一量度和消除极差，采用如下处理方法（其中海关、检验办事处按无机构处理）。

$$f(j) = \begin{array}{ll} 1 & \text{有} \\ 0 & \text{无} \end{array}$$

$$F(j) = f(j) \times 0.5 + 0.5$$

（三）指标演算

定量指标分别按照无量化指标乘以各组对应权重累加而成，最后各组省辖市定量考评综合指标见表 3、表 4、表 5。

表 3 第一组定量指标考评综合结果

郑州市	洛阳市	鹤壁市	焦作市	许昌市	三门峡	济源市
67.64	42.49	28.73	39.10	40.39	14.21	21.10

表4　第二组定量指标考评综合结果

开封市	安阳市	濮阳市	平顶山市	新乡市	漯河市
33.38	37.18	41.92	37.40	28.92	40.89

表5　第三组定量指标考评综合结果

南阳市	商丘市	信阳市	周口市	驻马店市
41.29	45.38	23.26	42.58	13.63

定性指标分别按照无量化指标乘以各组对应权重累加而成，由于重大项目的信息的获取不充分，为计算的方便，统一定为"无"，海关机构、检验机构按照对外公布结果，分别取值；国家特殊政策支持，只按照开放载体的河南自贸区设置情况，对郑州市、洛阳市、开封市按"有"进行赋值。结果如表6、表7、表8。

表6　第一组定性指标考评综合结果

郑州市	洛阳市	鹤壁市	焦作市	许昌市	三门峡	济源市
17.5	17.5	12.5	15	15	15	10

表7　第二组定性指标考评综合结果

开封市	安阳市	濮阳市	平顶山市	新乡市	漯河市
12	16	10	10	13	13

表8　第三组定性指标考评综合结果

南阳市	商丘市	信阳市	周口市	驻马店市
17	13.5	17	13.5	10

最终考评结果前五名依次为郑州市、洛阳市、商丘市、南阳市、周口市，许昌市、焦作市、漯河市、平顶山市、安阳市紧随其后，济源市、三门峡市和驻马店为最后三名（参见表9）。

表9 河南省辖市海关特殊监管区申建考评综合指标排名

各地市	定量指数	定性指标	累计综合考评结果	名次	等级
郑州市	67.64	17.50	85.14	1	第一层级
洛阳市	42.49	17.50	59.99	2	第二层级
商丘市	45.38	13.50	58.88	3	
南阳市	41.29	17.00	58.29	4	
周口市	42.58	13.50	56.08	5	
许昌市	40.39	15.00	55.39	6	
焦作市	39.10	15.00	54.10	7	
漯河市	40.89	13.00	53.89	8	
平顶山市	37.18	16.00	53.18	9	
安阳市	41.92	10.00	51.92	10	
新乡市	37.40	10.00	47.40	11	第三层级
开封市	33.38	12.00	45.38	12	
濮阳市	28.92	13.00	41.92	13	
鹤壁市	28.73	12.50	41.23	14	
信阳市	23.26	17.00	40.26	15	
济源市	21.10	10.00	31.10	16	第四层级
三门峡市	14.21	15.00	29.21	17	
驻马店市	13.63	10.00	23.63	18	

四 考评办法评价

（一）主要成效

通过运用评价指标体系推算，可以看出，郑州一枝独秀，比第二名洛阳高出26分，比最后一名驻马店高出将近62分，处于第一层级，充分显示了郑州在河南对外开放体系中的核心地位。建议进一步对现有园区优化和提升，使其在全省开放体系中发挥领军作用。

其后的9个地市均在50~60分之间，前后两者平均相差不到1.5，分布比较集中，属于第二层级，建议将其现有的物流保税区提升为综合保税区，或申建保税物流中心。

再后的5个地市集中在40~50分之间，新乡市、开封市、濮阳市、鹤壁市、信阳市 5 个地市指标相对比较集中，属于第三层级，建议在现有条件下，应以申建物流保税园区或监验场所为主。

由于鹤壁市、济源市经济体量小，三门峡地处河南边缘，驻马店经济实力弱等因素，目前尚处于第四层级，建议根据经济发展需要适时设置监验场所等，带动其开放型经济新体制发展。

总体考察，排名在后面的 6 市，除鹤壁市、济源市、三门峡情况特殊外，濮阳市、信阳市、驻马店市 3 市，基本符合其在全省总体经济实力和开放型经济的实际，此考评办法基本科学可靠，可反映河南省各地市开放型经济发展的情况，可作为考察海关特殊监管区域申请的一个参考。

（二）不足之处

此次评价指标考评体系，主要采用了定量为主、定性为辅的考评方法，在对象分类、数据优化、定性量化等方面都有一定创新，排除了较多的主观因素，取得了比较好的实证结果。但是在定量数据选择上，只注重年鉴统一数据，只选择了进出口加工总量和增速，没有充分考虑当地一般贸易和加工贸易的结构比例；在定性分析上，只看重机构是否存在，没有考虑各地开放型业务动态情况；在区位优势和特殊国家政策支持方面，只关注公路，没有综合考虑其他交通运输情况、国家区域协同发展战略（如大别山片区区域发展与扶贫攻坚规划、晋陕豫黄河金三角区域合作规划）、行政区划特殊情况（如济源和焦作的关系）等次重要因素，在数据处理中，不能全面精准地反映各地开放型经济的情况，可能影响个别地市总体排名，需要进一步改善和提高。

执笔：李守辉、乔金燕、陈玲

第四篇
倡导绿色，建设天蓝地绿水净新家园

改善生态环境，推进绿色发展，探索生产发展、生活富裕、生态良好的文明发展道路，让蓝天常在、碧水长流、美丽与发展同行，是最普惠的民生。本篇主要研究河南省乡村生态旅游资源开发、综合生态经济示范区发展、主体功能区建设等对策措施，加快建设资源节约型、环境友好型社会，建设美丽河南。

河南省乡村旅游发展研究

河南省位于中国中部地区，南北纵贯江、淮、河、海四大流域，跨第二、第三地形阶梯，兼容南北气候，地跨山地、平原。河南是中华民族主要发祥地，农耕历史悠久，文化遗产众多。中国之中的地理区位、处于过渡带的自然环境、中华之源的悠久历史，都为河南乡村生态资源的开发利用提供了良好的条件。

一 河南省乡村生态资源禀赋分析

以京广线为界，河南省东部乡村以平原为主，西部以山地为主。以淮河为界，河南南部农村多水乡田园，北部乡村多旱地景观。地形、气候的差异使河南东、西、南、北具有不同的自然景观、人文生态、物种特产，乡村生态资源地域差异性十分显著。河南乡村人文古迹类和自然风光类资源并重，优美的自然景观常伴有美丽的神话故事，古老的历史遗迹常伴随幽远的文学传说，自然和人文虚实结合，历史和传说相生相伴。总体上看，河南省乡村生态资源禀赋优异，其中有许多绝品资源，具有较为明显的唯一性和垄断性。具体优势表现如下。

气候资源过渡性明显。秦岭 - 淮河线将河南分为暖温带和亚热带。该线以南地区属亚热带湿润和半湿润气候区，以北大部分地区属暖温带。总体上看，河南气候兼有南北之长，气候过渡性明显，地区差异性显著，为发展多种类型的乡村生态旅游准备了条件。

山地资源兼容南北之长。河南山地景观既有北方山地的雄浑阳刚，又有南方山地的清逸娟秀。南太行山、伏牛山、桐柏大别山是河南省的三大山系。太行山峭壁兀立、巍峨雄浑、景观壮美；伏牛山地质古老、地貌多样、植被丰富；桐柏大别山自然生态保护较好，红色文化景点众多，融"红""绿"资源于一体。三大名山发展山地休闲度假旅游的资源禀赋十分优越。

水文资源布广流长。河南地跨江、淮、河、海四大水系，大小河流1500多条。黄河在河南境内形成举世闻名的"悬河"景观，大堤内外形成壮美的湿地景观；淮河干支流在河南境内布广流长；西南部的唐河、白河、丹江等属长江水系。河南境内众多河流经山地、平原，既是绿色生态走廊，又是历史文化走廊，是重要的亲水休闲度假资源。

生物资源种类繁多。河南境内物种荟萃，林木覆盖率、生物种类、珍稀动植物数量在中东部地区均名列前茅。全省林木用地7053.03万亩，森林覆盖率为17.32%，林木覆盖率为23.77%；植物种类多达3979种，其中药用植物1963种，中国特有植物184种；拥有森林公园94处；陆栖脊椎野生动物达520种以上，国家级重点保护的野生动物90多种。丰富的物种资源，为发展乡村休闲度假、体验自然提供了便利条件。

大田农业资源醉美人心。河南平原面积广阔，黄淮海平原、豫西豫北山前平原、南阳盆地面积约10万平方公里，是我国重要的粮食优势产区、油料优势产区、棉花优势产区、特色农产品优势产区。自河南省农业综合开发高标准粮田"百千万"工程实施以来，平原地区几百亩、几千亩、上万亩高产农作物连成一片，一望无际、醉美人心，形成辽阔壮丽的大农业景观，是发展农业观光和生态休闲旅游的良好资源。

二　河南省乡村生态旅游资源产业转化环境分析

建设美丽中国为将河南乡村生态资源优势转化为乡村旅游创造了良好的生态环境。"十八大"提出建设美丽中国，把生态文明建设放在突出位置，为乡村旅游发展创造了良好的生态环境。未来相当长一段时期内，生态建设将成为我国经济社会发展的重要领域。河南生态省建设重点构建桐柏大别山地生态区、伏牛山地生态区、太行山地生态区、平原生态涵养区、沿黄生态涵养带、南水北调中线生态走廊带和沿淮生态走廊带。"四区三带"生态格局涵盖河南省全境，将会为中原乡村留下天蓝、地绿、水净的美好环境，为河南乡村旅游创造广阔的发展空间。

中原经济区建设为乡村资源利用创造全新经济社会发展条件。相当长一段时间内，河南省将走出一条不以牺牲农业和粮食、生态和环境为代价的新型工业化、城镇化、农业现代化协调发展路子。"两不三新""三化"协调将不断提高农业的专业化、规模化、标准化、集约化水平，加快观光农业、休闲农业、创意农业、生态农业发展，创造出多姿多彩的大地景观；将推进绿色村镇社区建设，全方位促进中原乡村的旅游化发展。

国民休闲计划助推乡村生态旅游发展。2013年出台的《国民旅游休闲纲要》，将保障国民旅游休闲时间，改善国民旅游休闲环境，提倡开展城市周边乡村度假，积极发展自行车旅游、自驾车旅游、体育健身旅游、医疗养生旅游、温泉冰雪旅游、传统文化旅游等旅游休闲产品，倡导绿色出行。河南乡村生态资源丰富，健身养生资源众多，《国民旅游休闲纲要》的出台有利于挖掘整合乡村生态资源，培育特色突出的生态旅游产品。

三　河南省乡村生态资源开发利用方式分析

总体上看，将河南省生态优势转化为产业优势，必须走融合发展道路，以生态环境为基底，以乡村景观为依托，以乡土文化为灵魂，依托广袤的农村区域的大地景观、生态环境、乡土建筑和民俗文化资源，在传统农家乐和农业、农村观光游的基础上，为种植业和畜牧养殖业注入创意，营造田园牧歌般的环境；用地域文化元素改善村容村貌，营造怀乡的乡村氛围；参与农事活动，体验劳作和收获的愉悦。

（一）合理划分全省生态旅游板块，整合资源特色开发

河南省生态旅游板块可分为亲水资源、山地资源、大田农业资源三大主导类型。根据三种类型资源特色，采取不同的开发方式。

1. 整合开发沿黄河文化生态带、沿南水北调中线生态文化带和沿淮河生态旅游带

沿黄河文化生态带开发利用。遵循文化与生态并重的开发方向，以黄河两岸地貌生态和黄河滩区、湿地自然生态为基底，以沿黄河地区农耕文化遗产为灵魂，挖掘整合资源，突出不同区段的地域乡土文化特色和生态特点。在灵宝市至黄河小浪底水利枢纽河段，重点培育具有峡谷和黄土高

原风貌及民俗风情的生态、文化观光、休闲和度假产品。小浪底水利枢纽以下至兰考县河段,与洛阳、济源、焦作、郑州、新乡、开封都市乡村旅游圈互动发展,以特色村、镇为主要载体,重点培育寻根拜祖、中国功夫、民间技艺、工艺美术、健康养生和特色美食等乡土文化旅游产品和湿地生态休闲产品,使之成为中原历史文化旅游区的农耕文化核心区。兰考县至台前县河段,重点培育滩区、湿地生态游和冀鲁豫边区红色旅游产品。商丘黄河故道沿线密布湖泊、森林、湿地,重点培育生态休闲游和农林特产游。重点开发的沿河区域:灵宝市、陕县、渑池县、新安县、孟津县、巩义市、孟州市、温县、武陟县、惠济区、荥阳市、原阳县、封丘县、兰考县、濮阳县、台前县、民权县、宁陵县、商丘市梁园区和虞城县。

沿南水北调中线生态文化带开发利用。突出南水北调中线干渠保证水质,沿线重在生态涵养的特性,遵循以生态为主线,注重与不同区段地域文化整合的开发方向,以新型农村社区,历史文化名村、名镇,特色景观村、镇为主要载体,重点开发调水工程设施观光、慢游绿道、美食、乡居、民俗体验等产品。重点开发的沿渠区域为:淅川县、方城县、鲁山县、禹州市、卫辉市。

沿淮河生态旅游带开发利用。突出河南省境内淮河上游区段,此区段大型人工湖密集,南岸地带水网密布,是河南省水资源最丰富区域的独特优势,大力发展以水生态、水文化休闲和生物多样性体验特色的乡村旅游产品。重点开发的沿河区域有:息县、淮滨县、潢川县、固始县。

2. 重点开发板块

重点开发桐柏大别山地生态和红色文化休闲度假板块、伏牛山地生态和健康养生休闲度假板块、太行山地生态和运动养生休闲度假板块、平原农区休闲农业和乡村生态文化休闲度假板块。依托山体、平原、河渠、湖泊、森林、湿地等自然生态空间以及村落、集镇和新型农村社区等乡村人居空间,构建桐柏大别山地、伏牛山地、太行山地和平原农区四大乡村休闲度假板块,彰显地域生态特征和文化特色,挖掘整合各类乡村休闲旅游要素,形成主体功能突出,多功能叠加的乡村旅游特色区域。

桐柏大别山地生态和红色文化休闲度假板块开发利用。遵循"红""绿"融合、相互依托的开发方向,以绿色生态为载体,以红色文化为灵魂,培育具有浓郁豫南山乡风情的乡村休憩产品,在不同区段形成各具特色的山地休闲度假功能区。桐柏山区段，与淮河源头地区的生态文化和桐柏山革命根据地红色文化相结合，注重山水互动。大别山区段，以南信（阳）、叶（集）公路为轴线，挖掘整合山地生态和物产资源，与重点湿地恢复和生物多样性保护工程，自然保护区、森林公园建设，鄂豫皖革命根据地红色文化资源、茶文化以及佛教文化资源相结合，打造大别山北麓山乡休闲度假带。重点开发浉河区董家河、浉河港、谭家河片区，罗山县董寨、灵山、石山口水库片区，光山县泼陂河水库、五岳湖、净居寺片区，新县香山水库和箭厂河、泗店、田铺片区，商城县鲇鱼山水库、金刚台、黄柏山片区，固始县段集锁口至九华山片区。

伏牛山地生态和健康养生休闲度假板块开发利用。充分发挥伏牛山地生态环境和中草药资源优势，与自然保护区、地质公园、森林公园、黄河和长江流域防护林建设以及生物多样性保护相结合，打造以健康养生为主体功能的山地休闲度假区。伏牛山北麓地区，重点开发洛宁至宜阳沿洛河生态休闲带，嵩县木札岭、车村、白河至栾川合峪、潭头生态休闲带；伏牛山南麓重点开发西峡太平镇至内乡宝天曼、南召真武顶至鸭河口水库片区；伏牛山西麓重点开发卢氏玉皇山片区；伏牛山东麓重点开发尧山、下汤片区。

太行山地生态和运动养生休闲度假板块开发利用。挖掘整合太行山地山水景观资源，滑翔、攀岩等现代体育运动资源和中医药文化资源，培育以康体健身为主导业态，集山地观光、生态休闲、康复养生、运动健身、科考探险、山居度假等多种功能于一体的复合型山地休闲度假板块。重点开发林州大峡谷和红旗渠片区，辉县沙窑、上八里至薄壁片区，修武岸上、西村至博爱寨豁片区，济源王屋、邵源片区。

3. 促进大农业与大旅游整合发展，推进平原农区休闲农业和乡村生态文化休闲度假板块开发利用

平原农区板块是河南省农业现代化建设和传统农耕文化传承的主体区，是建成中国重要的现代休闲农业旅游目的地以及独具中原风貌、河南特色、时代特征和国际影响的中国传统农耕文化休闲、体验旅游目的地的核心区。依托全国粮食生产大县，在农业生产规模化、标准化和组织化水平较高，农产品丰富的乡村，与"百千万工程"建设相结合，整合作物资源，调整种植结构，植入创意，优化大地景观，拓展观光、体验、休闲功能，培育现代农业休闲示范农庄。

（二）培育乡村生态旅游示范片区

明确大生态、大景区、大旅游的战略定位，将乡村旅游与生态、景区旅游发展相结合，实现三位一体，互动发展。选择旅游资源特色突出、生态环境良好、交通便利、资源相对集中的片区，整合资源，彰显特色，明确主题，集聚旅游要素，延伸产业链，塑造品牌，构建产品丰富、产业结构优化、功能配套完善、综合效益显著、带动作用凸显的乡村旅游示范片区。到 2020 年，重点发展 9 个乡村旅游示范片区（见表 1）。

表 1　重点培育 9 个乡村旅游片区

名称	主要集聚要素	发展方向
1. 林州市石板岩乡片区	太行山雄伟瑰丽的峡谷风光，厚重的历史文化和民俗文化，石板岩上的石板民居特色，全国重要的美术写生基地，附近为林滤山国际滑翔基地	以峡谷山乡观光、休闲度假为核心，打造山乡观光休闲、写生、养生、度假示范片区
2. 修武县岸上乡片区	云台山风景名胜区、太行山自然生态、山区特色种养殖业和有机物产区，景区有大量客源和规范的旅游服务管理等得天独厚的优势	依托大景区旅游优势，以旅游服务配套产业链为核心，完善提升服务设施和水平，打造以农家宾馆为主体，集住宿、餐饮、娱乐、购物为一体的综合型旅游服务示范片区
3. 陕县张汴乡片区	龙山文化遗址、黄土塬自然风光、优质苹果种植基地、现代畜牧养殖基地	挖掘整合塬上风光和历史文化遗址，结合"果牧富民"工程，培育集观光休闲、文化体验、现代农业教育培训于一体的乡村旅游示范片区
4. 鲁山县上汤镇片区	尧山景区、温泉、佛教文化、鲁山机场、南水北调大渡漕	挖掘整合上汤镇山水景观资源、佛教文化资源、南水北调水利工程景观资源，培育以康体休闲为主导业态，集山地观光、山居度假、佛教文化休闲体验、温泉康复养生、人工设施工程观光等多种功能的复合型山地休闲度假示范片区
5. 鄢陵县陈化店镇片区	花都温泉度假区、优质地下水资源、许氏寻根祭祖区、茶文化资源、花木种植基地	依托花都温泉度假区和万亩花木标准化生产示范区，充分利用优质的地下水资源，深度挖掘茶文化，培育花卉生态体验园，茶文化主题园，将其打造成以温泉健康养生为主、多功能复合的休闲体验示范片区

续表

名称	主要集聚要素	发展方向
6. 西峡县太平镇片区	伏牛山生态资源，老界岭景区和老鹳河漂流风景区，西峡恐龙遗址园、西峡龙潭沟、西峡香菇、山茱萸等特色农产品、南宛西制药股份有限公司药材基地	发挥国家4A级景区生态资源良好和中草药优势，与自然保护区、地质公园、森林公园、特色物产以及生物多样性保护相结合，打造以健康养生为主体功能生态休闲度假示范片区
7. 驻马店市百里画廊乡村旅游片区	长寿山、竹沟湖、天目山等生态资源，千年岭国家农耕文化公园、关氏庄园、桃园山庄等农耕文化	培育集乡村休闲、农耕文化体验于一体的乡村旅游示范片区
8. 信阳市浉河区董家河、浉河港、谭家河片区	以信阳毛尖、信阳红为特色的茶文化要素、南湾湖风景旅游区生态、山水、鸟类资源要素	依托南湾湖丰富的自然资源优势，大力开发沿湖旅游观光休闲度假产品、山水休闲观光产品以及茶叶采摘休闲体验产品，培育以康体养生为主导功能的休闲度假示范片区
9. 固始县九华山片区	九华山旅游区的自然生态和宗教文化资源、茶文化资源、鄂豫皖革命地红色文化	充分发挥九华山旅游区优势，深度挖掘宗教文化、茶文化、鄂豫皖革命地红色文化，打造生态与文化交相呼应、特色突出、功能复合的示范片区

（三）打造重点生态休闲产品

生态休闲度假村。发挥黄河自然生态走廊、历史文化走廊特色和优势，以两岸地貌生态和滩区、湿地生态为基底，黄河文化为灵魂，打造以自然观光、生态休闲、文化体验、商务度假为主要功能的亲水休闲度假村；发挥淮河上游大型人工湖密集、水网密布优势，打造以水生态、水文化休闲和生物多样性体验为主导业态的亲水休闲度假村。发挥河南山区地形地貌复杂、自然生态多样优势，挖掘整合三大山地景观资源、生态资源、文化资源、现代体育运动资源，培育集山地观光、生态休闲、康复养生、运动健身、山居度假、商务会议于一体的多功能复合型休闲度假山庄。

休闲农庄。促进大生态、大农业、大文化与乡村旅游有机结合，培育特色突出、要素集聚、业态多样的休闲农庄。调整种植业结构，优化大地景观，培育集大田农业观光、生态休闲、农业科普于一体的现代农业示范园。拓展都市农业休闲功能，培育以商务休闲度假和居民常态休闲为主要业态的现代休闲农业示范园，大力发展设施农业、观光农业，培育集农业科普、农园观光、林果采摘、园艺展示、生态休闲等多项功能于一体的农业公园。培育以茶文化、中医药文化、药膳文化为主题的休闲农庄。依托桐柏－大别山、伏牛山和豫北平原中药材产量较大地区，培育融中草药研究、栽培、旅游综合开发于一体的中药材文化主题休闲农庄。

平原生态绿道。结合全省农田、水利、交通建设和平原绿化工程，选择本地树种，彰显地域生态特征，构建遍布全省的网络状生态绿道。树立亲近自然、感受绿色田园理念，整合大农业田间道路、河渠湖泊堤岸，构建连续、安全、通畅的乡村步行绿道；适应低碳、环保、康体健身新兴旅游方式，改造全省乡、村公路，建设兼具交通、观光、游憩等复合功能的自行车绿道；按照完善旅游服务设施、统一标识系统、优化生态环境的要求，构建串联全省县道、省道和国道的自驾游绿道。

登山步道。依托山乡道路、山间小路和防火护林通道，结合山区地形地貌和植被状况，在南太行山、伏牛山区、桐柏大别山区自然和人文景观富集段，建设具有山地观光、运动健身、科考探险等多项功能的登山步道。

四 加强生态保护，实现河南乡村旅游可持续发展

结合美丽中国建设、中原经济区生态建设和华夏历史文明传承区建设，整体保护和提升乡村自然和人文生态，强化环境保护、资源节约和文化传承力度，实现河南乡村旅游可持续发展。

构建乡村生态安全网络。依托山体、河流、干渠等自然生态空间，积极推进桐柏大别山地生态区、伏牛山地生态区、太行山地生态区、平原生态涵养区，沿黄生态涵养带、南水北调中线生态走廊带和沿淮生态走廊带建设，构筑"四区三带"区域生态网络。加强全省主要河流源头区、重点水源涵养区、水土流失严重区等生态脆弱地区的保护工作，实施水土保持工程。加强黄河湿地恢复与保护，保护山区生物多样性。推进平原绿化防

护林建设，巩固退耕还林等成果。加快矿区生态恢复治理，促进生态型乡镇建设。

加强乡村自然环境保护。改善水环境质量，优先保护饮用水源地和地下水源，严禁企业和居民直接排放生产、生活污水，集中处理居民生活和乡村旅游接待设施排放的废水。加强大气污染防治和乡村地区工业危险废物、电子垃圾及医疗废物无害化处置工作。调整乡村燃料结构，推广使用清洁能源，控制、监督农家乐饭店的厨房油烟排放。加强农业面源污染治理，加大规模化养殖污染治理力度。警示游客保护生态环境。

强化资源节约集约利用。实行最严格的耕地保护和节约集约用地制度，保护和补充耕地资源。实行最严格的水资源管理制度，大力发展节水农业。推动工农业复合型循环经济发展，重点打造农业和再生资源等领域循环产业链，实施园区循环化改造、餐厨废弃物资源化等示范试点工程，推进农作物秸秆综合利用，深入开展循环农业示范试点工作。警醒游客节约资源。

执笔：郑泰森、盛见、尹勇、张莎、张时林

郑州市北部综合生态经济示范区发展路径研究

在河南省建设中原经济区、郑州市建设大都市区和国家中心城市的背景下，统筹郑州北部地区生态、经济和社会发展，构建省会郑州生态屏障，把郑州北部地区打造成为"山水相依""城水互动""林城共生""显山露水"的绿色田园城区。探索出一条"经济发展、生态优良、社会和谐"的低碳发展之路，对探索生态与经济协调发展、生态经济与城市化同步推进，加强城市生态文明建设具有重要意义。本研究在综合分析郑州北部地区生态系统结构、过程及生态服务功能空间分布规律的基础上，着重对生态功能分区、发展生态经济、实施生态文化工程进行重点研究，为全省、全国同类地区提供可以复制的示范样本。

一 郑州北部综合生态经济示范区基础条件分析

郑州北部综合生态经济示范区地理空间范围在黄河以南，连霍高速以北，武西高速以东，京港澳高速以西，面积约 300 平方公里的区域，主要以郑州市惠济区为主体，涵盖荥阳市东北部、金水区北部和郑州黄河风景名胜区。这一地区自然资源优势明显，生态和文化观光产业发展迅速，具备在更高层次上转型升级的基础和条件。

（一）区位交通和自然资源优势明显

区位得天独厚。以惠济区为核心的北部地区，西依邙岭，北滨黄河，"云自山头出，风从水面来"，呈"依山傍水"之势。区域内山、水、城、林交相辉映，是郑州居民休闲、度假、居住的首选之地。

交通畅达便捷。黄河公路大桥、黄河公路铁路两用桥连接黄河南北，京珠高速、连霍高速、京广铁路、107 国道等陆路交通主动脉穿境而过，惠济站、柳林站与辖区主干道相连，中州大道、花园北路、文化北路和北四环、迎宾路、开元路纵横交织，形成了密集的交通网络，被誉为省会的北大门。

地貌多姿多彩。北部地区位于第二级地貌台阶向第三级地貌台阶过渡的边坡，黄河下游的上首，邙山成为黄河下游最后一道山体屏障，黄河从此冲出峡谷，泻入平原，形成了"悬河"奇观和茫茫滩区，邙岭、平原、黄河滩区构成了区域特色地貌，黄河湿地更是众多野生动物的天堂，郑州黄河鲤鱼驰名全国。

河流纵横交错。除黄河干流外，区内另有索须河、贾鲁河、贾鲁支河等河流，东风渠从黄河引水，由北至南从中部穿过，流至贾鲁河，起着沟通黄、淮两大水系的作用。随着郑州市生态水系工程的实施，索须河、贾鲁河、东风渠等得到综合治理，集水安全、水景观、水文化、水生态和水经济为一体，"人、水、城"和谐共处的生态格局即将形成。

植被丰富多样。区域内植被受地形和气候的影响，表现出从丘陵到平原不同环境的复杂性，植物资源十分丰富，乔木、灌木、草本遍布于丘陵、平原、河谷地带。

（二）观光休闲产业发展迅速

北部地区是郑汴洛黄金旅游线路的中心和沿黄文化旅游产业带的核心，拥有国家 4A 级黄河风景名胜区、3A 级花园口景区和桃花峪风景区等知名景区，有 130 多家具有黄河风情的农家乐、渔家乐，有大型野生动物园、富景生态游乐世界、鸿泽农业创意园、清华·忆江南温泉酒店等一批高档娱乐休闲场所。黄河迎宾馆、思念果岭山水、丰乐农庄、四季同达生态园代表了省内会议服务与接待的最高水平，以黄河风情和生态休闲为代表的观光休闲产业发展迅猛。

（三）历史文化底蕴深厚

北部地区是古荥泽故地，有纪公丰碑、隋堤沿柳、古城牧唱、黄河古渡、五寺三庵、岳山叠翠、鸿沟暮云、惠济长桥等"荥泽八景"，道出了古荥泽曾经的美丽与沧桑。这里历史文化遗迹众多，有"华夏第一城"——新石器时代的夯土建筑城垣西山遗址，新石器时代至周的石河遗址，商周时代的郑庄遗址、岔河遗址，战国时期的荥阳故城遗址，世界上规模最大、时间最早的汉代冶铁遗址，夏商时期的小双桥遗址等；有纪信庙、周柯庙、古荥城隍庙、孔氏家庙等古庙宇；有唐代安州都督郑府君碑、宋代尊胜陀罗尼经幢碑等珍贵碑刻；有汉代桐树铁器窖藏点、明代古荥阳瓷器窖藏点等丰富的窖藏文物。非物质文化遗产澄泥砚、烙画、蛋雕、剪纸远近闻名。

（四）产业发展潜力巨大

近年来，惠济区以建设生态经济强区为重点，大力发展现代农业、生态型工业和现代服务业，产业结构不断优化，产业发展呈现良好势头。以优质、高效、安全为重点的现代农业方兴未艾，以三全、思念为代表的工业经济迅速壮大，动漫、信息创意、服务外包等高新技术产业蓬勃兴起，现代物流和商品批发业交易旺盛，以大学城北区为支撑的大型文化体育场所初具规模。集现代农业、生态工业和现代服务业为一体的生态型城区正在崛起。

但是，随着大郑州都市圈的快速发展，对黄河滩区的保护与开发利用的矛盾显现，示范区经济发展与生态建设矛盾凸显，城市化与生态建设矛盾显现，北部地区还面临着水环境容量的限制。同时，由于北部地区农村面积范围较大，基础设施较差，生态城市建设的任务繁重。这些问题都需要统筹考虑，综合施策。

二 今后五年发展目标

根据郑州北部综合生态经济示范区区位、自然条件和现实发展基础，我们认为今后发展目标如下。

总体目标。通过持续努力，把郑州北部地区建成青山、绿水、田园、绿地多种生态形态构成的复合体，形成一个完整的综合生态系统，成为郑州北部的生态屏障、城市绿肺。通过综合生态经济示范区建设，把郑州北部地区打造成为"山水相依""城水互动""林城共生""显山露水"的绿色田园城区。

战略目标。一是打造"中部崛起"绿色发展先导区。依托郑州北部地区得天独厚的生态优势，不断完善生态系统，强化生态资源市场价值，创新发展生态农业、生态工业、生态旅游、生态地产等生态产业，创建生态经济发展的"郑州模式"，引领中部地区生态经济发展。二是建设"中原经济区"城市生态文明核心区，发展"生态与经济结合、自然与人文牵手"的生态文化，发挥省会城市郑州的巨大凝聚力、辐射力和带动力作用，推动中原经济区城市生态文明建设，使郑州北部地区成为中原经济区建设的战略支点。三是打造"大郑州都市区"生态安全重要保障区。郑州北部地区是郑州都市区的核心区。该示范区以生态可持续、经济可持续、社会可持续为根本目的，加强黄河湿地、郑州水源地、邙岭山体、大堤及南边植被等生态保护，确保该地区生态系统的完整和健康，形成一个面积近300平方公里的综合生态经济区，并成为郑州都市区生态安全的重要保障区。

三 打造"三带一区"的生态功能分区

按照区域不同等级生态系统的整体联系性、空间连续性，根据生态过程的特征和服务功能以及人类活动影响强度和生态安全需求，郑州北部地区整体形成"三带一区"的空间格局。

黄河滩区生态涵养带。位置在黄河主河槽以南、黄河大堤以北，西起邙岭，东至京港澳高速，全长约40公里，总面积达10万多亩（即黄河湿地自然保护区），包括老滩区和新滩区。其中，老滩区（占四分之三面积）耕种历史悠久，土地肥沃，平整连片，水源丰富，环境优美，生态优良，既是发展绿色农业、生态旅游的绝佳之处，又能承担防风固沙、涵养水源、净化空气、美化环境的生态功能；新滩区不宜进行产业开发，主要承担生态涵养、保持生物多样性等功能。

黄河南岸生态林带。范围包括西部邙岭和黄河大堤两部分，其中邙岭总面积15平方公里左右，包括生态公益林区、景观林区、森林区和防护林区；黄河大堤包括大堤北侧防浪林带和大堤南侧防护林带。大堤两侧林带连为一体，形成一条宽约1公里的森林带。这条生态林带主要承担固堤防浪、抵御沙尘、净化空气、美化环境的生态功能。

北四环低碳产业集聚带。沿北四环路两侧，包括惠济经济开发区、其他重点工业企业所在地，进一步完善城市功能，将工业化和城市化发展与生态保护相结合，发展低碳产业，重点打造以现代服务业和循环工业为主体的低碳经济发展示范带。

郑北复合型生态田园城区。黄河南岸生态林带以南，连霍高速以北，郑武高速以东，京港澳高速以西，除北四环低碳产业集带以外的区域，是由多种物质形态和产业业态所构成的复合型生态田园城区。按照生态构成，又可分为水系、路网、田园、绿地、街区、社区几种生态亚功能区。

生态型总部文化亚功能区，即金水杨金产业园区。位置在中州大道以东，107国道辅道以西，黄河以南，连霍高速以北的区域，按照产城融合的理念，发挥生态资源优势，建设高档商务和高档住宅，发展总部经济，打造中原经济区新型城镇化的样板区，使之成为生态城市建设最佳实践区。

蓝色水系亚功能区。包括索须河、贾鲁河、枯河、东风渠等河道及两侧各50米的范围，花园口沉沙池、森林湖沉沙池、水产养殖场等固定水面及周围区域。主要承担工业用水、生活用水、地下水保持和美化环境等生态功能。其中分为四个有机组成部分。

第一，绿色道路亚功能区，包括区域内所有铁路、公路两边（或路中间）的绿化带。根据道路类别和等级，规定不同宽度的绿化带。主要承担吸收空气灰尘和汽车尾气、降低交通工具噪声污染、提供荫凉、美化环境等功能。

第二，绿色田园亚功能区，包括所有需要保留的农业用地。按照"田园城市""一村一品"发展模式，发展特色经济，主要承担都市农业、旅游产业发展功能。

第三，绿地公园亚功能区，包括城市绿地、街区公园、生态园。这些绿色空间主要承担公共生态产品供给功能，是市民公共休闲娱乐场所。

第四，办公居住亚功能区，包括区、乡镇、行政村办公所在地，学校、医院、体育和会议场馆等公共事业单位所在地，小区、社区、村庄等居民生活所在地。这些是人们工作、生活的主要场所。

四　加强环境保护，建设宜居宜业生态保护区

加强环境保护，建设宜居宜业生态保护区，是建设郑州北部综合生态

经济示范区的关键一环，是实现示范区永续发展的基础和保障，是郑州市建设大都市区践行绿色发展的重大举措和重要抓手。

（一）湿地保护

郑州北部黄河湿地是河南省生物多样性分布的重要地带，生态系统类型多样，湿地内物种繁多，是候鸟迁徙的重要停歇地、繁殖地和觅食地区，是河流湿地中最具代表性的地区之一，具有重要的生态学价值。为保护黄河湿地，河南省政府批准建立了河南郑州黄河湿地省级自然保护区，采取了多项措施加强湿地保护。但是由于湿地生态系统比较脆弱，人为活动日益频繁，对黄河湿地造成了一定程度的破坏。湿地生态系统的破坏在许多情况下往往不可逆转，为了进一步保护黄河湿地，保证现有湿地面积不减少，质量不降低，需要修复原有湿地水系，进一步扩大面积，使湿地资源能够永续利用，更好地发挥湿地的生态效益、经济效益和社会效益。

黄河湿地生态恢复工程。针对示范区滩地缺水、湿地面积减少、生物多样性下降、湿地功能总体退化等严重问题，实施生态环境修复和湿地恢复措施，使湿地水域面积增加，提高生态系统完整性，为水鸟和其他湿地动物提供优良生态环境。同时严格保护水资源，减少人类活动对湿地环境的干扰。主要需要在湿地保护、湿地恢复、生态环境恢复三个方面加大政策力度。

黄河湿地保护带生态景观优化工程。建设黄河国家湿地公园，以维护黄河湿地健康、保护与恢复黄河滩涂湿地为重点，保护湿地生物群落，对湿地保护带进行修复和保护，在景观上达到较自然的状态。建设湿地生态景观恢复示范点，使之成为湿地生态恢复示范点。以点带面，把湿地恢复工作全面铺开，力争在五年内使滩区重现"草水共长天一色"的壮美景色。

湿地保护的监督与管理。加强政府部门对湿地保护的监管力度，对违法占用、开垦、填埋以及污染自然地的情况进行检查、审核，并逐步还湿，依法制止、打击各种破坏湿地资源的违法行为，对造成湿地生态严重破坏的责任单位和个人依法追究责任。提高对湿地资源的管理，实现对滩区的无缝保护。

专栏 1: 国外专家论湿地保护

格瑞汉（美国）：美国肯塔基大部分的湿地应归私人所有，如果仅仅用法律的方式把一些地区划定为保护区，不是保护湿地的唯一策略，因此，美国相关的州要想保持湿地可持续发展，还需要辅助以教育和服务的方式；要鼓励湿地开发，吸收自然湿地系统固有的功能和价值，减缓保护区以外湿地的退化；即使没有自然公园和国家公园，也能拥有保存完好的湿地，只要向公众强调湿地的重要性，对不同类型的土地，使用综合系统是非常重要的。

库明斯（加拿大环境服务办公室）：对在湿地周围进行土地管理的人们而言，要强调湿地创造经济价值的作用，无论湿地属何人拥有，都需要保护。湿地对废水处理的成本很低，经过处理还能把废水转化为可食用的蛋白质、生产市场上需要的作物、生产建筑材料；湿地还能提供草药、就业机会甚至从其他地方吸引投资等。

夏尔马（印度科学与环境中心）：如果把整个湿地地区保护起来，停止一切人为活动，那将是十分残忍的，因为这样就剥夺了穷人的生计。

（二）水源地保护

随着经济社会快速发展，郑州市水源地受到一定程度的威胁。实施饮用水水源地保护工程，以保护好省会郑州的"生命之源"为主要目的，加快实施"郑州饮用水水源地保护工程"，加大政府投入，加强对水源地的管理、监测，全力保障郑州饮水安全。加强水源地的监测。监测水源地水质，及时发现突发性原水质污染事件，采取有效措施控制污染源，并及时强化供水厂水处理工艺，保证供水水质。同时，加强水源地的网络监测与污染事故预警系统的建设。

（三）生物多样性保护

郑州北部地区的黄河国家湿地公园和湿地自然保护区是生物多样性最丰富的地区，沿黄大堤林带、邙岭水土保持生态园森林资源良好，是多种生物活动的重要场地。但是，老滩由于长年无水已被开发利用，大堤以内的湿地自然保护区和湿地公园并未充分发挥保护生物多样性的作用。邙岭和大堤防护林森林结构单一，生态系统稳定度不高。农田受使用农药、化肥等生产方式的影响，其生物多样性保护作用受到限制。主要对策包括建立核心保护区，保护自然资源的真实性和完整性不被破坏。建立缓冲区，禁止游人活动，保护核心区的生态过程和自然演替，减少外观景观人为干扰所带来的冲击。依靠邙岭生态林和黄河大堤防浪林和防护林，打造"邙岭－沿黄森林生态廊道"，沿贾鲁河、索须河沿河生态廊道和从黄河湿地保护区到东区龙子湖的运河生态廊道，在郑州北部地区形成"三横一纵"生态廊道体系。按照相关法规划定禁捕禁伐时段和区域，严禁猎杀、捕食野生动物。保护野生生物栖息环境，加快推进邙岭郊野公园和黄河国家湿地公园项目建设，加强黄河湿地自然保护区内生物栖息环境的修复和管理。

专栏 2：《中国生物多样性保护战略与 行动计划（2011～2030 年）》

中国国务院于 9 月中旬审议并原则通过《中国生物多样性保护战略与行动计划（2011～2030 年)》，明确了今后 20 年中国生物多样性保护工作的指导思想、基本原则、目标任务和保障措施等。

近期目标：到 2015 年，力争使重点区域生物多样性下降的趋势得到有效遏制。完成 8～10 个生物多样性保护优先区域的本底调查与评估，并实施有效监控。加强就地保护，陆地自然保护区总面积占陆地国土面积的比例维持在 15% 左右，使 90% 国家重点保护物种和典型生态系统类型得到保护。合理开展迁地保护，使 80% 以上的就地保护能力不足和野外现存种群量极小的受威胁物种得到有效保护。初步建立生物多样性监测、评估与预警体系、生物物种资源出入境管理制度以及生物遗传资源获取与惠益共享制度。

中期目标：到 2020 年，努力使生物多样性的丧失与流失得到基本控制。生物多样性保护优先区域的本底调查与评估全面完成，并实施有效监控。基本建成布局合理、功能完善的自然保护区体系，国家级自然保护区功能稳定，主要保护对象得到有效保护。生物多样性监测、评估与预警体系、生物物种资源出入境管理制度以及生物遗传资源获取与惠益共享制度得到完善。

远景目标：到 2030 年，生物多样性得到切实保护，各类保护区域数量和面积达到合理水平，生态系统、物种和遗传多样性得到有效保护，形成完善的生物多样性保护政策法律体系和生物资源可持续利用机制，保护生物多样性成为公众的自觉行动。

五 强化环境治理，打造水净、天蓝、水绿美丽家园

(一) 构建生态水系

郑州北部地区主要有黄河、贾鲁河、索须河、东风渠、枯河等河流。大多数河流都是季节性河流，维持河流基本生态功能的生态用水量严重不足，非汛期干涸或排泄城市污水，使河流水质污染严重。大多数河流断面水质超过Ⅴ类水标准，无法达到水功能区划和河流生态所需要的水质标准，水体生态功能退化，水环境治理任务艰巨。必须加快河道治理和污水处理，将郑州北部地区范围内的主要河道、支流、干渠、水库、湖面等相连，构建"以黄河为龙头，贾鲁河、索须河、东风渠、枯河为骨干，贾鲁支河、金洼干沟、石苏干沟、张牛支沟、索须南一支、魏河等为辅助，水库、池塘、湖面等为点缀"的生态水系格局。

(二) 治理固体废弃物

近年来，惠济区城镇生活垃圾无害化处理率、工业固体废物处置利用率、秸秆综合利用率、规模化畜禽养殖场粪便综合利用率等主要指标均已达标。但是，工业固体废弃物回收再用比例偏低，导致排放的大量固体废弃物无法重新回到产业链中，从而产生土地占用、资源浪费、环境污染和企业成本升高等一系列问题，固体废弃物回收利用种类、数量有限，问题主要集中于粉煤灰、炉渣，对于其他废弃物，尤其是废液、废溶剂回收利用有限。

惠济区现有的工业固体废弃物处理多为企业自发行为，整个区域没有形成统一管理、分类和收集体系。而且，随着城市化的快速推进，人口数量急剧膨胀，城市居民生活垃圾、建筑垃圾、工业固体废弃物、农村固体废弃物处理压力迅速加大，对环境影响不断增大，必须采取积极有效措施，在巩固前期治理成果的基础上，进一步提高固体废弃物处理和利用率。可考虑借鉴杭州垃圾直运模式，打造"零垃圾"城区，即以"直运为主，中转为辅；焚烧为主，填埋为辅；分散为主，集中为辅"的原则，支持发展工业固体废弃物处理产业，促使对工业固定废弃物进行分类处理工

作，对可循环利用的废弃物进行资源化处理，同时对无循环利用价值的废弃物进行无害化处理。

专栏3：杭州垃圾直运模式

杭州市于2010年5月开始着力推行垃圾清洁直运模式。通过"桶车直运""车车直运"等办法，做到"垃圾不落地、垃圾不外露"；老小区则通过对现有垃圾中转站的全部改造提升，做到"垃圾不落地、垃圾不外露"；实行垃圾收运一体化管理，形成城市垃圾集疏运一体化新格局。该模式的工作目标是使6个主城区所有新小区不再新建垃圾中转站。

(三) 大气污染治理

目前，郑州北部地区大气污染程度相对较轻，工业大气污染少，主要是煤烟型环境污染、机动车尾气污染、建筑扬尘和饮食业油烟污染。治理措施主要是实施大气污染综合治理工程，加快城镇集中供热规模，发展洁净煤技术和清洁燃烧技术，实施新车源头污染控制，强化扬尘污染控制，全面推进饮食业户安装油烟污染治理净化装置，完成清洁能源改造等。

六 发展绿色产业，推进合理开发、永续利用

郑州北部地区是郑州都市区天然绿色屏障、是南水北调中线工程重要的水源涵养地，生态优势明显，生态地位重要，生态文明建设责任重大。着力推进绿色发展，将绿色生态、资源优势与经济发展紧密结合起来，实现科学发展、绿色崛起，是示范区持之不懈的战略任务。

(一) 发展生态农业

生态农业是按照生态学原理和生态经济规律，利用传统农业精华和现代科技成果，促进农业与二、三产业相融合，生态与经济良性循环的现代农业发展模式。依托城市发展都市型生态农业，发挥其生态经济功能、平衡功能和社会文化功能，是城市生态系统的重要组成部分。

发展生态种植业。大力发展以蔬菜为重点的生态种植业。将清洁生产

的理念引入蔬菜种植，一方面通过建设标准化菜田，进一步扩大无公害、绿色和有机蔬菜的生产比重，加强无公害、绿色和有机产品的认证，加快蔬菜产业升级，增强生态农业的经济功能；另一方面通过生态种植，改善生态环境，增强农业的生态功能。以郑州农业高新区为主要载体，以黄河滩区为重点，依托农业产业化龙头企业，创建标准化菜田，大力发展无公害、绿色、有机蔬菜，加快蔬菜产业升级。建成郑州市最大的绿色食品蔬菜标准化生产基地。

提升生态养殖业。按照"生态、健康、集约、循环"的原则，运用生态学原理和食物链原则，统筹协调养殖业与环境的关系，构建与环境相和谐的新型养殖模式。以沿黄生态养殖为重点，推广和普及高效、生态的健康养殖方式，实现规模化养殖、标准化生产，构建健康水产养殖业。建设现代渔业科技示范园区和千亩以上集中连片标准化健康养殖基地，形成区域规模化优势，以"黄河鲤鱼"品牌带动沿黄水产养殖业发展，打造沿黄现代渔业产业带，提高水产养殖的经济效益。以循环经济的理念为引领，发展现代畜牧业，实现畜牧养殖排放物的资源化、减量化、无害化利用，有效削减养殖废弃物对环境造成的污染。加大养殖场废弃物的无害化处理和综合利用度，支持规模养殖场（小区）与种植业、林果业、渔业等产业结合，着力构建秸秆－饲料－有机肥（沼气）－农作物，畜禽－沼气－水产等特色循环经济链（参见图1）。

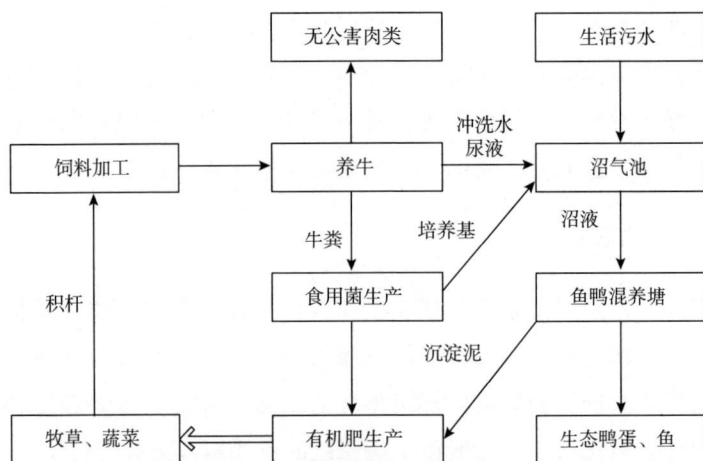

图1 生态养殖业循环经济

推进生态林业。以建设森林生态城为主线，全面提高生态质量，建设生态环境优美、景观特色明显、生态关系协调的北部城区森林生态系统，构筑大郑州都市发展的绿色屏障。加强黄河湿地保护，加快建设黄河湿地公园，以黄河防护林和防浪林带建设为重点，形成防风固沙防护林带，依托郑州农业高新技术产业示范区，在黄河滩区建设花卉博览园，建设牡丹庄园、薰衣草庄园、玫瑰庄园等，打造黄河滩区高档次的庄园式花卉产业基地。扶持鲜切花、高档盆花、花卉种苗和观赏盆景四大花卉产业园区发展，发展高档盆花、鲜切花、绿化观赏苗木，形成北起黄河大堤、南至连霍高速、东到京港澳高速的鲜切花产业带和黄河大堤两侧的绿化苗木产业带。

培育观光休闲农业。利用北部地区森林生态、山水田园、农家餐饮、休闲果园等资源优势，充分发挥丰乐农庄、富景生态园、金帝生态园等龙头企业的带动作用，整合沿黄的农家乐、渔家乐，把黄河文化注入美食消费，进一步提升品位，培育有地域特色的休闲项目，形成沿黄都市农业休闲带，集旅游、观光、餐饮、垂钓、商务会议、住宿等多功能于一体。将邙山森林公园、黄河湿地自然保护区、生态旅游景区等生态资源融入生态文化内涵，丰富和完善生态农业的社会文化功能。

发展高科技农艺园。依托郑州农业高新技术示范区，发挥国家级绿色农业示范区的作用，以绿色高效农业、休闲旅游为重点，在生态保护的基础上，结合黄河滩区项目开发，运用现代农业高新技术和栽培手段，开发无公害珍稀蔬菜、果品和观赏花卉，发展具有观光旅游功能的现代化种植业，向游客展示农业最新成果，建设融农业生产、农艺奇观、旅游和科普教育功能为一体的现代化农艺园，提升农业的经济价值和农作物的观赏价值。着力建设一批集度假、餐饮、观赏、娱乐为一体的多功能特色农艺园和农家乐组团。

专栏4：观光休闲农业——成都"三圣花乡"案例

成都"三圣花乡"是全国首批农业观光休闲旅游示范点，是成都近郊著名的休闲度假胜地。"三圣花乡"依托大都市，充分发挥城郊乡村各种资源优势，不断挖掘幸福梅林的"梅文化"，努力赋予荷塘月色的音乐、绘画艺术内涵，创新再现江家菜地的农耕文化，倾力展现东篱菊园"环境·人文·菊韵·花海"的菊花韵味；建设了蜀中茉莉花故里茉莉园、具有农耕社会图腾崇拜的牛王庙、百亩玫瑰主题风情园等众多景点；拥有科技示范区、苗木种植区、精品盆花区、鲜切花展示区、川派盆景区、彩色植物区等花卉生产、观光片区，以及形形色色、林林总总百余家农家乐和休闲娱乐场所，是全国著名的农业观光休闲的典范。

加快滩区开发利用。以郑州农业高新示范区为载体，以国家级绿色农业示范区为平台，以绿色高效农业、休闲旅游为重点，在生态保护的基础上，全面推进黄河滩区开发。大力发展无公害和绿色蔬菜、高档花卉苗木、生态水产养殖等的特色、优质、高效农业。打造湿地公园、蔬菜公园、农业高新技术展示园、葡萄庄园、芦笋观光园等特色观光园区；进一步开发黄河文化，打造黄河文化休闲旅游产业带。

（二）培育生态工业

生态工业以低消耗、低（或无）污染的工业发展与生态环境协调为目标，是在不破坏基本生态进程的前提下，促进工业在长期内为社会和经济做出贡献的工业化模式，是通过模拟生态系统建立"生产者、消费者、还原者"的工业生态链。发展生态工业是实现可持续发展的重要途径，也是保护环境和降低污染的根本手段。按照工业生态学原理，以河南惠济经济开发区和杨金产业园区为载体，坚持不污染环境、不破坏资源、不搞低水平重复建设的原则，以节能环保、循环经济、低碳经济、绿色增长为重点，实现低消耗、低排放、高效率，促进工业发展与生态环境相协调，走产业生态化道路，加快形成生态化导向的工业结构，构建生态工业系统，把北部地区打造成为生态型工业示范区。发展循环经济。遵循"减量化、再利用、资源化"的理念，最大限度地降低工业活动对北部地区环境的影响风险，创建无废工业区。通过企业层面的"小循环"、园区层次的"中循环"、区域尺度的"大循环"，构建清洁型企业→生态型工业园区→区域资源循环型社会，见图2。

在企业层面，选择典型企业，通过产品生态设计、清洁生产等措施，进行单个企业的生态工业试点，减少产品和服务中物料和能源的使用量，实现污染物排放的最小化。以食品加工业为试点推广使用清洁能源和清洁

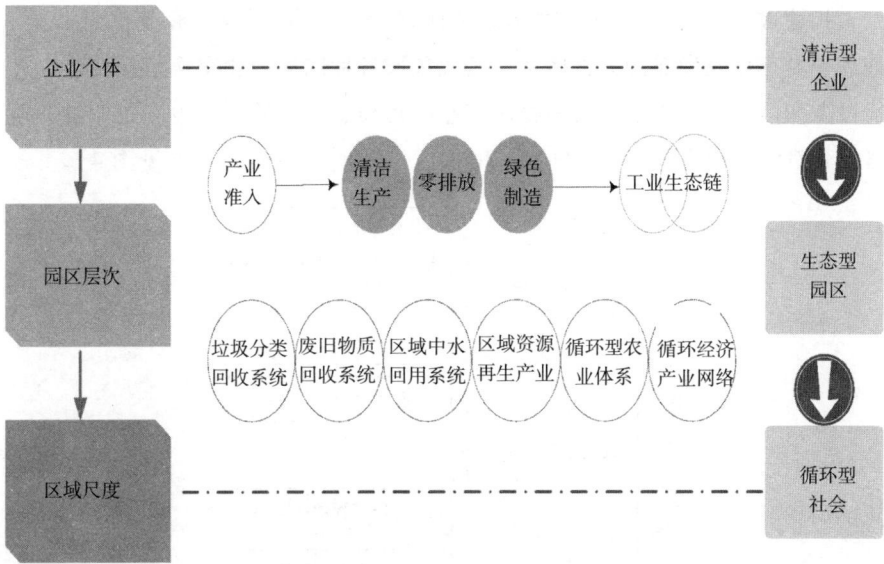

图 2　循环经济与节能减排总体框架

生产工艺，依托"三全"和"思念"等龙头企业，建立食品工业生态产业链（见图 3），鼓励企业以生态化的生产方式完成从原料选择、生产加工到资源的循环利用，最大限度地提高资源利用率，并减少废弃物排放量，走清洁化、无污染、无害化之路。

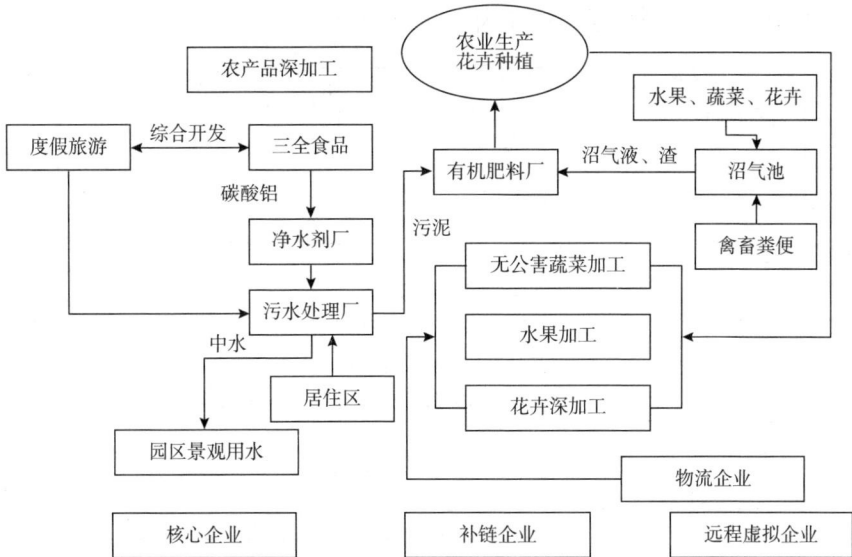

图 3　食品加工业生态产业链

构建虚拟生态工业园，建立健全园区信息交换平台，形成信息收集、处理、共享以及发布的完善体系，实现区域各种固体废物交换信息交流，并通过园区信息系统建立"污染物—产品—污染物—产品"的生态工业链，逐步达到对污染物排放总量的削减，增加区域环境自净能力（参见图4）。

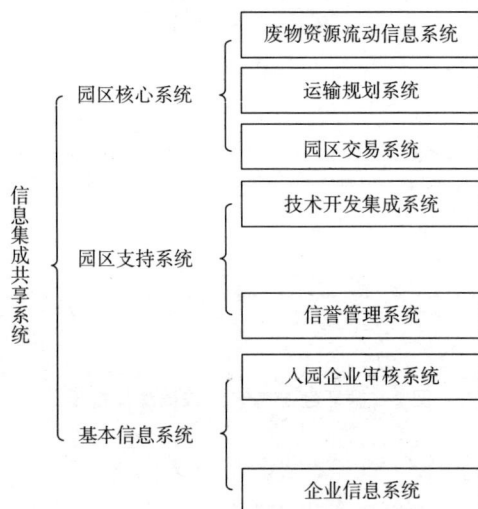

图4　信息集成共享系统

依托河南惠济经济开发区，加快调整优化产业结构，构筑产业循环链，打造北部地区循环经济示范园区，见图5。

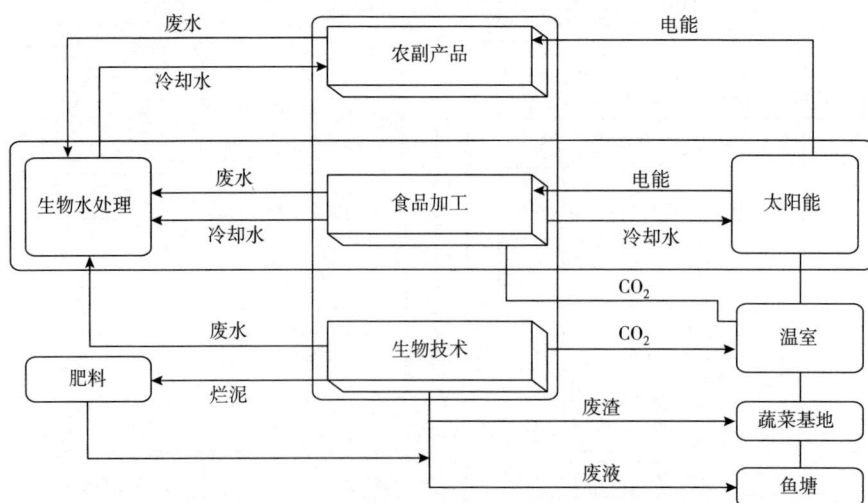

图5　循环经济示范园区产业共生与代谢的网络关联

专栏 5：国外生态工业园区案例

生态工业园是依据循环经济理论和产业生态学原理设计而成的一种新型工业组织形态，是生态工业的聚集场所。西方发达国家的成功经验值得借鉴。

美国的生态工业园

20世纪70年代以来，在美国环境保护署和可持续发展总统委员会的支持下，美国的一些生态工业园应运而生，涉及生物能源的开发、废物处理、清洁工业、固体和液体废物的再循环等多方面。从1933年开始，生态工业园在美国发展迅速，目前已有20多个生态工业园，且各具特色。美国政府在可持续发展总统委员会下还专设立了"生态工业园特别工作组"。

丹麦的工艺园区

位于丹麦哥本哈根西部大约100公里的卡伦堡城镇是一个典型高效、和谐的生态工业园。在该园区内，各种企业按照生态学共生原理建立了和谐复杂、互利互惠的合作关系。目前该园区内包括发电厂、炼油厂、生物技术厂、塑料板厂、硫酸厂、水泥厂、种植园，以及卡伦堡城镇的供热系统，各企业通过贸易方式利用生产过程中所产生的废弃物或副产品，并使之成为自己生产中的原料或部分替代原料。

加拿大生态工业园

自1995年以来，生态工业园项目在加拿大多伦多的波特兰工业区逐步展开。这一工业区汇集了具有废弃物和能量交换潜力的多种制造和服务行业。目前，加拿大有40多家生态工业园，其中涉及的工业组合主要有：蒸汽发生器、造纸厂、包装业的组合，化学工业、发电、苯乙烯、聚氯乙烯、生物燃料的组合，发电、钢铁、造纸、刨花板的组合，热电站、石油提炼、水泥的组合，石油冶炼、合成橡胶厂、石化工厂、蒸汽发电站的组合等。

（三）生态旅游业

生态旅游是以吸收自然和文化知识为取向，尽量减少对生态环境的不利影响，确保旅游资源的可持续利用，将生态环境保护与公众教育同促进地方经济社会发展有机结合的旅游活动。郑州北部地区具有发展生态旅游得天独厚的资源条件和较好的产业基础，在消费结构加速升级和经济结构面临全面战略性调整的背景下，生态旅游业是落实科学发展观，转变经济发展方式，支撑经济持续快速发展的重要举措。

总体定位。发展生态旅游业的总体定位是建设郑州都市区重要的休闲中心和郑州沿黄文化生态旅游产业核心区，打造黄河滩区休闲度假、邙岭林区休闲度假、城区滨河休闲度假、田园村落休闲度假等生态休闲度假产品，以及黄河文化观光、花园口事件文化观光等历史文化观光旅游产品、广武古镇温泉洗浴休闲、丰乐农庄温泉洗浴娱乐、金帝庄园温泉洗浴休闲等温泉旅游产品。要形成全区一盘棋，开发大生态，发展大旅游，培育大品牌。

功能布局。从空间布局和功能分区上看，要发挥该区文化资源丰富和自然生态优良优势，以打造郑州都市区重要的休闲中心为目标，构建"一带、二心、三区、三小镇"的总体布局。"一带"指沿黄文化观光和生态休闲产业带，东起京珠高速黄河大桥，西至楚河汉界——鸿沟，包括黄河大堤、邙岭及北部滩区和南部防护林范围内所有旅游资源，目标是打造郑州沿黄文化生态旅游产业核心区，使之成为中国最具代表性的文化生态区。"二心"指旅游集散中心、花园口游客服务中心，分别依托古荥镇，依托黄河花园口游览区，建设集旅游咨询、交通、餐饮、住宿、购物等于一体的游客服务中心。"三区"指中高端会议休闲旅游区、黄河大观高端休闲旅游区、体育运动休闲娱乐区，分别打造河南省中高端会议产业集聚区、全省高端休闲旅游区、体育运动休闲产业中心。"三小镇"指古荥汉文化休闲小镇、广武温泉古镇、孙庄滨河旅游小镇，以集聚文化、旅游要素和其他服务业要素为主要目的，加快发展旅游要素产业。

（四）康体产业

康体产业是一个市场潜力巨大的新兴产业，涉及医药、保健医疗器械、体育健身、健康管理、健康咨询、老年健康等多个与人类健康紧密相关的生产和服务领域。充分发挥郑州北部生态资源优势，将康体产业与生态产业有机结合，因地制宜重点挖掘健康养老、医疗康复、体育健身、温泉疗养等产业潜力，形成独具特色的康体产业模式，将郑州北部地区建成全省乃至中部地区具有示范作用的生态型康体产业区。

加快康体产业发展，首先要加快发展健康养老产业。面对来势汹涌的"银色浪潮"，健康养老产业很快将成为最有发展前途的新兴产业，这对于自然条件优越、便于发展养老产业的郑州北部地区，无疑是绝佳的发展机遇。要创新养老模式，将鼓励老年产业发展与老年社会保障制度建设结合起来，充分利用"田园式"养老、农家养老、居家服务型养老服务、养老院连锁经营等模式，增加养老服务产业的内容，扩大产业规模，取得养老产业发展的先发优势。适时启动"农家院养老"试点。鼓励社会力量兴办养老院，在民办养老院用地、税收、资金补助等方面提供政策扶持。选择在综合生态条件较好的村落进行试点，提供充足的居住条件和修养设施，迎接市区"空巢"老人来农村租住农家院养老。

黄河与邙山构成了郑州北部地区山水相依的格局，这里风景秀美，生态条件优越，是名副其实的天然"氧吧"，是市民疗养、康复、休闲的极佳场所，适宜于培育医疗康复产业。

七　构建生态景观体系，展示区域形象

生态景观是社会－经济－自然复合生态系统的多维生态网络，包括有形的地理和生物景观，以及无形的个体与整体、内部与外部、过去与未来之间的系统生态联系。生态景观是改善城市生态环境、提高城市品位、促进旅游购物、吸引外商投资办企业的重要途径，对全区社会经济可持续发展，加快城乡一体化建设具有重要意义。

郑州北部景观格局由北向南大致可分为沿黄山水区和城镇发展区，黄河大堤及其以北的黄河滩地和邙岭为沿黄山水区。沿黄山水区以南为城镇发展区。郑州北部地区见缝插绿、见荒补绿，基本解决了荒地黄土裸露的问题，绿化美化沟、河、路、渠，建成了大规模黄河防护林带、黄河防浪林带、索须河林带和贾鲁河林带。邙山10068亩宜林地已全部绿化。黄河滩地得到当地政府的有效整治，形成黄河生态园区，成为郑州市民休闲、度假的好去处。

（一）构建生态景观网络

根据郑州北部地区生态资源分布和生态景观发展的需要，构建以黄河

湿地保护区、邙岭水土保持生态区重点保护地带为核心，以黄河大堤、索须河、贾鲁河、东风渠、京广铁路线等重要廊道以及植被斑块、廊道体系为主体的、高连接度的生态景观网络。

黄河湿地保护区和邙岭水土保持生态区。黄河湿地保护区指黄河湿地、黄河滩地构成的自然景观区。重点保护和恢复湿地环境，为湿地动植物提供良好的环境，并呈现优美的湿地风貌景观。邙岭水土保持生态区，重点防范出现对山体的"建设性破坏"，针对山体的不同特征有效开展"生态恢复工程"，维护好现存的自然体系。

生态廊道。黄河大堤、贾鲁河、索须河、枯河、东风渠、金洼干沟、索须南支、石苏干沟及其沿堤或沿河防护林带组成的景观生态廊道，道路及沿路防护林组成的交通生态廊道网络，是规划区内生物、物质、能量和信息顺利流通的保障。保护带状生物群落，使之作为生物群落迁徙的通道。重点廊道要形成郑州北部地区生态景观的骨架性网络，在山地森林群落、湿地生物群落和带状生物群落之间建立有效的网络联系，减弱由各种潜在因素所引起的不良生态后果。

绿地斑块。在河流、道路两侧和居住村落附近设置带状或者块状绿地，包括大型生态公园、社区、苗圃等，使植被斑块易于彼此连接。开辟滨水公园并增加路侧的带状绿地、社区块状公共绿地，丰富生态廊道景观。针对惠济区公共绿地少、分布不均、景观结构不合理、服务功能弱等问题，在建设期内实施城镇公园绿地建设工程，主要建设大河生态广场，开辟 8 个城市公园。

（二）优化生态景观体系

黄河大堤生态景观优化。黄河大堤两侧的防护林和防浪林是组成大堤景观的主要元素，目前这两片林带均为杨树纯木，高大、葱郁的杨树林已蔚然可观，绿化基本完成，景观效果良好。但林相缺少高低和颜色的变化，大堤沿侧各旅游园区道路与大堤交叉口的景观类似，且人为干扰程度较大。实施大堤生态长廊景观优化工程，在防护、防浪林带和大堤之间，补植彩叶灌木林带和带有野趣的地被花卉，增加林相高低和色彩的变化；在大堤和各园区的交叉路口，结合各个园区的定位或历史文化，设置节点，增设一些人文景观，通过植物配置、竖立园区 Logo 或宣传牌等，修复提升视觉辨识力。

水系廊道及道路景观优化。增加河道两侧植物多样性，提高植被覆盖率。选用花草、低矮灌丛、高大树木多层次组合，增强滨水绿化空间的层次感，使完整连续的滨水绿带既有统一的整体面貌，又有层次分明、富有变化的节奏感，增强滨水空间的视觉效果。需要进行景观绿化的廊道主要有贾鲁河、索须河、东风渠的城市河段。要选用郑州本地树木，修建供行人散步的滨水游憩路。游憩路要尽可能地接近水面，满足人们对水边散步、游戏等的亲水需求。除此之外，还要进行道路廊道景观优化，主要是京广铁路、江山路和乡道建设，分别种植防护林以保护两侧现有的森林植被和自然景观。林带植物配置可采用带状或行间混交方式，两边栽植灌木和中小乔木，中间栽植高大乔木，丰富植物层次和群落，增设小型雕塑、休憩点。乡道尽量不选择冠幅较大的树种，对单侧存有围墙的乡道，增加垂直绿化，可选择葡萄、紫藤等植物。地被植物可选择甘野菊。

执笔：王琪、陈玲、翁珺、弋伟伟

信阳市国家主体功能区建设研究

2014 年以来，国家发改委、环保部联合决定以国家重点生态功能区为主体，选择部分市县开展国家主体功能区建设试点示范工作。随后，河南省人民政府出台《河南省人民政府关于印发河南省主体功能区规划的通知》，除三门峡卢氏县外，信阳市是全省唯一获批的省辖市，是河南省建设国家主体功能区建设试点示范的龙头。开展信阳市国家主体功能区建设策略研究，对河南省探索完善主体功能区配套政策、凝聚主体功能区战略共识、解决主体功能区建设重点难点问题，推动形成全国主体功能区布局具有重要意义。

一　开展试点示范的总体要求

信阳市建设国家主体功能区试点示范，必须立足全市资源禀赋和实际发展现状，以国家重点生态功能区为重点，按照建设成为人与自然和谐相处的示范区和推进生态文明建设先行区的目标要求，树立尊重自然、顺应自然、保护自然的生态文明理念，划定生产、生活、生态空间开发管制界限，推动形成符合生态文明要求的生产方式和生活方式，探索限制开发区域科学发展的新模式、新途径。

1. 明确指导思想

深入贯彻党的"十八大"和十八届三中、四中全会精神，转变发展理念，科学调整开发国土空间，以"一山一水"为重点，着力保护和修复生态环境；发挥自然资源优势，大力发展生态经济；以人的城镇化为重点，加大民生保障投入力度，把信阳市建设成为全国人与自然和谐相处的示范区和推进生态文明建设先行区。

2. 坚持四个原则

首先，突出生态特色。树立尊重自然、顺应自然、保护自然的生态文明理念，把生态建设和环境保护放在首要位置，推动形成符合生态文明要求的生产方式和生活方式。

其次，坚持集约开发。在国土开发中，实行严格的耕地保护制度和节约用地制度，推进城镇集聚发展和产业集中布局，着力提高土地利用效率。

再次，积极探索创新。积极推动先行先试，在实践中寻求解决主体功能区建设重点难点问题的各种途径，为全国主体功能区战略的实施提供经验。

最后，严格遵法守律。试点示范工作要求各政府部门、企业和社会团体等都要严格遵守国家和省已颁布的相关法律法规，同时工作开展也不能违反客观规律。

3. 明确主要目标

到 2020 年，全市所辖省级生态功能区生态保护系统功能全面恢复，森林覆盖率达到 40%，淮河出境断面水质稳定保持国家地表水三类标准，生物多样性得到全面保护，生态屏障基本形成，上升为国家生态功能区（见表 1）。农产品主产区农业综合生产能力显著增强，在全省粮食生产核心区建设中占据更加重要的地位。信阳成为全国重要的生态产品供给地和主体功能区示范市。

全市主体功能区布局形成，人口和经济集聚度明显提高，城乡居民收入和城镇化率达到全省平均水平，基本实现城乡区域间公共服务均等化，建成覆盖城乡的教育、医疗和社会保障等基本公共服务体系，城乡一体化的社会保障体系健全完善。

表 1 信阳市国家主体功能区建设试点示范主要指标

指　　　标	2020 年预期
森林覆盖率（%）	40
森林植被总碳储量（万吨）	7257.48
林地保有量（平方公里）	5795.08
自然保护区面积（公顷）	115911

续表

指　标	2020 年预期
得到有效保护的国家和省重点保护野生动物例（％）	100
得到有效保护的极小种群野生植物种类比例（％）	100
基本农田（平方公里）	55.17 万公顷
耕地保有量（平方公里）	685.22 万亩
万元生产总值能耗	累计下降 5％
化学需氧量排放总量（吨）	50600
氨氮排放总量（吨）	6300
城区环境空气质量好于二级的天数平均值	330
二氧化硫排放总量（吨）	36800
氮氧化物排放总量（吨）	52900
累计治理水土流失面积治理程度	2014～2020 年预期治理 750 平方公里以上
水功能区水质达标率（％）	100
集中式饮用水水源地取水水质常规监测因子水质达标率	100％（县级以上）
农村安全饮水率（％）	100
市、县生活垃圾无害化处理率（％）	95

二　开展试点示范的主要任务

开展国家主体功能区建设试点示范工作，涉及面广，信阳市需要从实际出发，加大对生态建设和环境保护的力度；大力发展特色生态经济；在推进新型城镇化过程中努力改善民生；优化国土空间开发格局；制定一整套政策措施，保障试点示范工作顺利开展。工作着力点在于以下几个方面。

（一）加大生态建设和环境保护力度

开展国家主体功能区建设试点示范，需要把生态建设和环境保护置于首要位置。

1. 优化国土生态安全体系布局

在信阳南部山区，重点保护现有森林资源，大力开展人工造林和封山育林，强化中幼林抚育和低质低效林改造，保护生物多样性，充分发挥森林的综合效益。范围包括由大别山、桐柏山构成的豫南山地，涉及浉河区、新县、商城县，以及罗山县、光山县中南部，面积达 6900 多平方公里，占全市总面积的 36.9%。在中部丘岗区，大力植树造林，提高混交林比例，加强中幼林抚育和低质低效林改造，提高林地生产力，增强生物多样性和生态系统稳定性。此区域包括息县南部、商城县北部、潢川县中南部、光山县中北部、罗山县中北部、平桥区等，面积达 7000 多平方公里，占全市总面积的 38.5%。在北部平原区，积极稳妥地推进农田防护林改扩建，建立带、片、网相结合的多树种、多层次稳定的农田防护林体系，构筑粮食高产稳产生态屏障。此区域范围涉及息县中北部、淮滨县、潢川县北部等，总面积达 4600 多平方公里，点全市总面积的 24.6%。在沿淮生态保育带，建设淮源水源涵养林、淮河生态防护林和干流防护林带，加强湿地保护与恢复，提高水源涵养和水土保持能力，防治水患，维护淮河安全。此区域范围是淮河沿线 6 个县（区），林地面积达 406.5 万亩，森林覆盖率为 22.6%。

2. 实施大别山生态安全屏障系列工程

把开展试点示范工作与信阳市"国家级生态示范区"建设紧密结合起来，大力实施国家林业重点工程、省级重点生态工程、市级重点生态工程等系列工程，加大政策投入力度，建设大别山生态安全屏障。一是实施国家林业重点工程建设，包括重点地区防护林、退耕还林、野生动植物和自然保护区建设、湿地保护、造林补贴试点、森林抚育补贴试点、生态公益林建设等系列工程。二是实施省级重点生态工程，包括生态廊道网络、"百千万"农田防护林、城镇社区绿化美化、山区营造林等系列工程。三是实施市级重点生态工程，包括生态文化建设、生态修复和生态功能区教育普及等系列工程。

3. 实施淮河上游水生态建设系列工程

一是加快推进水利控制性工程，推进出山店水库、张湾水库、息县淮河水利枢纽等大型水利工程建设，兴建白果冲、张墩、牛圈鼻等中型水库；开展小型水源工程建设，提高抗旱应急能力和应对突发事件的能力，构建较为完善的水资源供给体系，提高水资源保障能力。二是积极推进河道整治及堤防加固工程，对淮河上游干支流航道进行全面疏浚治理，提高通航防洪能力。完成对全市存在安全隐患的大中小型水库和大中型水闸进行除险加固工作，控制山区洪水。对信阳市中心城区，淮滨、息县等县城和明港镇进行防洪排涝治理。对淮干流圩区洼地，白露河、潢河下游圩区洼地进行治理，提高防洪排涝能力。三是加强水生态环境治理工程，开展河流水系整治、湿地生态修复、城镇集中式饮用水水源地保护、入河排污口综合整治等水资源保护工程建设，加强地下水、水功能区和水源地保护；加快重点区域水土流失综合治理，采取小流域治理、生态移民、禁牧、封山育林、退耕还林还草等措施，逐步建立人与自然和谐相处的水生态环境。四是实施农村饮水安全工程，实施农村饮水安全工程和村村通自来水工程，让全市农民都吃上安全、便利的洁净水，提高农民的生活质量和健康水平。五是实施农田水利建设工程，开展以高效节水、末级渠系为重点的农田水利建设，对息县、淮滨等产粮大县实施连片配套改造，大力推进小型农田水利重点县建设；加快高效节水灌溉建设；完成大中型灌区末级渠系配套改造；加快井灌区机电井更新改造，发展节水灌溉，提高农业用水利用效率。

4. 推进环境保护重点工程

一是推进工业污染源头控制工程，推进重点排污企业深度治理，加强项目环评，推进清洁生产。提高产业集聚能力，实现集聚生产、集中治污、集约发展。加强尾矿库、矿渣库除险加固。积极推进排污权有偿使用和市场交易试点，创新工业污染治理的市场化机制建设。二是实施城镇环保设施配套工程，为保障淮河水质安全，需要加大淮河上游城镇供排水、污水和垃圾处理等基础设施建设。重点完善产业集聚区、中心商务区、特色商业区污水处理设施。实施信阳市中心城区、各县城和乡镇供排水、污水处理厂、污水管网、垃圾收运和垃圾处理，以及城市中水回用、内河治理、城市绿化等系列项目建设。三是实施农村环境整治工程，继续推进"美丽乡村"建设，在全市范围全面推广建设天蓝、地绿、水净，安居、乐业、增收的"美丽乡村"。深入推进农村环境连片综合整治，解决农村生态环境突出问题。加快推进农村中心社区污水管网、垃圾收集处理站厕所改造等建设。开展农村畜禽养殖污水粪便无害化处理，加快实施沼气工程、秸秆综合利用实现垃圾资源化和无害化。实施农业面源污染治理示范工程，推广农作物秸秆综合利用、测土配方施肥等实用技术，加大有机肥施用补贴力度，减少农业面源污染。

（二）发展壮大特色生态经济

开展试点示范工作，需要把生态环境保护与发展生态经济结合起来，在生态农业、生态工业和生态服务业等各流域推动产业链条延伸、产业价值链提升和产业聚集区及产业园区（基地）建设，发展符合当地实际、资源环境可承载的特色经济、适宜产业，实现优势生态资源向生态财富转化。工作着力点在于以下几点。

1. 发展生态农业

一是积极发展无公害、绿色、有机农业。继续实施高标准粮田"百千万"建设工程，在稳定提高粮食综合生产能力的同时，发展高产、高效、生态农业。息县、淮滨县、潢川县等粮食主产县，以种植优质弱筋小麦、优质水稻为重点，强化无公害农产品、绿色食品、有机食品认证，加强原产地保护，进一步完善农产品质量追溯制度，打造一批特色农产品品牌。在淮滨、息县等县区，建设油菜、花生、棉花等高效经济作物基地。二是大力发展特色林果经济。推进茶叶、油茶、板栗等基地建设，促进信阳特色林果经济快速发展。浉河区、新县、商城、罗山县、光山县建设一批优良茶叶基地；新县、商城县、光山县建设油茶产业基地；商城县、新县、罗山县、平桥区、浉河区建设一批优良板栗生产基地；潢川、罗山、光山等县建设花卉和林木种苗产业基地；新县、淮滨、商城等县建设中药材基地。加强"菜篮子"产品供应，建设浉河区、平桥区、罗山、光山、潢川等一批无公害、绿色和有机蔬菜生产基地。三是适度发展畜牧养殖和水产养殖业。推进生态养殖基地建设，加快养殖业发展方式转变，全面实现规模化、标准化养殖，推广瘦肉型猪、豫南黑猪、樱桃谷鸭、淮南麻鸭等优良品种，加快无公害产品品牌认证，保障养殖产品质量安全。在大中小型水库、河塘湖堰等各类水域范围，突出发展甲鱼、白条鱼、连鱼、青虾等信阳特色水产品。推广生态健康水产养殖，推进优质无公害水产基地建设，发展生态型、环保型水产养殖业。四是推进生态休闲农业发展。依托各产茶乡镇生态条件和自然资源，开发一批集种茶、采茶、制茶、品茶与吃住游一体的特色原生态茶园观光项目。

2. 发展生态工业

以信阳高新技术产业开发区、潢川经济开发区和各县区的产业聚集区为载体，着力培育绿色食品、现代家居、新型建材、新能源、电子信息等五大产业集群。一是大力发展绿色食品产业集群。做大做强粮食加工、畜禽产品加工、茶叶加工三大优势产业，培育壮大油脂、水产品、饮料、特色农副产品加工四大产业，建设木本粮油、果品等加工三个产业化集群。重点推进潢川黄国粮业优质糯稻生产基地、华英集团禽肉类屠宰加工产业园区、息县绿色安全食品产业园等食品项目建设，把信阳打造成为全国著名、行业一流的绿色食品基地。二是着力培育现代家居产业集群。支持和发展一批木材加工企业，以龙头企业为依托建设一个木材加工业产业化集群。依托信阳国际家居产业小镇建设，大力发展现代家居产业，做大做强卧房家具、客房家具、办公家具、儿童家具等优势家具产业，把信阳市建设成为中部地区家居生产基地和分销中心。三是积极培育新型建材产业集群。重点提高非金属保温建材深加工水平和产品档次，发展聚氨酯建材、珍珠岩保温建材、以珍珠岩和膨润土为基材的耐火建材和钢丝网架珍珠岩等复合板材，把上天梯产业集聚区建成全国重要的新型建材加工生产基地。四是加快培育新能源产业集群。推进生态风电、生物质能、大型养殖企业（场）沼气内燃机发电站和小水电站项目建设，适时推动垃圾发电、太阳能光伏发电、地热能开发等项目建设，打造豫南新能源产业基地。五是大力发展电子信息产业集群。以创建国家级高新技术产业开发区和信阳电子信息产业集聚示范区为目标，加快推进信阳高新技术产业开发区软件产业园、光电产业园、物联网产业园、泛蓝电子产业园、河南激蓝科技有限公司 OLED 项目和罗山县产业聚集区电子信息园建设，加快伯皇 IT 产业园、深圳手机产业园等重大项目建设，做大做强智能通信终端、智能显示终端、数码影音终端等三大产业，把信阳建设成为中部地区重要的电子信息产业集聚示范基地。

3. 发展生态服务业

信阳试点示范建设，重点发展两类生态服务业，一是依托自然生态资源开发利用的产业，包括生态旅游、特色餐饮、健康养老服务等；二是服务于生态农业和生态工业发展的产业，包括现代金融、农产品商贸物流业、农业科技服务、工业设计和信息服务等。工作要点一是大力发展生态旅游业。以"山水信阳·休闲茶都"为总体旅游形象，大力推进旅游基础设施建设，完善旅游要素配套建设，精心培育鸡公山、南湾湖、灵山寺、新县红色首府、商城汤泉池等成为国内外知名景区，合理规划旅游精品线路，大力发展生态观光、休闲度假和健康养老等旅游产品，建成"中国山水旅游休闲度假目的地"。二是着力发展农产品商贸物流业。以 9 个县

（区）的商务中心区和特色商业区建设为载体，根据不同定位加快推进商贸业发展，增强全市服务城乡的商贸业功能。以"豫鄂皖三省结合部重要的现代物流中心"为目标，加快物流发展平台建设，着力发展粮食、茶叶、食品、啤酒饮料、水产品、医药、建材、农资等行业物流，提升信阳粮食物流散化量占粮食流通总量的比重，确立信阳在区域粮食物流体系中的枢纽地位。三是积极提升特色餐饮业。从两个角度扶持信阳特色餐饮业发展：对于本地店铺，有关政府部门应积极服务，加强管理和规范，尽可能地减少店铺经营成本；对于在信阳之外经营的店铺，重点实施"信阳农产品采购便利化工程"，方便外地店主采购安全健康、物美价廉的信阳农产品；发展"信阳特色餐饮全国连锁工程"，融入信阳文化元素统一标识，采用星级管理模式，提高服务水平。政府组织搭建平台，充分发挥行业协会作用，加大政策扶持和宣传推广力度，着力提升"信阳毛尖"和"信阳美食"两大品牌，不断扩大其在国内外行业中的影响力。四是积极发展生态型新兴服务业。围绕特色生态产业发展和新型城镇化建设，积极培育发展现代金融、农业科技服务、工业设计和信息服务、健康养老服务等一批新兴服务业。

（三）推进新型城镇化

信阳市需以推进新型城镇化为抓手，促进生态功能区建设和改善民生。一方面，通过新型城镇化倡导绿色、低碳、节约、清洁等健康生产生活方式，吸引越来越多的农村居民进城务工安居，最大限度地减轻人类生产生活对资源环境的压力；另一方面，通过新型城镇化完善城乡基础设施和公共服务，改善广大城乡居民的生活条件。主要工作包括如下几个方面。

1. 建设"山水田园城市"

深入贯彻生态文明理念，转变城镇发展方式，以"林在城中、城在林中"为发展目标，深入推进城乡一体，着力实施绿化、美化，积极探索重点生态功能区和农产品主产区资源节约型、环境友好型、低碳生态型的新型城镇化模式。在城市形态上，努力建设一个产城融合、生态宜居的山水田园城市，让广大城乡居民既享受高品质城市的生活，又同时享受惬意的田园风光。为此，需要重点实施城市生态卫生、生态安全、生态园林、生态景观和生态文化等五大建设。

2. 优化城镇发展格局

在原有城市格局基础上，根据主体功能区建设需要和固始县已划为省直管县的实际，对信阳全市城镇的发展格局进行调整。继续实施中心城市带动战略，统筹推进中心城市、县城和中心镇协调发展，加快推进新区开发、老城改造、产业集聚区建设。重点建设信阳市区，加快发展7个县城，积极建设小城镇，加速落后地区城镇化步伐，构建新型城镇体系。将信阳市原来的"一群两核四轴"城镇空间结构调整为"一群一核三轴"，加快建设鄂豫皖三省交界区域性中心城市。

3. 建设区域性综合交通枢纽

信阳应以区域性综合交通枢纽为目标，加快实施航空、铁路、公路、水运等系列项目建设，打造遍布全市的立体交通网络，使一条条道路成为广大城乡居民发家致富的"黄金通道"。

4. 加强市政设施建设

根据城镇化快速发展需要，加强城镇供排水、综合交通、供气、供热、信息等市政设施建设，进一步提升城镇综合承载能力。加快推进城镇基础设施和公共服务设施向农村延伸，促进公共服务均等化。

5. 保障基本公共服务

加大财政投入，创新投资建设和管理模式，进一步增强教育、医疗卫生、文化体育、就业社保等基本公共服务功能，让广大市民充分享受生态环境保护与城镇化良性互动成果。

6. 实施大别山扶贫开发

坚持开发式扶贫，逐步提高扶贫标准，加快解决集中连片、特殊困难地区的贫困问题。因地制宜地实行整村推进扶贫开发，加强以工代赈，改善贫困地区基础设施条件，提高贫困地区自我发展能力。加大对山区、革命老区、贫困地区、行蓄洪区的扶贫开发力度，实现农村低保制度与扶贫开发政策的有效衔接。重点加快息县生态移民居住小区及配套设施等项目建设，继续推进信阳市扶贫移民安置工程。

（四）优化国土空间格局

信阳市国家主体功能区试点示范建设，应严格执行国家和河南省主体功能区规划，根据不同区域的资源环境承载能力、现有开发强度和发展潜力以及河南省发展战略布局，划定生产、生活、生态空间开发管制界限，将市域国土空间分为重点开发区域、农产品主产区、重点生态功能区和禁止开发区域，构建主体功能鲜明、布局合理、区域发展协调的空间开发格局。

1. 重点开发区域

信阳市省级重点开发区域主要有信阳平桥区，还包括息县、淮滨县、潢川县、罗山县、光山县、浉河区6个县（区）的城关镇和产业集聚区。该区域国土面积2178.5平方公里，占全市国土面积的13.6%；2014年人口220.2万人，占全市总人口的32.1%。该区域是支撑未来信阳市经济发展的重要增长板块，是新型工业化和新型城镇化的重要践行地，是提升综合实力和产业竞争力的核心区，推动经济发展方式转变的示范区，重要的人口和经济密集区。

2. 农产品主产区

信阳市农产品主产区具体包括息县、淮滨县、潢川县3个国家级农产品主产县，国土面积0.47万平方公里，占全市国土面积的29.4%；2014年人口263.83万人，占全市总人口的38.4%。该区域以保障农产品供给安全和提高农产品供给能力为重点任务，形成重要的粮食生产和现代农业基地，农村居民安居乐业美好家园和社会主义新农村建设先行区。

3. 重点生态功能区

信阳市重点生态功能区分为国家级和省级两个层面。国家级重点生态功能区包括大别山土壤侵蚀防治区范围内的新县、商城县两县全域，国土面积0.37万平方公里，占全市国土面积的23.1%；2014年人口达113.93万人，占全市总人口的16.6%。省级重点生态功能区包括罗山县、光山县、浉河区3个县（区），国土面积0.57万平方公里，占全市国土面积的35.6%；2014年人口223.99万人，占全市总人口的32.6%。该区域以保护和修复生态环境、改善生态环境质量、增强生态服务功能和生态产品供给能力为首要任务，形成保障生态安全的主体区域和人与自然和谐相处的示范区。

4. 禁止开发区域

信阳市禁止开发区域包括国家级和省级自然保护区、风景名胜区、森林公园、地质公园、湿地公园和水产种质资源保护区共29处。今后新设立的国家级和省级自然保护区、世界文化自然遗产、风景名胜区、森林公园、地质公园、湿地和湿地公园、水产种质资源保护区，自动列入禁止开发区域。该区域是保护自然文化资源的重要区域和珍贵动植物基因资源的保护地。

（五）完善国土空间开发保护制度，确立长效发展机制

信阳市国家主体功能区建设试点示范，需要进行一系列的体制机制探索和创新。一是建议省里尽快出台差别化、有针对性的绩效考评体系。使生态功能区、农产品生产区以主体功能全面发展而不必再担心GDP的考核。落实领导干部任期决策的问责制，对领导干部实行自然资源资产离任审计，使他们真正负起责任。二是建议国家尽快健全和落实生态受益地区的定向援助、对口支援等机制。同时，建议逐步引入市场机制，推动建立开发地区对保护地区、受益地区对受损地区、开发受益企业对生态受损群众间的生态补偿制度，真正使破坏环境者付出代价，让生态产品提供者得到实惠，让群众享受到生态功能区建设带来的实惠。三是建议加大对生态功能区域提高一般转移支付规模。生态功能区未来因开发活动的减少会减收，同时因生态保护修复力度的加大需要增支，资金需要更大，财政压力增大，难以保持平衡。逐步增加上级转移支付对南湾湖风景区和鸡公山管理区等禁止开发区域的分配数额。四是建议取消市县级配套资金。以往国家在多项政策中都要求省市县进行资金配套，实际上大多不能实现，导致事倍功半。生态功能区大多是欠发达地区，建议不再要求市县配套，使补助标准能够切合实际，切实解决问题。

三 开展试点示范的保障措施

实施主体功能区战略是一项从根本上改变唯经济增长这一发展模式的长远工作，关系到多项重大改革，为保障试点示范工作顺利开展，全市上下必须统一思想，提高认识，积极筹谋，确保试点示范单位建设的各项目标如期实现。

1. 组织保障，领导得当

加强各级政对这一工作的重视程度。信阳市已经成立了国家生态功能

区建设试点示范工作领导小组，要求各县区都成立相应机构，政府主要领导亲自"挂帅"，自上而下形成体系，便于试点示范工作的统筹推进、协调落实。发改委负责日常组织协调工作，其他部门要按照国家和省主体功能区规划中的部门责任划分，切实履行职责，并制定具体实施细则，落实到具体部门，甚至落实到责任人。

2. 积极对接，争取支持

国务院和省两级功能区规划中都明确了财政、投资、产业、土地、信贷、环境等各项政策，支持重点生态功能区的配套政策也陆续出台，领导小组办公室、各有关部门和县区要认真研究政策，找到对接点，积极争取国家和省里在项目投资、转移支付、产业发展、基础建设、民生保障、土地利用等方面的支持。

3. 财政引导，社会合力

信阳是以生态、农产品生产为主的功能区，积极争取国家和省里给予的较大力度的支持，但在市级层面，也要发挥主观能动性，从财政层面，对现存生态方面的各项引导基金进行整合，设立生态安全建设专项资金，把生态保护和修复作为公共财政支出的重点。出台相关政策，引导金融机构加大信贷支持力度，政府担保机构优先担保扶持。鼓励和引导社会资本开展资本运作，进入环保基础设施建设和经营领域，集政府、市场、社会多方面力量做好试点工作。在"十三五"规划编制时，充分融入主体功能区的发展理念，把生态功能区建设任务细化落实到经济社会发展各个领域。

4. 强化监督，落实检查

建立专门针对国家重点生态功能区的协调监管机制。对全市各类资源开发、生态建设和恢复等项目进行分类管理，依据其不同的生态影响特点和程度实行严格的生态环境监管，完善区域内整体联动监管机制。全面实行矿山环境治理恢复保证金制度，严格按照提取标准收提并纳入税前生产成本，专户管理和使用，全面落实企业和政府生态保护与恢复治理责任。健全生态环境保护责任追究制度，加大惩罚力度。

市及各县区主体功能区建设领导小组定期向市委、市政府报告试点示范任务进展情况，向同级人大、政协报告或通报工作进展情况。定期向社会公布节能减排、生态建设、环境质量情况。

5. 加强宣传，积极造势

在传统媒体和新媒体全面展开主体功能区战略的宣传，一方面，引导各级政府部门正确认识好经济发展与环境保护的关系，把生态建设和环境保护作为当前和今后工作的重中之重，贯穿于经济社会发展的全过程。另一方面，抓住水资源短缺、环境污染、气候变暖等形势严峻而引发的大众对生态保护愈加迫切要求的时机，普及主体功能区建设的有关知识，通过完善环境保护信息发布和重大事项公示、听证制度，建立企业环境行为诚信和环境监督员制度，保障公众知情权、议事权和监督权等一些具体措施，引导全社会树立生态价值意识、生态忧患意识和生态责任意识，提高全民的生态文明素质，倡导全社会形成勤俭节约、绿色健康的生产生活方式。

执笔：王琪、乔金燕、陈玲、尹勇、翁珺、盛见、弋伟伟、王新、张莎

新县国家生态主体功能区建设研究

加快生态主体功能区建设，推动形成绿色发展方式和生活方式，是实现人民富裕、国家富强、中国美丽、人与自然和谐的内在要求，是确保中华民族永续发展的重要支撑。新县是全国著名的革命老区，在生态建设上具有后发优势。近年来，围绕建设国家生态示范区，新县在环境保护和治理方面做了大量的工作，成效显著。然而，如何以绿色发展理念推进功能区建设，打造宜居宜游宜业新家园，走出一条生态良好、生产发展、生活富裕的和谐发展之路，仍需要深入研究。

一 发展现状

新县位于河南省信阳市东南部、大别山腹地、鄂豫两省交接地带。东与商城县接壤，南与湖北省麻城市、红安县毗邻，西与罗山县及湖北省大悟县交界，北与光山县相连，素有"红色首府、将军故里、诗画江南"之美誉。全县总面积1612平方公里，辖5镇、10乡，1个管理区，1个街道办，200个行政村，被形容为"七山一水一分田，一分道路和庄园"。全县总人口36万人，其中农业人口27万人。年平均降水量1313.8毫米，全县植被覆盖率95%，森林覆盖率76.7%，有"天然氧吧"之美誉。2013年，地区生产总值为89.98亿元，公共财政预算收入2.28亿元。新县被授予"国家级生态示范区""信阳毛尖的主产区之一""全国名特优经济林""全国外派劳务基地县""板栗之乡""银杏之乡""全国油茶发展100个重点县"。在全国的主体功能区规划中，新县为国家级重点生态功能区，在全省主体功能区规划中，新县被定位为形成保障生态安全的主体区域和人与自然和谐相处的示范区。

二　主要目标

根据新县资源优势和发展现状，我们认为"十三五"时期乃至更长一段时间内，新县主体功能区建设的总体目标是：在保护好现有森林植被的前提下，使森林覆盖率和森林蓄积量稳步提高，使保护区、水源地等生态敏感区域和淮河源的生物多样性得到严格保护，生态林建设得到加强，县域一体的生态网络格局不断优化，城乡宜居的生态环境进一步改善。农民收入显著增加，配套基础设施建设完善，生态监管能力提升，人地矛盾得到有效缓解，绿色生态产业成为县域经济新的增长极，新县成为中原经济区"宜居宜游宜业"绿色家园。

根据分期建设的原则，新县建设主体功能区的具体目标是：到2020年，全县生态用地比例提高到80%，森林覆盖率在现有76.7%的基础上稳步增长，森林蓄积量达到490万立方米，森林病虫害无公害防治率达到93%，农村卫生厕所普及率超过80%，农村能源改造4.2万个，农民人均纯收入年增长率超过10%，城镇居民可支配收入年增长率超过9%，万元GDP能耗降到0.5吨标煤以下，培育绿色企业个数20个（见表1）。

表1　新县建设主体功能区主要指标

	主要指标	2013年	2015年	2020年
环境保护	生态用地比例（%）	79.45	79.55	80
	森林覆盖率（%）	76.7	76.8	76.9
	森林植被总碳储量（Tg）	2.16	2.18	2.26
	林地保有量（平方公里）	1234.84	1246.84	1267.84
	自然保护区面积（公顷）	10580	10580	10580
	得到有效保护的国家和省重点保护野生动物例	34	40	60
	得到有效保护的极小种群野生植物种类	51	55	70
	公益林面积占林地面积比例（%）	53.3	53.3	53.3
	森林蓄积量（万立方米）	350	390	490
	湿地植被恢复（万公顷）			0.12
	湿地保护与恢复工程（万公顷）			0.12

续表

主要指标	2013 年	2015 年	2020 年
环境保护	水土流失综合治理率（%）	61.7	65	70
	坡耕地治理（万公顷）	0.4946	0.6246	0.8979
	用材林培育（万公顷）	2.3366	2.7366	3.4032
	特色经济林和林下经济（万公顷）	3.232	3.632	4.962
	基本农田（万亩）	25.11	25.11	25.11
	耕地保有量（万亩）	25.84	25.84	25.84
	水功能区水质达标率（%）	100%	100	100
	集中式饮用水水源地取水水质常规监测因子水质达标率（%）	100%	100	100
城乡生态治理	城镇污水集中处理率	100%	100	100
	农村安全饮水率（%）	58%	60%	60%
	生活垃圾无害化处理率（%）	100	100	100
	城镇人均公共绿地面积	10.2	10.9	11.35
	农村生活用能中清洁能源所占比例（%）	67.8	71	76
	秸秆综合利用率（%）	85	90	95
	农村卫生厕所普及率（%）	68.2	73.1	83
	农村能源改造（万个）	1.8	2.5	4.2
	林农培训（人）	2000	7000	30000
科技进步	地质灾害防治体系	初步建成	基本建成	正常运转
	科技保障体系		初步建成	初步建成
	森林病虫害无公害防治率	88	90	93
经济发展	农民人均纯收入	7946	10344	16659
	城镇居民可支配收入	18170	21587	33214
	万元 GDP 能耗	0.58	0.55	0.5
	培育高效节能低碳企业个数	4	10	20
社会进步	人口自然增长率（‰）	4.19	4	4
	公众对环境满意率（%）	95	97	98

三 空间格局

新县被列为国家级重点生态功能区，是关系全国或较大范围内生态安全的主体区域之一。按照"点上开发、面上保护"的要求，划定生产、生活、生态空间开发管制界限，将新县国土空间分为城市发展区域、农业生产区域、生态保护区域和禁止开发区域，构建主体功能鲜明、布局合理、区域发展协调的空间格局（参见表2）。

城市发展区域。新县城市发展区域包括新集镇和产业集聚区，总面积约134.3平方公里，占全县面积的8.33%。该区域是新县新型城镇化与新型工业化的重要践行地，是地方性辐射中心与增长极核，以及重要的人口和经济密集区。其功能定位是建设彰显豫南大别山特色的山水宜居城市和大别山红绿休闲旅游服务基地，打造国内著名的中药材和绿色健康食品生产基地。

农业生产区域。新县农业生产区域包括吴陈河镇和浒湾乡，总面积约133.8平方公里，占全县面积的8.3%。该区域是体现生态文明、统筹城乡发展的重要区域，是面向广大农村地区提供基本公共服务的城镇化地区和生态农业基地，是建设社会主义新农村，营造农村居民安居乐业美好家园的主体区域。

生态保护区域。新县生态保护区域包括香山湖管理区、田铺乡、泗店乡、箭厂河乡、陈店乡、周河乡、郭家河乡、沙窝镇、卡房乡、苏河镇、千斤乡、陡山河和八里畈镇，总面积约1213.42平方公里，占全县面积的75.27%。该区域以保护和修复生态环境、改善生态环境质量、增强生态服务功能和生态产品供给能力为首要任务，形成保障生态安全的主体区域和人与自然和谐相处的示范区。

禁止开发区域。新县禁止开发区域包括国家级自然保护区1处——连康山自然保护区，省级自然保护区1处——信阳黄缘闭壳龟自然保护区，国家级森林公园1处——金兰山国家森林公园，省级森林公园1处——河南省黄毛尖省级森林公园，总面积约1137.13平方公里，占全县面积的70.54%。该区域是保护自然生态资源的重要区域和珍贵动植物基因资源的保护地。

表 2　新县主体功能区空间格局

类型	所辖区域	面积（平方公里）	占全县面积的比例（％）	功能定位
城市发展区域	新集镇和产业集聚区	134.3	8.33	新县新型城镇化与新型工业化的重要践行地，地方性辐射中心与增长极核，重要的人口和经济密集区。建设充满豫南大别山特色的山水宜居城市和大别山红绿休闲旅游服务基地，打造国内著名的中药材和绿色健康食品生产基地
农业生产区域	吴陈河镇和浒湾乡	133.8	8.3	体现生态文明、统筹城乡发展的重要区域，是面向广大农村地区提供基本公共服务的城镇化地区和生态农业基地，是建设社会主义新农村，营造农村居民安居乐业美好家园的主体区域
生态保护区域	香山湖管理区、田铺乡、泗店乡、箭厂河乡、陈店乡、周河乡、郭家河乡、沙窝镇、卡房乡、苏河镇、千斤乡、陡山河和八里畈镇	1213.42	75.27	以保护和修复生态环境、改善生态环境质量、增强生态服务功能和生态产品供给能力为首要任务，形成保障生态安全的主体区域和人与自然和谐相处的示范区
禁止开发区域	国家级自然保护区 1 处——连康山自然保护区，省级自然保护区 1 处——信阳黄缘闭壳龟自然保护区，国家级森林公园 1 处——金兰山国家森林公园，省级森林公园 1 处——河南省黄毛尖省级森林公园	1137.13	70.54	保护自然生态资源的重要区域和珍贵动植物基因资源的保护地

注：信阳黄缘闭壳龟自然保护区总面积 1099 平方公里，其中新县分布总面积 965 平方公里，涉及 13 个乡镇，分布较多的有 6 个乡镇（周河乡、代咀乡、田铺乡、泗店乡、八里畈镇、沙窝镇）32 个行政村，总计 330.6 平方公里，与生态保护区域存在重叠。

四 主要任务

新县是信阳市生态环境最好的区域，在试点示范工作中，主要任务就是在维护好现有生态环境的基础上，通过进一步的生态建设和环境保护，使生态环境变得更好，同时使老百姓依靠生态致富。因此，工作重点为以理以下几个方面。

（一）实施大别山生态保护和修护行动计划

新县的生态保护与建设要针对水质下降、森林质量不高等较突出的问题开展行动，因此主要工作任务分为生态建设和生态保护两个方面。

1. 生态体系建设工程

一是加快淮河长江防护林建设。在山区丘陵生态地位重要及脆弱地区、河流和水库流域，实施长江淮河防护林工程。在支流的上游和水库流域营造水土保持林和水源涵养林，在干流和支流两岸营造护岸固坡防浪林、水土保持林和水源涵养林，建设生态屏障。二是加强森林抚育和低质低效林改造。针对山区有大量残次林分和灌木林，森林资源质量较差的问题，全面开展中幼林抚育试点，积极开展公益林、速生用材林的抚育管理工作，优化林分结构，调整林分空间，提高林分质量，提高森林资源质量。三是建设碳汇林业。在全县实施碳汇林业项目，尽快开展碳汇计量、检测和实施标准，借鉴外地碳汇交易经验，通过在全县开展"一企一矿绿化一山一沟""企业单位结对帮扶农村绿化""企业承担造林绿化重点工程"等多种方式，探索碳汇商业运作模式。四是强化生态走廊建设。依托以小潢河等内河为主的生态水系，建设沿河水系生态廊道；以江淮分水岭为核心，建设跨流域生态廊道；以郭家河枫杨林湿地公园为核心，建设湿地保护生态廊道；以京九铁路沿线绿植带为主，建设京九绿色通道走廊；以县城到将军故里沿线农业景观带为主，建设生态观光长廊。对现有廊道绿化进行查遗补缺，真正按省级规划标准实施。五是提升生态服务体系。加大财政支持力度，增加森林管理人员，定期对基层科技人员，对乡、村、组干部和青壮年农民进行实用技术培训，改善林区基础设施，加大林木管理力度，以服务体系的提升保证生态安全。

2. 生态保护计划

一是界河湿地公园保护。加强对自然湿地的保护监管，加大对界河湿地公园的保护提升工作，使之早日成为国家级湿地公园。二是生态安全保护。以"四区四园一带一走廊"（连康山国家级自然保护区、淮河源生物多样性自然保护区、黄缘闭壳龟自然保护区、大鲵自然保护区、金兰山国家森林公园、世界地质公园、黄毛尖森林公园、大别山植物博览园、潢河景观带和京九绿色走廊）为核心，建立大别山生态保护系统，加强对白鹳、金雕、大鲵、黄缘闭壳龟、穿山甲和银杏、红豆杉、香果树、金钱松等国家级野生动植物的保护。三是饮用水源地保护。加大香山水库、长洲河水库等水源地综合治理和水源上游生态项目建设。加快第二水源地建设步伐。大力开展小流域综合治理，打造水土保持示范区，提高水源涵养功能。四是生态移民工程。对香山湖饮用水源地一级保护区内、自然保护区核心区内、山区不宜居住区域等地的居民实施扶贫生态移民工程。

（二）实施环境治理行动计划

城乡居民生活污染和农业生产中化肥、畜牧养殖等造成的面源染污甚至已经超过了工业造成的点源污染，环境治理的重点在于对城镇居民生活污染的治理和农村面源污染的预防和治理。

1. 城乡居民生活污染治理

在城区，推行污水和垃圾处理网格化、常态化管理。在已建设污水处理厂和20个人工湿地系统的基础上，加快给排水管网建设，新建污水管网100公里，改造污水管网80公里，同时规划建设日处理5万吨的第二污水处理厂，使能纳入管网系统的区域尽可能纳入进来。在农村，考虑进行小型污水处理厂建设试点，以乡镇、中心村为单位，加强农村污水集中处理。加强县垃圾填埋场管理，完成垃圾处理场渗滤液处理工程，建设3个乡镇垃圾中转站，县城30公里以内的垃圾由县垃圾处理场集中处理，在较为偏远的乡镇建设简易垃圾处理场，做好分洪和防渗、防扬散、防流失措施，实现垃圾日产日清，就地处理。

2. 农村面源污染治理

推广种养循环经济，一方面，积极推广测土配方施肥等实用技术，减少化肥施用量；推广农作物秸秆综合利用，鼓励群众主动不焚烧秸秆，减少对大气的污染。另一方面，以环境承载力为限，限制畜牧业养殖总量，降低现有养殖规模，同时积极引导规模化养殖，发展沼气工程和生物肥料产业，开展农村畜禽养殖污水粪便无害化处理工作，减少农业面源污染。

3. 工业污染治理

推进重点排污企业深度治理，规划新建产业集聚区污水处理厂，同时建立康畈、九龙岭、羚锐工业园区污水和垃圾收运系统。开展非煤矿山生态植被恢复及环境整治综合治理项目，重点治理京九道渣厂、千斤十方钼矿公司、苏河清荣矿业公司等。

（三）实施农业生态化发展计划

从新县的地形地貌分析，新县农业发展需要稳定粮食生产，但更大力度应该放在经济作物的产业集群的培育上以及绿色健康产品的提供上，真正使农民通过生态保护、特色种植致富，同时又为食品安全做出贡献。

1. 水稻田保护

实施水稻保护工程，一方面加大水利设施的保障，另一方面通过财政补贴等引导措施，引导水稻种植从现有的每年两季改为每年一季，适度休耕，或冬季种植紫云英，改善土壤质量，稳定水稻面积。在种植品种上，大力推广种植超级杂交稻，以南信叶公路沿线和西循环公路沿线为重点，抓好超级稻生产基地建设。

2. 现代农业产业化集群培育

加大特色农业产业化集群龙头企业扶持力度，大力发展农产品精深加工，形成以品牌拓市场、市场牵龙头、龙头带基地、基地连农户的"全链条、全循环、高质量、高效益"的集群发展模式，促进农业与工业、服务业融合发展，实现农业增效，农民增收，形成茶叶、银杏、油茶、板栗等产业集群。

3. 绿色健康食品生态基地建设

利用当地丰富的生态资源和农业资源，结合现有农副产品加工基础，将茶叶、中草药、野山珍品等企业做大做强，以源自大别山的纯天然有机绿色产品为卖点，不断延伸绿色健康产业链条，打造国内著名的绿色健康食品生产基地。

4. 有机食品养殖基地和特色养殖基地建设

不断调整养殖结构，积极推进畜禽规模化、组织化、标准化、无公害化养殖，以淮南猪为特色，形成"高产、优质、高效、生态、安全"的畜牧业生产体系。

5. 农业观光产业带建设

以红色旅游线路为依托，主要在田铺乡、泗店乡、箭厂河乡、陈店乡郭家河、陡山河、新集镇、八里畈镇，大力发展农业观光产业，建设杭白菊特色产业示范园、油菜观光带、有机茶叶示范园，发挥"红""绿"文化交融的优势。

6. 农业科技服务体系建设

加大农业科技投入，加强必要的基础设施的建设，吸引更多的农林专业人才加入，定期定时举办专业技术普及讲座，开展送技术下乡活动，通过科技提升农业产业质量。

7. 农业生产条件改善

加快小型农田水利建设，以科学规划为依托，以加大投入为保障，以示范建设为突破，连片建设，整体推进，构建库、塘、堰、渠配套，蓄、引、提、供结合，建、管、节、改并重的农田水利综合发展体系，为农村经济社会发展提供强有力的水利基础保障。

（四）实施生态服务业发展行动计划

新县服务业发展要有意识地选择充分合理开发、利用当地生态环境资源基础上发展的产业，并对其进行重点发展。

1. 旅游产业发展

一是实施全域生态旅游体系培育工程。树立全域生态旅游的理念，加快旅游基础设施建设，提升旅游服务配套设施，加大宣传力度，提高群众对旅游服务的认知，自觉在日常生活中对外来人口包容相待，使全县域形成旅游发展的良好环境。二是红色旅游品牌塑造。立足红色首府在革命战争年代突出的历史地位和厚重的红色文化积淀，重点打造鄂豫皖红色首府风貌街、千里跃进园、中国红色文化博物馆、中国空军战机博物馆、大别山国防教育园、将军山旅游区、大别山红色文化艺术交流中心、大别山行政干部学院等，增加情景再现、互动、体验等能让游客感受体会的环节，变严肃的教育为主动的融入。三是促进生态休闲产品多样化发展。加强生态旅游产品的设计，开发登山健身、科普教育、特色采摘、氧吧打坐、乡村野趣、休闲小住等不同特色的产品，针对不同年龄段游客的身体特点和心理需求开展营销活动，开展定制服务。

2. 红色教育培训产业发展

以厚重的红色旅游资源为契机，把培训产业作为新的亮点来打造，建设好大别山干部教育学院、河南省检察职业学院大别山分院，把新县打造成为全省乃至全国著名的党性教育、廉政教育的重要基地。

3. 休闲养老产业发展

顺应目前老龄人口"候鸟"式养老的发展趋势，依托全县生态良好、气候适宜、空气洁净的优势，吸引社会资金，建设休闲养老公寓、养老院，配备一定的医疗保健设施和医务人员，设计适宜老年人参加的娱乐活动，逐步将休闲养老产业做大。

（五）实施推进新型城镇化行动计划

新县农业人口多，城镇化水平低，农村公共事业发展滞后，新型城镇化进程亟须加快。

1. 调整城镇化战略格局和定位

按照生态功能区建设的要求，对城镇化格局进行调整，实施"一城、两圈"的城镇化战略格局。

一城即主城区，是空间开发的核心和重点区域，目标是打造大别山区域性中心城市。

两圈，即东部城镇圈，主要包括新集－浒湾－八里－沙窝－周河－田铺－泗店，以文化旅游、现代农业、生物医药、农副产品加工为重点；西部城镇圈，主要包括新集－浒湾－吴陈河－陡山河－千斤－苏河－卡房－郭家河－陈店－箭厂河，主要发展生态旅游、农业观光、食品加工。通过城镇化战略格局的调整，引导人口与产业集聚，实现农民向产业工人转变，让更多的人享受到生态功能区建设带来的成果，促进经济社会发展。

2. 基础设施建设

一是立体交通体系建设。新建新县小型飞机场，用于森林防火及林业生产。在县域内，结合新县城镇建设和旅游资源分布，修改扩建县乡主干道为一级公路、次干道为二级公路，通村公路为三级公路，村组公路为四级公路，全面提高区域内的公路等级和乡村公路通达程度。外部交通，新建京九铁路新县站至合武铁路金寨站铁路，境内全长50公里；新建湖北麻城－许世友将军墓－大广高速－红安七里坪－武汉高速公路，境内全长32公里。二是水利设施建设。新建下山口、青龙沟、大五沟等小型水库25座，实施病险水库除险加固、骨干河道治理和塘堰坝、灌区工程建设，规划治理县域内淮河和长江流域一级支流主河道271公里，改造灌区干、支农渠总长度109公里，小型灌区442公里。三是绿色能源建设。加快风电、抽水蓄能、太阳能、小水电、生物质能和沼气等清洁能源发展，完成大别山（黄毛尖）、白云山、铁寺寨风电场建设任务。规划建设三角山、老君山、招风坳、将军岭等风电场和田铺大坪抽水蓄能电站。积极推进小水电建设、小水电技术改造和增效扩容改造，新建、技术改造和增效扩容改造小水电站58座，实施小水电代燃料项目5700户。在农村，推广应用太阳能、生物质能和秸秆气化，开展新农村建设节能示范村建设。

3. 城区建设提升

一是山水园林城市打造。以"青山、绿水、蓝天、红城"为城市建设思路。在城区山场营造景观林，在县城周围营造环城林，在农村乡镇加强集中连片绿化美化，并通过绿色廊道建设将整个县域进行连接，建设山水园林城市。二是城市基础设施提升。重点完善城区供水、供气、供暖、消防、垃圾和污水处理等公共基础设施；建设新县第二水源地（新建大口井6座），日供水能力达6万吨；新建供水管网100公里，改造供水管网80公里；在产业集聚区铺设供水管网160公里及配套供水设施；建设4座集镇自来水厂，续建及改造12座；规划新建热燃厂4座，铺设热水管网120公里；新建花果山等城区公园及沿河景观带。

4. 新农村建设

一是加强美丽乡村建设。以农村环境综合整治、国家生态县建设、村庄建设、产业发展、和谐乡村建设、扶贫开发六大工程为载体，区别情况，酌情发展。加快建设丁李湾、西河、毛铺等特色古村落和田铺大湾等民俗村落；在生活条件比较完善的村庄，重点实施改水、改厕、改圈，拆除有碍观瞻的建筑，做好污水处理、垃圾分类和村庄绿化工作，改善村容村貌；在具备一定基础条件的村庄，重点实施古村落保护开发，整治修复农房院落；在基本生活条件还存在困难的村庄，重点实施安全饮水、道路硬化工程和新一轮电网升级改造，满足基本生产生活需求。二是改善农村人居环境工程。积极实施农村饮水安全工程，解决农村人口安全吃水问题。规划新建 16 个乡镇区供水厂及配套设施，日供水能力达 12 万吨，到 2020 年前，解决 1.12 万户 5.06 万人自来水入户，县境内 205 个行政村"户户通自来水"。实施改水、改厨、改厕、改圈"四改工程"，加强农村污水、垃圾处理和畜禽养殖污染防治，控制和降低农药、化肥、农膜等面源污染。绿化美化农村"四旁"（村旁、宅旁、路旁、水旁）。对全县困难群众的危旧房屋进行改造，规划改造农村危房 60 万平方米。实施扶贫开发整村推进项目，完成 118 个贫困村整村推进任务。实施扶贫搬迁项目，搬迁深山区农户 8253 户 35374 人。三是加快农村道路工程建设。加快乡村道路建设步伐，提高乡村道路建设标准。到 2015 年，基本实现农村公路养护常态化和所有行政村通班车，在有条件的自然村硬化通村公路。到 2020 年，实现所有具备条件的自然村通水泥路，进一步推进村庄内道路硬化，农村公路服务水平进一步提高。

5. 公共服务一体化建设工程

加大公共服务投入，创新公共服务体制，以公共教育、公共卫生、公共文化体育、公共交通、住房保障、就业保障、医疗保障等工作为重点，力争在县域内城乡之间、群体之间实现基本公共服务一体化。

五 确立保障生态功能区建设的长效发展机制

生态功能区建设是一个长期而艰巨的工作，因此必须制定相应的制度以保障生态建设成为县域经济发展中的首选。

（一）生态补偿机制

建立生态文明导向机制，完善转移支付制度，提高生态文明建设的财政投入水平。加大对重点生态地区的生态补偿力度，建立稳定的生态环保财力增长机制，使重点生态地区在保护好青山绿水的同时，能够得到相应的财力补偿。

（二）环境整治和改善专项支持

安排专项资金支持重点流域、区域的环境保护和污染治理工作。加强环保设施建设，支持大气、水环境自动监测系统建设。加强农业面源污染治理，发展种养循环经济。支持重点乡镇垃圾、污水集中处理设施建设，提高垃圾、污水集中处理率。加快中心城区和乡镇区污水管网建设，推进雨污分流改造，加强河道综合整治。

（三）建立生态奖励基金机制

把生态资源作为重要的资本来经营，推动生态效益评估、碳减排指标有偿使用，积极开展碳交易试点，大力发展碳汇林业，建立生态奖励基金机制。

（四）建立考核奖惩体系

对全县目前的生态系统进行整体评估摸底，制定生态发展目标体系，建立新的生态建设年度考评办法，把资源消耗、环境损害、生态效益等体现生态文明建设状况的指标纳入经济社会发展评价体系。

六 保障试点示范工作的措施

（一）组织保障

成立由新县县长任组长的国家级重点生态功能区建设试点示范工作领导小组，成员由县发改、科技、工业和信息化、监察、财政、国土、住房和城乡建设、环保、水利、农业、人口计生、林业、法制、气象等部门组成，下设办公室，办公室设在县发改委，各部门按照国家和省主体功能区规划中的部门责任划分，切实履行职责，加强指导、组织、协调以及监督方案实施，制定切实可行的实施细则，落实到具体部门，建立联动机制，富有成效地抓好试点示范工作。

（二）资金保障

建立多层次生态补偿资金渠道，推行绿色金融贷款，合理利用信贷资金，引导信贷资金支持生态补偿项目。建立生态补偿与生态保险协调体系，针对生态风险引入生态保险，建立生态风险分散机制，并通过生态保险筹集生态补偿资金。

（三）人才保障

积极与国内高等院校和科研机构建立合作关系，充分发挥政府咨询顾问委员会和科技顾问委员会在重大项目、规划、决策中的咨询参谋作用。加强当地技术骨干队伍的培养，逐步建立一支懂环保、精技术、会管理的人才队伍。

（四）项目保障

在国家支持发展的领域内，积极谋划一批能加快推进生态功能区建设的大项目，积极争取国家政策性资金投入，为保护区建设、植树造林、农村环境综合整治、农村清洁能源建设、水源地保护等生态保护工作提供资金保障。

执笔：王琪、尹勇、乔金燕、陈玲、翁珺、盛见、弋伟伟、王新、张莎

第五篇
推进共享，实现获得感幸福感新提升

共享是中国特色社会主义的本质要求，坚持以人民为中心的发展思想，将增进人民福祉、促进人的全面发展作为出发点和落脚点，让改革发展成果更多更公平地惠及全体人民。本篇主要研究河南省基本公共服务体系建设、农村扶贫攻坚、革命老区建设等对策措施，不断提升公共服务共建能力和共享水平，解决好人民群众最关心最直接最现实的利益问题，夯实人民幸福之基。

河南省"十三五"时期基本公共服务
体系建设研究

　　基本公共服务的属性在于其公共性、普惠性和社会公平，内涵既广且深，但基本包括公共教育、公共卫生、公共文化等社会事业，也包括公共交通、公共通信等公共产品和公用设施建设，还包括解决人的生存、发展和维护社会稳定所需要的社会就业、社会分配、社会保障、社会福利、社会秩序等公共制度建设。基本公共服务体系是基本公共服务均等化的主要支撑，也是政府履行公共服务职责的政策依据。"十八大"以来，国家将基本公共服务体系建设作为持续保障和改善民生，切实增强人民群众福祉的重大举措来抓，并上升到国家发展战略层次。本研究立足"十三五"期间河南省基本公共服务所面临的形势，借鉴国外发达国家基本公共服务建设经验，系统分析河南省今后五年基本公共服务体系建设方向，提出基本目标，以及需要解决的重点和难点任务及相应的对策，以期为河南省"十三五"基本公共服务建设提供系统的、可行的思路。

一　河南省基本公共服务体系建设面临的宏观形势

（一）主要机遇

1. 政府高度重视基本公共服务体系建设

　　十八届五中全会提出要坚持普惠性、保基本、均等化、可持续方向，从解决人民最关心最直接最现实的利益问题入手，增强政府职责，提高公共服务共建能力和共享水平，明确了"十三五"期间国家基本公共服务体系建设的总体思路和工作重点。《河南省全面建成小康社会加快现代化建设战略纲要》把建立健全基本公共服务体系，促进基本公共服务均等化作为推进共享发展，迈向幸福新生活的重大举措，维护社会公平正义的迫切需要，全面建设服务型政府的内在要求，标志着河南省基本公共服务均等化从基本理念已经上升为国家实践，为全省各级政府今后五年加快基本公共服务体系制度建设提供了现实指导。

2. 基本公共服务财政保障能力不断增强

"十二五"以来，我国经济总量跃居世界第二位，基本公共服务财政保障能力显著增强。2015年河南省 GDP 达到 37010 元，继续保持全国第五位、中西部省份首位。2015年全省财政民生支出 5265.7 亿元，占财政支出比重达 77.4%，其中财政社会保障和就业支出 952.3 亿元，增长 20.4%；财政教育支出 1271 亿元，增长 5.8%；财政医疗卫生与计划生育支出 712.8 亿元，增长 18.2%；财政文化体育与传媒支出 105.5 亿元，增长 15.7%。2015年仅投入十项民生工程资金共 1294 亿元。随着河南省三大战略持续平稳推进，"十三五"期间河南省经济将继续保持巨大的潜力、韧性和回旋余地，发展基础日益雄厚，财政收入不断增加，基本公共服务财政保障能力将进一步加强。

3. 全面深化改革的红利正在释放

十八届三中全会《中共中央关于全面深化改革若干重大问题的决定》提出，要以保基本、兜底线、促公平为核心，建立起惠及全体人民的民生保障服务体系，把改革的红利真正送到社会基层。河南省紧紧抓住民生改善的关键举措，从群众最期盼的领域改起，从制约经济社会发展最突出的问题改起，从社会各界能够达成共识的环节改起，加快推进以全面实施注册资本登记制度、完善促进创业就业税收为重点的就业政策改革，以实现城乡并轨为重点的基本养老保险制度改革，以鼓励社会资本进入、增加医疗服务供给为重点的医疗改革，以增加城乡居民收入、缩小分配差距、规范收入分配秩序为重点的收入分配制度改革。这些改革织牢民生保障"安全网"，激发了社会的创造活力，真正使改革红利惠及千家万户。

4. 基本公共服务信息化水平迅速提高

近年来，云计算、物联网、移动互联网、大数据等信息技术的快速发展，智慧城市、智慧政府建设提速，"互联网＋公共服务"得到广泛应用，大大加快了部门信息互联互通、区域信息开放共享、行业信息协同联动，为创新基本公共服务方式、优化业务流程创造了条件。"十三五"期间，随着信息技术在更宽领域、更高层次上向民生领域延伸，我国社会服务管理水平和质量将进一步提高，公共服务整体效能将进一步增强，公共服务模式和管理模式将得到深刻转变。

（二）主要挑战

一是河南省财政收入的增长很可能出现更大幅度的放缓。进一步加大财政投入来支持公共服务发展的力度相对趋弱，经济转型升级使传统产业不断收缩，保持收入等稳定的压力较大。二是城镇化的快速推进要求加大对公共服务的投入。未来十年，河南省城镇化速度将以每年 1 个多百分点的速度增长，城镇人口将大量增加，要求拓展基本公共服务均等化覆盖的广度和深度，目前公共产品短缺，可及性低，与城镇化加速发展的矛盾越来越突出。三是人口老龄化加速对公共资源造成压力。目前河南省高龄、空巢、失独和失能老人的数量持续增加，老龄人特别是农村老人的护理等问题十分突出，给各地养老财政、福利和医疗资源带来了空前的压力。四是居民对公共服务的需求和期望不断增长。"十三五"时期随着社会新特征的出现，仅仅增加资源投入、扩大供给规模，不一定能带来群众主观满意度的直接提升。群众对基本公共服务需求的增长与河南省基本公共产品短缺、公共服务质量不高的矛盾日益凸显。

二 河南省基本公共服务体系建设取得的主要成效

（一）基本公共教育水平不断提升

"十二五"以来，河南省教育现代化水平显著提升。一是基础教育水平逐步提高。学前教育行动计划深入开展，2015 年全省学前三年毛入园率达到78.56%；义务教育发展水平明显提升，2015 年小学净入学率 99.97%，普通初中净入学率 99.96%，九年义务教育巩固率 93%，基础教育办学条件进一步改善。二是职业教育成效显著。坚持"三改一抓一构建"和"六路并进"的发展思路，扎实推进示范校和特色校建设，积极推进职业教育攻坚计划和全民技能振兴工程，支持 100 所省级品牌示范校和 200 所特色校建设。三是教育投入稳步增长。坚持义务教育财政拨款增长高于财政经常性收入增长举措，落实农村义务教育家庭经济困难寄宿生的生活补助政策，义务教育生均公用经费小学年生均600元，初中年生均800元，比"十一五"末提高300元。

（二）就业公共服务能力进一步增强

"十二五"以来，河南省形成经济发展与扩大就业良性互动的长效机制。一是就业容量持续扩大，就业结构不断优化。多渠道开发就业岗位，积极实施再就业援助工程，"十二五"期间累计实现城镇新增就业711万人，年城镇登记失业率始终保持3.4%以下，实现动态消除零就业家庭，农村劳动力转移就业总量累计达到2840万人，二、三产业从业人员年均提高1.6个百分点。二是创业促就业成绩突出。"十二五"以来累计扶持创业150万人，持续实施了"全民技能振兴工程"，开展分类培训、分层培训和定向培训相结合的各类职业技能培训，五年累计完成各类职业技能培训近2000万人次，培训人数和培训覆盖率均居全国之首。三是就业服务体系初步形成。推动了公共就业服务向基层延伸，基本实现了公共服务的一站式办理，全省乡镇（街道）人力资源社会保障服务所覆盖面达95%。

（三）社会保险覆盖面不断扩大

"十二五"以来，河南省积极扩大社会保障覆盖面，逐步提高基础养老金水平，加快完善医疗、工伤、失业、生育保险制度体系，完善基本医疗保险制度，改革基本医疗保险付费方式，积极推进门诊统筹，各类参保人员养老保险关系在地区之间、制度之间实现顺畅衔接，社会保障制度更加公平可持续。企业退休人员月人均养老金由"十一五"期末的1278元提高到2150元，城乡居民基础养老金最低月计发标准提高到78元，城镇职工、城镇居民住院报销比例分别达到80%和70%，失业金月均领取标准较"十一五"期末增加648元，达到1153元。

（四）基本社会服务不断完善

"十二五"期间，河南省积极建设惠及全民、相互衔接的新型社会救助体系。一是社会救助水平不断提高。城乡低保标准和补助水平大幅提高，2010年至2015年，城市低保标准和补助水平分别提高107%和79%，农村低保标准和补助水平分别提高83%和60%，农村五保集中供养床位数达 23.13 万张。二是社会福利事业持续发展。儿童福利事业稳步发展，明确了全省孤儿基本生活最低养育标准，4.5 万多名孤儿的基本生活得到保障；开展了儿童福利示范区和困境儿童分类保障试点工作，共有 1.8 万余名儿童受益。三是养老服务体系不断完善。养老服务基础设施建设加快，养老床位数由 2010 年的 24 万多张上升到 2015 年的 40.6 万张，每千名老人拥有养老床位数达 30 张，打造了"12349"居家养老服务平台。四是优抚安置工作扎实推进。优抚对象抚恤补助标准每年以约 15% 的幅度增长，2015 年河南省各类优抚对象抚恤补助标准约是 2011 年的 1.5 倍。从 2012 年起，实现了义务兵优待城乡全覆盖，并大幅提高了优待金标准。

（五）基本公共卫生服务均等化积极推进

"十二五"期间，河南省持续提高医疗保障水平，基本公共卫生服务均等化积极推进。一是居民健康水平明显提高。2014 年，全省人均期望寿命达到 74.6 岁，婴儿死亡率、5 岁以下儿童死亡率和孕产妇死亡率，分别下降到 4.49‰、6.61‰、11.17/10 万，提前实现"十二五"规划目标，位居中西部地区前列。二是基层医疗卫生服务能力显著增强。"十二五"时期每个县至少有 1 所县级医院达到二级水平，省辖市、县级市每个街道办事处拥有 1 所集公共卫生、基本医疗功能为一体的社区卫生服务中心。三是公共卫生服务保障能力进一步提升。2015 年，人均基本公共卫生经费达到 40 元，国家免疫规划疫苗接种率连续保持在 98% 以上，基本公共卫生服务项目增至 12 类 45 项。四是居民健康保障制度不断完善。2015 年，新型农村合作医疗参合农民达到 8292.40 万人，参合率达 99.12%。人均筹资水平达到 470 元，政策范围内门诊、住院费用补偿比例分别达到 60% 和 75% 左右。基本实现城乡居民异地就医医保即时结算。城乡居民大病保险全面推开，疾病应急救助制度和重特大疾病医疗救助制度基本建立。

（六）住房保障能力进一步增强

政府高度重视中低收入家庭住房问题，将保障性住房建设和农村危房改造列入"十项重点民生工程"。一是持续加大保障性住房建设力度。加快公共租赁住房建设、农村危房、城市和国有工矿棚户区改造步伐，全省累计开工建设各类保障性住房 244.07 万套，超额完成规划确定的 200 万套开工目标。二是政策支持体系和工作推进机制日趋完善。在资金保障、土地供给、入住管理等方面相继出台了若干文件支持保障性住房建设。三是保障性住房保障覆盖面逐步扩大。建立了以公共租赁住房为主、多层次城镇住房保障体系。

（七）公共文化体育服务持续改善

一是公共文化服务能力不断提升。建成达到国家建设标准的乡镇综合文化站502个，"县县有图书馆、文化馆（群众艺术馆），乡镇有文化站"的目标基本实现，村（社区）文化服务中心建设试点工作启动。二是公共体育服务范围不断扩大。充分发挥体育协会组织的作用，完善提升社区体育俱乐部、基层文化体育活动中心功能，河南省共有18个省辖市和128个县（市、区）成立了体育总会，拥有健身站点23875个。建立和完善了以测试数据为主的基础数据库建设，全省90%以上的省辖市和50%的县（市）都建成了国民体质测定与运动健身指导站。经常参加体育锻炼的人数比例为57.7%，《国民体质测定标准》总体合格达标率为91.5%。

（八）残疾人基本公共服务不断完善

河南省以残疾人就业培训工程、0～6岁贫困残疾儿童抢救性康复救助工程和残疾人服务设施项目建设为重点，逐步提升残疾人基本公共服务能力。一是残疾人服务能力进一步加强，二是着力加强残疾人服务设施，三是残疾人保障水平不断提高，将残疾人普遍纳入覆盖城乡居民的社会保障体系并予以重点保障和特殊救助，扶持带动贫困残疾人脱贫。

三　河南省基本公共服务体系建设中存在的问题

河南省基本公共服务体系建设虽然取得较大成绩，但也存在着不少问题。一是基本公共服务体系尚不完备。环境保护、公共安全、消费安全等一些公众迫切关注的领域还没有纳入基本公共服务体系中，医疗教育、公共设施、城市交通、基本住房保障等一些服务项目的标准还难以满足公众日益增长的需求。二是基本公共服务有效供给不足。主要体现为教育服务能力跟不上人口聚集的步伐，出现"择校热"和"上好学校难"现象，社会保障资金过分依赖于政府财力水平和企业经营状况，基本公共卫生服务覆盖流动人口难度较大，住房保障存在保障能力不足、分配不公、建设资金违规违纪等问题。三是基本公共服务供给方式单一。河南省基本公共服务供给主要是以政府为主导的供给模式，供给方式比较单一，社会组织服务水平十分有限，政府采购服务项目大都是为保障政府部门自身正常运转而购买的服务，全面建立健全政府购买服务体系任重而道远。四是公共服务能力不均衡格局没有得到根本改变。城乡二元格局、地区差异和行业分割进一步加剧了基本公共服务体系建设的碎片化。

四　原因分析

（一）经济发展水平较低，基本公共服务整体水平提高难度大

一方面，河南省作为内陆农业大省，与发达省份相比较而言，经济发展水平低，政府和居民个人收入相对低；另一方面，作为人口大省，人口众多，基本公共服务支出规模大负担重，基本公共服务整体水平提高难度大。从人均财政收入分析，2015 年，河南省地方一般公共预算收入 3009.65 亿元，而广东省、山东省和湖北省一般公共预算收入分别为 9364.76 亿元、5529.3 亿元和 3005.39 亿元。由于各省市区仍然按照户籍人口来分配基本公共服务支出，那么按照户籍总人口计算的河南省、广东、山东和湖北的人均一般财政收入分别为 2807 元、11127 元、6250 元和 4877 元，河南省人均一般公共预算收入仅相当于广东的 25%、山东的 45% 和湖北的 57%（见表1）。从居民人均可支配收入分析，按照常住人口规模计算的广东、山东、湖北和河南省的居民人均可支配收入分别为 27859 元、22703 元、20026 元和 17125 元，河南省分别为广东的 61%、山东的 75%、湖北的 85%。

表1　河南省与广东、山东和湖北三省人均财政收入和可支配收入比较

省份	人均一般财政收入（元）	人均可支配收入（元）	河南人均财政收入占比（%）	河南人均可支配收入占比（%）
广东	11127	27859	25	61
山东	6250	22703	45	75
湖北	4877	20026	57	85
河南	2807	17125	—	—

（二）基本公共服务供给依附于户籍制度，基本公共服务城乡差别较大

虽然国务院已经出台《居住证暂行条例》，采取"阶梯赋权"的办法，逐步赋予居住证持有人相应的基本公共服务权利，但河南省还未出台相关居住证管理办法。目前河南省基本公共服务供给还没有脱离户籍制度，城乡仍然按照户籍人口提供基本公共服务。由于长期形成的城乡二元分割的政策体系和管理体制，在公共服务供给上，采取城乡有别的供给体系，城市公共服务资金由政府财政保障，而农村公共服务主要依靠农村和农民自行出资或出力解决。这种不合理的管理体制，直接导致基本公共服务的城乡供给失衡，公共服务水平城乡差别较大。

（三）人口流动频繁，导致公共服务地域供给错位

河南省是人口大省，也是全国第一劳务输出大省，人口流动频繁。2010年至今，河南省劳动力转移规模都在逐年增加，由2010年的2357万人增加至2015年的2814万人且由于产业逐步向内地转移速度加快，劳动力转移呈现出回流状态。无论是省外转移还是省内跨地市转移人口，由于流入地大规模转移人口流入，政府承担的基本公共服务成本大幅提高，而在现行财政体制下，中央与地方是按照户籍人口来划分财权和事权的，那么在中央与流入地、流入地与流出地之间的财权和事权就存在着严重的不匹配问题，就会出现基本公共服务地域供给错位，流入地基本公共服务难以覆盖现有的常住人口，导致一部分流动人群无法或难以享受当地居民水平的基本公共服务，出现群众反映强烈的"看病贵""大班额"等现象；而流出地仍然会按照户籍提供基本公共服务，由于人口大规模流出，基本公共服务缺乏相应的服务对象，严重影响了基本公共服务提供的效率和效果。比如，农村中小学缺乏足够的生源、送戏下乡缺乏足够观众、农家书屋缺乏读者等问题。

（四）基层政府财力与事权不匹配，政府间权责失调

在我国的基本公共服务体系分工中，收入主要集中在中央政府手中，而提供基本公共服务的职能主要由省级以下政府承担。在省级政府层次，省级政府的可支配收入较多，而基层政府的可支配收入很少，同时基层政

府却承担着大量的基本公共服务职能，但权力小，财力薄弱，加之上级政府支持不够，许多基层政府无财力来提供最基本的公共服务，造成现在普遍存在县乡财政负债问题，这在一定程度上严重地影响了基本公共服务提供的效率和效果。

（五）基本公共服务领域改革滞后，不能适应时代的变化

近年来，河南省在公共服务领域进行了改革，但总体上，公共服务领域改革滞后，公共服务的效率和质量与经济社会发展和人民生活水平提高仍不相适应。主要体现在以下方面：没有从外部性、公民权、流动性和地区平衡的角度，重新划定省级政府与地方政府的职责范围，基本公共服务职责划分没能与财政税收制度统筹改革相协调；基本公共服务政府内部的监督和督察制度尚待进一步完善，特别是缺乏相应的社会和民众的监督机制，监督问责缺位；政府基本公共服务提供存在多头管理、缺乏专业人才、缺乏竞争机制的问题，没有建立起政府与民众的合作机制。

（六）信息化建设不完善，制约基本公共服务供给效率的提高

基本公共服务领域广、牵扯面大，每个领域都有一个甚至多个系统，不同领域不同地域标准不一、水平不同。因此，必须借助信息化手段，准确把握公共服务需求、精确核算公共服务成本、合理配置公共服务资源，才能构建统一、均等、高效的基本公共服务体系。当前河南省基本公共服务领域信息化工作正在加速推进，但河南省信息化发展水平与基本公共服务体系建设的内在要求，仍有相当差距，还存在信息共享程度较低、业务协同能力较弱，社会保障卡发行规模小、应用单一且与"一卡通"的要求有相当大的差距，全省就业信息系统应用程度不高，信息安全形势严峻等突出问题，制约了全省互联互通。

五 国内外基本公共服务体系建设的经验与启示

（一）国内外实践经验

西方国家经过一百多年的探索和实践，为公共服务体系建设提供了丰

富的实践经验，推动了公共服务实践发展与进步，成为西方国家经济社会发展的加速器和平衡器，值得我们学习借鉴（见表2）。

表2 国外基本公共服务体系建设经验

类别	主要做法和经验
发达国家完善公共服务领域	1. 不断完善公共教育服务体系。义务教育年限在10年以上的国家和地区已经达到75个，占总数的40.5%。义务教育年限由9年开始逐步加长已成为国际性趋势。发达国家政府普遍建立了11~13年的义务教育制度，其中，美国、英国、德国、比利时分别为12年、12年、13年、13年。公共教育服务体系完善的国家，政府公共教育支出占GDP的比重也比较高。2007年，英国、美国、比利时、瑞典分别为5.5%、5.7%、6%、7.1%。 2. 不断完善养老保险体系。目前，全球主要国家养老保险体系都在发生向多支柱支撑演变，如瑞典、荷兰、丹麦、澳大利亚等国将国家公共保险与强制性职业年金相结合，美国、德国将国家公共保险与自愿职业年金相结合。 3. 不断完善医疗保障服务体系。目前，世界卫生组织194个成员国中，约90个国家建立了覆盖全体居民的卫生保健体制。其中，所有高收入国家、60%的上中等收入国家、40%的下中等收入国家、10%的低收入国家建立了覆盖全民的健康保障制度。 4. 不断完善公共住房保障体系。西方国家政府普遍重视保障公民基本的居住权，主要是大力发展公共住房，由政府直接投资建造或以一定方式对建房机构提供补助、由建房机构建设，并以较低价格、租金向中低收入家庭进行出售、出租住房。如美国公共住房覆盖了占总人口比例15%的中低收入家庭，英国公共住房占住房总量的25%。新加坡85%的住房是政府提供的公共住房（新加坡称为"公共组屋"），交易受政府控制。目前新加坡是世界上住房问题解决得最好的国家之一。 5. 不断完善公共就业服务体系。多数发达国家公共就业服务体系都很完善，就业服务机构每个工作人员平均服务35~50名失业者。公共就业服务的主要做法包括联系雇主，收集空岗信息；扩大自助服务设施，强化劳动力市场信息服务功能；实施劳动力市场政策，实施求职帮助计划、培训教育计划和直接创造就业计划等。 6. 不断完善社会公共服务设施体系。发达国家在社会公共服务设施方面投入较大，已建立完善而广泛的公共服务网络，包括便捷的内外交通系统、完善的水电气热供应系统、现代化的信息网络系统、以污水与垃圾处理为中心的环保环节系统、优美舒适的生态环境系统、防灾减灾系统、公共文化体育设施系统等。如伦敦、东京、巴黎、纽约等城市污水处理率、垃圾无害化处理率都达到了100%。 7. 美国政府公共服务范围十分广泛。美国公共服务包括公共工程与交通、公共安全、公用事业、健康与人力资源、公园及娱乐、文化艺术和保障功能等七大类。美国将公共服务又分为硬服务和软服务①。

---

① 硬服务是指有具体的服务质量标准，双方可以事先详细约定权利义务与价格，监管成本较低，如垃圾清运、道路维护、拖车服务等。软服务是指以众多个人为服务对象，满足居民个性化需求，难以进行明确的成本收益衡量，服务质量标准不易量化，监管成本较高的服务事项，比如社区矫正、婴幼儿照料、养老服务等。

续表

类别	主要做法和经验
基本公共服务均等化	1. 德国均衡性转移支付机制。德国早在 20 世纪 50 年代就建立起"财政集中、共享分税"的分税制模式，以实现公共服务均等化，并相应建立了均衡性转移支付机制——横向转移支付与纵向转移支付①相结合的复合模式，实现资金来源的横向和纵向二者的均衡结合，从而确保在全国范围内提供基本平衡的公共服务，成为实现基本公共服务均等化典范。 2. 加拿大建立省级政府财政支付能力均等化体系。在专门管理机构的操作下，按照均等化转移支付的公式计算各省财政收入能力，根据人均财政收入水平在省与省之间进行财政转移支付，通过转移支付，确保欠发达省份有能力提供与其他省份水平相当的公共服务。 3. 日本地方交付税制度和国库支付金制度。地方交付税是按照一定的比例抽取国税上交中央，中央政府根据各地经济社会发展水平、公共服务项目等因素，通过分配政策和精确复杂多重计算，对交付税进行分配，返还地方。国库支付金是指中央政府以国库支付金的形式支付，专门用于推进全国均等化程度的资金，目的是为保障一些事关国计民生的事务，如教育、公共交通、社会保障等，在全国达到均等化水平。
创新公共服务供给	1. 促进公共服务主体多元化。西方国家在政府主管部门之外，成立了大量的执行机构、公法行政法人、私法行政法人、非营利组织来履行具体的公共服务供给职能。如法国工商行政法人、德国私法管理机构、荷兰私法独立行政机构、英国非政府部门公共实体等。据不完全数据显示，就公共开支和人员而言，这些提供公共服务的新实体在中央政府内所占重要性往往超过 50%，有时甚至达到 75%。英国实施"大社会、小政府"计划，重视发挥非营利组织在社会公共服务中的作用，把越来越多的公共服务功能下放到民间，涵盖儿童福利、流浪救助、老兵服务、戒毒、犯罪预防、交通、贫困、环保、社会治安、医疗卫生、教育、文化遗产保护及城镇规划与重建等诸多领域。 2. 推动服务方式创新。发达国家重视引入公共服务的市场化与社会化机制。在公共服务供给中，实行公共服务合同外包、公共服务购买、政府间协议、特许经营、凭单制、志愿服务等多种方式。美国在 20 世纪 50 年代就出台政策，只要是市场可以提供的公共服务，政府都必须让市场来提供，都要实行合同外包，美国政府购买公共服务主要有合同外包、发放凭单、用者付费、特许经营②等四种方式。如 2005 年美国联邦政府行政人员约为 187.1 万人，但通过政府购买和政府合同，实际为联邦政府服务的人员约 800 万。 3. 美国推行全国统一的"社会保障号"制度。"社会保障号"构成美国人口管理和社会保障制度运行的又一重要基础。所有公民或在美长期居住的外国人都必须拥有一个社会保障号，号码唯一且终生不变，成为公民享受医疗保险、失业救助、住房补贴等凭证。

① 首先，中央财政把增值税部分作为专项均衡资金分为两部分，一部分按照人均返还给各州，另一部分则对于低于全国财政平均水平的州进行财政补贴，目标是使财政能力较弱的州能够达到全国平均水平的 92%。其次，财政转移在各州间进行，按照严谨复杂的公式化方法测算出各州是具有平衡义务还是平衡资格，具有平衡义务的州按照测算的比例将财政收入"支援"给平衡资格的州。这样，即使是贫困州，财力也能够提升到全国财政能力平均水平的 95%。

② 为保证公众能够得到某种公共产品或服务，政府通过制定服务标准，资格审查，准许一家或多家私人部门为供应商，由用户购买其产品或服务，政府主要进行价格监管。在美国实行特许经营的项目主要是与公共生活相关的公用事业，如收费道路、水电气通信等。

续表

类别	主要做法和经验
资源保障	1. 完善公共财政体制。注重形成保障公共服务职能履行的公共财政体制，是发达国家公共服务改革的重要做法。在当代，公共服务支出已经成为发达国家政府财政支出的主体。2003 年，高收入国家用于公共补贴、拨款以及其他社会福利的支出占中央政府总支出的 60% 左右。为充实公共服务体系建设的资金来源，发达国家充分发挥国家的再分配职能，完善以基本公正为原则的税收制度，如个人所得税、巨富税、遗产税、高档商品高额增值税等。如日本、英国等的遗产税高达 90%，美国占纳税人口 2% 的富人承担了整个联邦税收的 40%。 2. 美国建立决策咨询委员会制度。美国有《联邦咨询委员会法》（1972 年），规定咨询委员会里的服务对象代表必须照顾到各界，如全国饮用水咨询委员会的成员就有 5 名来自公用事业和其他饮用水制造者，5 名来自州和地方政府，5 名来自环境、消费者以及其他公益集团。目前美国联邦政府范围内有大约 1000 个咨询委员会在运作。
实施评估	英国注重公共服务供给绩效评估和责任。绩效评估一直是英国政府购买服务的重要组成部分，英国政府建立了比较完善的绩效评估与改进战略机制，引进"地方公共服务协议"和"全面质量评估"，强化价值评估，提高奖励力度和惩罚力度。政府建立了由行政管理人员、专家学者以及来自社区、非政府和商业机构的工作人员构成的 200 多人的特别工作组、顾问组和政策检查组，对政府购买公共服务提供咨询和反馈意见。

　　近年来，在基本公共服务体系建设方面，国内一些省份和城市有一些先进的做法和经验，也很值得河南省学习借鉴（见表 3）。

表 3　国内基本公共服务体系建设经验

类别	主要做法和经验
完善基本公共服务领域	1. 不断完善公共教育服务体系。广东省计划于"十三五"期间深化考试招生制度改革和教育教学改革，建立个人学习账号和学分累计制度，完善分类考试、综合评价、多元录取考试招生制度。陕西"十三五"期间，全面实施 13 年免费教育，包括学前 1 年、小学初中 9 年和高中 3 年。在"十三五"期间，青海省针对贫困家庭学生，在义务教育基础上，纳入幼儿 3 年教育、高中 3 年教育，实行 15 年免费教育。 2. 不断完善公共就业服务体系。广东省"十三五"期间推行工学结合、校企合作的技术工人培养模式，推行企业新型学徒制，落实终身职业技能培训制度，实施新生代农民工职业技能提升计划。完善职称评定制度，推广专业技术职称、技能等级等与大城市落户挂钩的做法。

续表

类别	主要做法和经验
完善基本公共服务领域	3. 不断完善养老保险体系。江苏省"十三五"期间开展应对人口老龄化行动，努力建设以居家为基础、社区为依托、机构为补充的多层次养老服务体系，推进医疗卫生与养老服务相结合，探索建立长期护理保险制度，推广虚拟养老等多种服务模式，加强农村养老服务体系建设，促进基本养老服务均衡发展。全面放开养老服务市场，通过购买服务、股权合作等方式，支持各类市场主体增加养老服务和产品供给。逐步提高国有资本收益上缴公共财政比例，划转部分国有资本充实社保基金。发展以年金和商业保险为重点的补充保障，全面实施职业年金制度，扩大企业年金覆盖面，促进个人储蓄性养老保险发展，积极发展商业养老保险，鼓励发展补充医疗保险和商业健康保险。山东探索建立长期照料护理保险制度。 4. 不断完善医疗卫生服务体系。江苏省在全省范围内开展公共体育服务体系示范区创建工作，在全国率先建成功能明确、网络健全、城乡一体、惠及全民的公共体育服务体系示范区。广东省"十三五"期间大力发展社会办医，推进非营利性民营医院和公立医院同等待遇，加快推进医师多点执业。切实加强人口健康信息化建设，发展远程医疗服务应用。建立医疗责任保险机制，依法化解医患矛盾。山东省建立基于个人全生命周期的医疗健康大数据分析应用系统，提高健康管理和服务质量。 5. 不断完善公共住房保障体系。江苏省"十三五"期间加快推进住房保障和供应体系建设，在实现住有所居目标的基础上向住有宜居迈进。制定住有宜居评价指标体系。科学设置和动态调整住房保障准入线标准，改进和优化住房保障方式，积极推进货币化保障和安置，实现城镇常住人口住房保障应保尽保。 6. 完善公共文化服务体系。广东省"十三五"期间加强文化及体育设施建设，完善五级公共文化设施网络，建成城市"十分钟文化圈"和农村"十里文化圈"。大力推进全民阅读，建设学习型社会。 7. 拓展基本公共服务范围。广东省在原有 8 项基本公共服务项目的基础上，增加公共安全和生态环境保障两项基本公共服务项目，进一步拓宽了基本公共服务保障范围。山东省将基本公共安全服务列入《山东省基本公共服务体系建设行动计划 2013～2015年》。浙江省"十三五"期间增加公共安全保障服务项目。牢固树立安全发展观念，加强全民安全意识教育，健全公共安全体系。
基本公共服务均等化	1. 广东省将均等化作为构建基本公共服务体系重要任务。早在 2008 年就制定了《广东省基本公共服务均等化规划纲要（2009～2020 年）》，2014 年又对规划纲要进行了修订完善。为进一步加快基本公共服务均等化进程，着力解决基本公共服务均等化所面临的深层次、结构性矛盾，2012 年广东省人民政府办公厅印发了《深入推进基本公共服务均等化综合改革工作方案（2012～2014 年）》，确定以惠州市为首个试点市，取得了积极成效，积累了宝贵经验，为拓展基本公共服务均等化覆盖领域和范围，以及创新基本公共服务均等化工作机制创造了条件。在现行体制框架内实现区域间基本公共服务支出水平的初步均衡。努力使欠发达地区人均基本公共服务支出占珠江三角洲地区人均基本公共服务支出的比例从 2012 年的 70.52% 提高到 2020 年的 74.89%。

续表

类别	主要做法和经验
创新公共服务供给	1. 广东省深化事业单位改革。按照政事分开、事企分开、管办分离的要求，进一步深化事业单位分类改革，推动资源整合优化配置和结构调整，加大政府购买公共服务力度，推动公办事业单位与主管部门理顺关系和去行政化，创造条件，逐步取消学校、科研院所、医院等单位的行政级别，建立现代事业单位管理体制和运行机制，逐步形成"养事不养人"的运行机制，降低基本公共服务成本。 2. 武汉市率先开展多功能社保卡一卡通试点。2015 年武汉率先争取开展新一代双界面社会保障卡全国试点，将 31 家部门 172 项公共服务事项全部纳入社会保障卡，实现政务"一卡通"，推出集成"社保卡 + 小额支付 + 公共交通 + 172 项政务和公共服务"的"云端武汉·一卡通"。以社会保障卡为"底本"的"云端武汉·一卡通"兼具政务、生活、金融服务三大功能，是持卡人享有政府服务、领取待遇的电子凭证，也可在公共交通、旅游景点、文化教育等公共领域作为银行卡使用。
资源保障	1. 广东省健全基本公共服务均等化支出保障机制。在保证基本公共服务支出增长适当高于公共财政预算收入增长的前提下，预计于 2013 年至 2020 年，全省共投入基本公共服务领域的财政资金 30786 亿元，年均增长 12.5%，年均新增投入 450 亿元，全省基本公共服务支出占公共财政预算收入的比重从 2012 年的 35.07% 提高到 2020 年的 37.67%。完善财政转移支付制度，按照事权与支出责任相适应的原则，科学配置各级政府的事权与财力，不断提高欠发达地区市县的财力保障水平。 2. 成都"定率补贴方式"对参保人进行补贴。成都市城乡居民养老保险（以下简称城乡保）则是定额与定率相结合：对 16 ~ 60 周岁的农村居民，政府按本人缴费基数 2% 给予养老保险缴费补贴；对年满 60 周岁的城乡居民给予每月 55 元的基础养老金补贴。相对于定额补贴方式，定率补贴更具有激励性。成都这种按定率补贴的方式，相对于国家对新农保和城居保的定额补贴，缴费基数越高，获得的财政补贴越多，有利于鼓励参保人员选择高缴费基数，扩大社保基金规模。
实施评估	1. 广东省注重绩效评估和责任。完善基本公共服务均等化绩效考评机制，将绩效评价结果作为分配省对市县转移支付资金的重要依据等。按照"保基本"和"强激励"相结合的原则，建立健全科学规范的省对市县一般性转移支付体系，实现"保基础"的转移支付比重不低于 60%；完善市县财政基本公共服务绩效考核机制，实行财政增量返还和协调发展奖政策挂钩的机制。 2. 山西省完善基本公共服务考核问责机制。健全基本公共服务预算公开机制，切实加强专项拨款使用绩效的审计、监管。建立基本公共服务设施建设质量追溯制度，对学校、医院、福利院、保障性住房等建筑质量实行终身负责制。

（二）国内外经验借鉴与启示

1. 逐步推进完善是基本公共服务建设的重要路径

纵观国内外服务业体系建设，都有一个随经济社会发展而不断完善的过程。河南省人口众多，经济发展水平较低，基本公共服务体系建设任重道远，既不能急于求成，也不能过度悲观，而要结合实际，积极创造条件，借鉴国内外成功经验，逐步推进，不断完善。河南省参照发达国家经验，应确定教育发展方向是逐步增加投入，逐步延长义务教育年限，养老保险体系趋势是向多支柱方向演变，住房保障范围上不封顶；创造条件，就业服务逐步责任到人，逐步将环境保护、公共安全和消费安全等群众关切的领域纳入基本公共服务体系当中来。就国内先进做法而言，河南省应学习广东建立个人学习账号和学分累计制度，建立医疗责任保险机制，建成城市"十分钟文化圈"和农村"十里文化圈"，推进全民阅读，建设学习型社会；学习江苏探索建立长期照料护理保险制度，推广"虚拟养老"等多种服务模式；学习山东探索建立基于个人全生命周期的医疗健康大数据分析应用系统。

2. 均等化是基本公共服务建设的重要目标

纵观发达国家公共服务均等化的发展历程，"均等化"成为追求社会公平、社会公正的价值诉求，其核心价值地位始终贯穿西方公共管理实践中，把保障不同地区公民享受到相同的公共服务作为公共政策追求的目标。国内广东省基本公共服务均等化走在全国前列。河南省基本公共服务均等化虽然受到高度重视，但尚未深入到政府公共服务管理的价值理念层面。因此，基本公共服务均等化应该成为公共管理的核心价值，成为政府的执政理念。只有这样，政府才能够通过制定相应的政策、设计科学的体系、实施可行的措施来推进基本公共服务均等化的实现。

3. 创新服务供给是提高基本公共服务效率的重要手段

从国内外创新公共服务供给方面经验来看，无论是供给主体多元化、供给方式多样化，还是公共服务体系运转信息化，都能够大幅提高基本公共服务供给效率，有许多可以借鉴经验。建议河南省将政府购买公共服务与社会组织培育紧密结合起来，出台《河南省深化社会组织体制改革工作方案》《关于确定具备承接政府职能转移和购买服务资质的社会组织目录的指导意见》，明确提出要全面推进社会组织民间化、自治化和市场化，确定具备承接政府服务社会组织的能力和条件、程序方式。推进基本公共服务信息化建设。

4. 财力是基本公共服务体系建设的重要资源保障

国内外发达的基本公共服务体系，都离不开巨大的财力支撑，财力是基本公共服务体系建设的最重要的资源保障。发达国家用于公共服务支出占中央政府总支出的60%左右。河南省作为农业大省和人口大省，人均财力十分有限，2015年人均财政收入为17125元，仅相当于广东省的25%。而河南省按照户籍享受政府基本公共服务的人口达到10722万人，比广东省还多2000多万。河南省基本公共服务建设面临着人口多、财力弱、负担重的问题。要积极争取国家层面纵向转移支付，增加河南省基本公共服务体系建设的财力支撑。河南省可以不断扩大财政对基本公共服务体系建设的支出规模，逐步提高国有资本收益上缴公共财政比例，划转部分国有资本充实社保基金。

5. 创新考核评估是实施基本公共服务的机制保障

从国内外成功经验来看，考核评估也是基本公共服务体系重要环节，是实施基本公共服务的机制保障。河南省基本公共服务的考核评估需要进一步创新改进，应该参照英国的做法，成立由政府主管部门工作人员、相关专家和来自服务对象、非政府和社会组织的工作人员构成的特别工作组、顾问组和政策检查组，对政府购买公共服务提供咨询和反馈意见。参照广东省按照"保基本"和"强激励"相结合的原则，将绩效评价结果作为分配省对市县转移支付资金的重要依据。借鉴山西省成功经验，建立基本公共服务设施建设质量追溯制度，对学校、医院、福利院、保障性住房等建筑质量实行终身负责制。

六 "十三五"时期基本公共服务体系建设的总体要求

今后五年，要把建立健全基本公共服务体系作为完善保障和改善民生制度安排、加快构建再分配调节机制的重大任务，并与《河南省全面建成小康社会加快现代化建设战略纲要》紧密衔接。"十三五"时期的主要目标是：制度规范基本成型，基本公共服务清单全面建立，保障机制巩固健全，共建共享总体实现。

（一）基本公共教育

一是提高基础教育普及水平。基本普及学前三年教育，实施第三期学前教育三年行动计划，到 2020 年学前教育三年毛入园率达到 86% 以上。加快推进"全面改薄"步伐，切实改善农村义务教育学校办学条件计划，推进区域之间、城乡之间、校际之间均衡发展，实施城镇义务教育资源扩容规划。二是基本普及高中教育。到 2020 年，各县（市、区）全面普及高中阶段教育，全省高中阶段毛入学率达到 92% 以上。三是加强职业教育能力建设，实施"示范校、特色校建设工程"和"教学质量提升工程"，加强"三通两平台"、职业教育教学资源体系、教师信息技术应用能力等三项建设。四是促进教育公平，落实义务教育免试就近入学，妥善安排好进城务工人员随迁子女接受义务教育和升学考试；实施特殊教育提升计划，保障特殊群体平等接受义务教育的权利，全面实现免费中等职业教育。五是深化教育改革，扩大学校办学自主权，形成"政府管教育、学校办教育、社会评教育"的新格局；鼓励社会力量兴办教育，积极探索营利性和非营利性民办学校分类管理。

（二）公共就业服务

一是多渠道开发就业岗位，围绕承接产业转移开发就业岗位，增加就业容量大的劳动密集型企业和智力密集型岗位；扩大服务业就业能力，充分发挥中小微企业吸纳就业的主渠道作用。二是推进大众创新创业，鼓励各高校和社会力量孵化培育一批创新型企业，形成一批有效满足大众创业需求的创业服务平台，加强财政资金引导，为创业者提供便捷高效的创业服务。三是加强职业技能培训，继续实施农村劳动力技能就业计划、雨露计划、在职职工技能提升培训计划，推进校企合作，实施定向、定岗和订单式培养，实现培训和就业同步、人才培养与企业需求有效对接。四是完善公共就业服务，加大政府资金投入力度，统筹城乡公共就业服务，着重提高公共就业服务向县、乡延伸。五是构建和谐劳动关系，全面实行劳动合同制度，重点提高中小企业劳动合同签订率，因地制宜地建设行业性、专业性人力资源市场，促进行业人力资源的开发与交流，积极推进区域人才开发合作。

（三）基本社会保险

一是完善基本养老保险，健全职工基本养老保险制度，实施全民参保登记计划和扩面征缴行动，鼓励积极参保、连续参保。尽快理顺省直管县养老保险经办机构管理体制，避免出现政策"棚架"现象，扎实做好机关事业单位工作人员养老保险改革各项工作，稳步推进年金发展，切实推进"一卡通"服务。二是完善基本医疗保险，重点解决重复参保、漏保问题。努力做好非公有制经济组织从业人员、关闭破产和困难企业职工及退休人员的参保工作，稳步提升医疗保障水平，完善基本医疗保险和大病保险待遇政策。全面实施城镇居民大病保险制度。推动生育保险与医疗保险统一经办管理，提高基金使用效率。三是完善基本失业保险，增加促进就业、预防失业支出项目，完善保障生活、预防失业、促进就业三位一体的失业保险制度体系。四是完善基本工伤保险，加强工伤预防和工伤康复，进一步优化认定和鉴定程序，加强工伤保险政策的宣传、教育、培训工作。

（四）基本社会服务

一是优化社会救助体系，完善不同救助内容之间的有机衔接机制，推动社会救助城乡统筹发展。完善社会救助制度体系，进一步提高最低生活保障、特困人员供养、医疗救助、临时救助的保障水平；健全完善覆盖城乡的重特大疾病医疗救助制度，逐步扩大救助对象范围，合理确定救助标准；健全"一站式"即时结算机制，全面实施临时救助制度，健全社会力量参与社会救助的机制和渠道，实施政府购买服务工作，进一步丰富救助服务内容。二是提高社会福利水平，逐步构建面向全民的社会福利体系，扩大目标群体范围。提高孤儿基本生活费标准，统筹推进留守儿童关爱保护和未成年人社会保护工作，推动构建新型未成年人社会保护制度，将优抚对象优先纳入覆盖一般群众的救助、养老、医疗、住房以及残疾人保障等各项制度体系，全面建立困难残疾人生活补贴和重度残疾人护理补贴制度。三是完善社会事务管理。全面规范婚姻登记工作，深化殡葬改革，加强生活无着人员救助管理。四是加快发展养老服务。积极应对人口老龄化，建成以居家为基础、社区为依托、机构为补充、医养相结合的多层次养老服务体系；建立养老服务补贴、高龄津贴和照护补贴"三大补贴"制度，全面放开养老服务市场；鼓励社会力量、民间资本参与养老服务业，支持各类市场主体增加养老服务和产品供给；推行"互联网＋养老"，创新智慧养老模式，构建县（市、区）、乡镇（街道）、村（社区）三级居家养老服务网络，打造"15分钟为老服务圈"。

（五）基本医疗卫生

一是加强公共卫生服务，全面实施国家基本公共卫生服务项目，提高服务质量效率和均等化水平。加强专业公共卫生机构、基层医疗卫生机构和医院之间的分工协作，加快妇幼健康、公共卫生、肿瘤、精神疾病防治、儿科等薄弱环节能力建设，加强重大传染病、慢性病、地方病等综合防治和职业病危害防治。二是完善医疗卫生服务体系。优化资源配置，构建与国民经济和社会发展水平相适应、与居民健康需求相匹配，体系完整、分工明确、功能互补、密切协作的整合型医疗卫生服务体系。三是促进中医药传承发展，创新中医药服务模式，开展省市级中医机构重点专科和重点学科建设，提升县级中医院服务能力，鼓励基层医疗卫生机构开设中医药特色诊疗区，加强中医药人才队伍建设，重点培养中医临床领军人才和基层中医药人员。四是全面深化医药卫生体制改革，建立覆盖城乡的基本医疗卫生制度。健全全民医保体系，建立统筹城乡的基本医保管理体制，完善医保关系转移接续和异地就医结算机制，全面推进支付方式改革，探索建立老年医疗护理保险制度。大力发展社会办医，推进非营利性民营医院和公立医院同等待遇。完善基本药物制度，深化药品生产流通领域改革。

（六）人口和计划生育

一是全面实施两孩政策。按照常住人口科学规划医疗、教育等公共服务设施，将流动人口纳入城镇计划生育服务范围，满足政策实施带来的公共服务需求。持续推进出生人口性别比综合治理，加强人口监测和风险防控，引导群众合理安排生育，促进人口长期均衡发展。二是改革完善生育服务管理制度，实行两孩以内生育登记服务制度。继续落实计划生育技术服务项目免费制度，拓展服务范围。加强妇幼健康计划生育服务，实施孕前优生健康检查，降低出生缺陷发生率。积极开展应对老龄化行动，完善计划生育家庭奖励扶助制度。

（七）基本住房保障

进一步完善和落实基本住房保障制度，创新基本住房保障和供给方式，加大保障性安居工程建设力度，扩大保障范围，增加保障性住房供应，切实解决城乡低收入家庭住房问题，应保尽保。稳妥推进公共租赁住房建设，加大棚户区改造力度，积极推进农村危房改造，强化保障性住房管理。

（八）公共文化体育

一是全面推广公益文化，着力优化广播影视，到2020年，全省广播、电视人口综合覆盖率达到99%。有线电视用户达到2000万，实现有线电视户户通。积极推动新闻出版，到"十三五"期末，实现国民综合阅读率达到82%，每年农家书屋年均新增出版物60种，新建280块电子阅报屏的目标。二是加强中原文化遗产保护传承和开发利用，建设一批非遗传习馆（所）。推进全国重点文物保护单位对外开放，提升文化遗产的传承、保护、管理和利用水平，实施"互联网+"中华文明行动计划，推进智慧博物馆建设。三是大力发展群众体育，制定全民健身实施计划，开展公益性体育健身知识培训，提供科学健身指导。组织开展体质测试服务、国家体育锻炼标准达标评验、公益性全民健身比赛和活动。

（九）残疾人基本公共服务

提供适合残疾人特殊需求的基本公共服务，完善保障残疾人基本权益的政策体系，为残疾人平等参与社会发展创造便利化条件和友好型环境。织密残疾人社会保障安全网，全面建立困难残疾人生活补贴制度和重度残疾人护理补贴制度，加强残疾人就业和社保服务，改善残疾人康复、教育、文化体育、无障碍和社会服务。

七 促进公平共享

按照国家"十三五"纲要建立共享、和谐社会的要求，实现公共服务资源在城乡之间全覆盖，区域之间均衡配置，促进基本公共服务公平共享。一是推动基本公共服务全覆盖，按照推进基本公共服务均等化的要求，逐步建立城乡一体化的公共服务制度，推动以服务半径、服务人口为基本依据，打破行政区划、城乡界限，统筹空间布局，使基本公共服务设施布局、供给模式、供给规模与人口分布相适应。二是推动城乡区域发展一体化，按照实施区域发展总体战略和主体功能区战略的需要，建立健全基本公共服务体系建设的区域协调机制，缩小区域间基本公共服务水平的差距。落实主体功能区基本公共服务政策。强化基本公共服务对重点开发区人口集聚和吸纳能力的支撑，加大对限制开发区财政转移支付力度和财政投入，保障基本公共服务水平不降低。加大"三山一滩"地区基本公共服务财政投入和公共资源配置的倾斜力度，实现区域间基本公共服务支出水平的初步均衡。加强区域间基本公共服务制度的衔接，促进基本公共服务在省内无障碍流转。

八 创新服务供给

以提高公共服务共建能力和共享水平为目标，培育多元化供给主体，创新公共服务提供方式，提高公共服务供给质量，推动基本公共服务改革创新。一是培育多元化供给机制，不断扩大社会组织培育力度，鼓励和引导社会组织参与提供多层次、多样化社会公益服务，逐步扩大民间社会组织在基本公共服务供给中的作用，建立基本公共服务多元化供给机制。二是创新服务提供方式，改进和完善政府补供方和补需方的调节手段，分类推进事业单位改革，建立新型公共服务单位法人治理结构和产权制度。三是加快基本公共服务信息化水平，利用"互联网＋"、大数据等技术，加强教育、就业、基本社会服务、医疗卫生、人口和计划生育、文化体育等信息系统建设，促进信息资源整合共享，创新服务模式和服务业态。

九 保障措施

一是强化资源保障，合理界定省、市、县级政府间的基本公共服务事权范围和支出责任，完善财政转移支付制度，加大对农产品主产区、贫困地区、重点生态功能区等的转移支付力度。同时按照推进基本公共服务均等化的要求，逐步建立城乡一体化的公共服务制度，推动以服务半径、服务人口为基本依据，使基本公共服务设施布局、供给模式、供给规模与人口分布相适应，构建以社区为基础的城乡基层社会管理和公共服务平台。二是明确职责分工，将"十三五"时期各项基本公共服务的指标和任务，分解落实到各部门和各省辖市、县（市、区）；省政府各有关部门按照职能分工，细化行业基本公共服务的具体标准；省辖市、县（市、区）政府在省政府有关部门的指导下，结合本地实际，编制实施基本公共服务行动计划，加强对下一级政府的绩效评价和监督问责。同时建立完善省级综合协调机制，协调解决跨地区、跨部门、跨行业的重大问题。三是加强监督考核，责成发展改革委会同有关部门，建立完善河南省基本公共服务综合评估指标体系，开展全省基本公共服务年度监测，组织规划实施中期和终期评估，拓展公共参与路径与渠道，开展基本公共服务需求分析和实施效果满意度调查，扩大政策听证、民主恳谈、公民议事范围，推动实现需求表达和反馈双向互动，为规划制定和政策出台提供决策参考。四是加快信息化进程，深入推进"互联网＋"益民服务，促进医疗、健康、养老、教育、社会保障等领域的新型业态发展，大力推进金融集成电路卡（IC 卡）在公共服务领域的一卡多应用，构建实体政务大厅、网上办事大厅、移动客户端、自助终端等多种形式相结合、相统一的公共服务平台，推动信息资源开放共享，实现公共服务基础信息资源集中采集，并动态掌握实施反馈效果。

执笔：盛见、尹勇、翁珺、张时林、张莎

河南省"十三五"扶贫开发研究

　　"十三五"是我国全面建成小康社会的关键时期，党中央、国务院已将扶贫开发置于前所未有的战略高度。当前，河南省扶贫攻坚工作已进入决胜阶段，为科学编制《河南省"十三五"扶贫开发规划》，河南省发展和改革委员会经济研究所组织人员分赴河南省及贵州、湖北重点贫困地区调研，与当地干部群众深入交流，掌握了大量第一手材料，推出一批高质量研究成果，对河南省扶贫开发具有较大的借鉴意义。

一　"十二五"扶贫开发工作成效

（一）基本情况

　　河南省是全国人口大省、农业大省，也是贫困人口大省，现有 53 个贫困县，其中，国家级贫困县 38 个，包括 26 个国家连片特困地区县、12 个国家扶贫开发工作重点县；省级贫困县 15 个。根据贫困对象建档立卡数据，2014 年底全省有贫困村 8100 个，农村贫困人口 576 万人，居全国总量第三位，其中大别山片区 28 个县 236 万人，伏牛山片区 18 个县 105 万人，黄河滩区 10 个县 54 万人。大别山、伏牛山、太行深山区、黄河滩区"三山一滩"地区共有贫困村 5452 个，占全省贫困村数的 67.3%，农村贫困人口 403.57 万人，占全省农村贫困人口的 70%。

（二）主要成效

　　"十二五"以来，在国家大力支持下，在省委、省政府正确领导下，河南省坚持开发式扶贫方针，把集中连片特困地区、贫困县、贫困村作为主战场，把稳定解决扶贫对象温饱、尽快实现脱贫致富作为首要任务，不断加大扶贫资金投入，不断强化专项扶贫、行业扶贫、社会扶贫政策措施，不断深化扶贫体制机制改革创新，为实现新一轮扶贫攻坚奠定了坚实的基础。总的来看，河南省"十二五"扶贫开发工作取得了明显成效，主要体现在以下四个方面。

1. 农村贫困人口数量大幅减少，收入增长较快

2011~2014年，全省累计实现550万贫困人口稳定脱贫，用4年时间实现了脱贫人口过半的目标，其中近1/3脱贫人口的收入水平超过全省农民人均纯收入。2014年，53个贫困县农民人均纯收入8071元，比2010年4553元增长77.27%，年均增速15.39%，高于全省平均水平1.13个百分点。2015年，全省预计还有120万农村贫困人口实现稳定脱贫。

2. 贫困地区基础设施条件明显改善，公共服务水平大幅提升

各级政府部门持续加大涉农资金、项目投入，有力推进了贫困地区经济和社会发展。通过实施易地搬迁工程，使原来居住在不具备生存条件地区的贫困群众，就近搬迁到了交通便利、基础设施相对较好的集中安置点居住，使广大搬迁户过上城镇化的生活，从根本上摆脱了贫困，并逐步走上了致富路。2011~2014年，全省共对4350个贫困村实施整村推进扶贫开发，对18.35万深石山区贫困群众实施扶贫搬迁，对1.67万黄河滩区群众启动迁建安置，贫困村道路、安全饮水、农田水利、电力、住房等基础设施显著改善，教育、文化、医疗卫生、广播电视、移动通信、宽带网络、人口计生、社会保障等公共服务水平和均等化程度明显提高，一大批贫困村成为新农村建设示范村。2015年，全省预计有1000个贫困村实施整村推进扶贫开发，再有5万深石山区群众实施搬迁扶贫，完成1.67万黄河滩区群众迁建入住。

3. 贫困地区综合实力稳步提高，发展后劲不断增强

通过优化生产力布局，统筹城乡发展，推进产业集聚区建设，发展特色产业，贫困地区经济保持较快增长，可持续发展能力明显增强。截至2013年底，全省53个贫困县GDP达7869亿元，比2010年增长40%以上，年均增长11.9%，高于全省增速0.23个百分点；实现全社会固定资产投资6299亿元，较2010年增长48.8%，年均增速14.2%；实现财政一般公共预算收入292.38亿元，较2010年增长89.2%，年均增速23.68%，高

于全省增速 3. 19 个百分点。与 2010 年相比,在 2014 年全省县域经济综合排名中,53 个贫困县中有 40 多个县位次前移。

4. 各地进行积极探索实践,创造了一批搬迁扶贫新模式

各县在扶贫搬迁的工作实践中发挥创造性思维,积极探索,因地制宜,采用各种方式方法,解决项目建设中遇到的困难和问题。如栾川一些乡镇安置点通过整治荒山坡用于群众建房,南召县新征或置换土地用于安置点群众建房,桐柏县安棚镇王湾村通过治理空心村置换土地用于群众建安置房,新县乡镇政府利用原来新农村建设的土地或者采取租赁、购买方式取得安置地的土地使用权。各地经过几年来的摸索,已成功地创造了一批扶贫搬迁模式。移民扩街型:如栾川县白土镇将地处深山峻岭、自然灾害多发区的群众集中安置到沿河的集镇周围。该安置模式,充分发挥安置点交通便利、商业基础好、就业门路较广的优势,便于贫困群众就业发展。产业带动型:如南召县白土岗镇姬村社区,依托丰富的石材资源优势建成了石材开发产业园,90% 以上的搬迁群众从事石材加工和销售服务,人均年收入在 8000 元左右;云阳镇玉兰社区,依托土地资源和交通便利的优势,建成了苗木花卉产业园和交易市场,85% 的搬迁群众从事苗木花卉产业的种植和销售服务,人均年收入在 1 万元左右。中心村安置型:如桐柏县安棚镇王湾村安置点,将山区部分贫困群众搬迁到本乡镇地理位置较好的中心村,配合中心村建设集中安置。这种在本村内集中安置的模式,工作好操作,土地可保留,贫困群众迁出距离又不远,容易被接受。公助民建型:如新县乡镇政府利用原来新农村建设的土地或者采取租赁、购买方式取得安置地的土地使用权,办理建设规划许可证等手续,进行土地平整。取得建房用地后,由搬迁户根据统一规划要求自己建房,政府建设水、电、路、学校、卫生室(所)等基础设施,解决安置地的路、饮水、用电、就医、上学等问题。这些模式为河南省"十三五"扶贫搬迁工作创造了经验,提供了借鉴。

二 "十三五"扶贫开发面临的宏观环境

(一)新一届党中央将扶贫攻坚上升为重大政治任务和重点民生工程

"十八大"以来,新一届党中央把扶贫开发上升为治国理念和执政方

略的重要组成部分,并摆上了空前高度和突出位置。习近平总书记把扶贫开发提升到关乎党和国家政治方向、根本制度和发展道路的战略高度,多次深入基层考察调研,在贵州考察时就扶贫工作提出了"四个切实""六个精准""四个一批"的要求。近三年来,国务院总理李克强在《政府工作报告》中多次宣示,要把减贫作为衡量发展的重要标志,作为最主要的民生工程,作为全面建成小康社会的首要任务。汪洋副总理考察河南时强调,要引导贫困县把主要精力和工作重点放在扶贫开发上来,决不能让贫困地区、贫困群众在全面建成小康社会的进程中掉队。中共十八届五中全会将扶贫开发列为"十三五"规划十大目标任务之一,全会提出了全面建成小康社会新的目标要求,"到2020年,我国现行标准下农村贫困人口实现脱贫,贫困县全部摘帽,解决区域性整体贫困"。这是党中央、国务院向全国人民的庄严承诺。

(二)省委省政府将扶贫开发确定为必须完成的政治硬任务

近年以来,省委省政府深入贯彻中央精神,将扶贫开发确定为必须完成的政治硬任务,高位推动全省扶贫攻坚工作。主要领导班子多次深入基层调研,多次召开专题研讨会,全面部署扶贫攻坚任务。郭庚茂书记要求全省各地深入研究新形势下扶贫开发、精准脱贫的有效途径,提出扶贫开发要"转、扶、搬、保、救"五措并举,及早加力、争取主动,确保贫困地区贫困群众如期脱贫。谢伏瞻省长指出要切实将扶贫开发工作摆在更加重要、更加突出的位置;要创新机制,提升水平,强化责任,形成合力,加快扶贫开发步伐,尽快补齐发展短板,坚决打赢扶贫开发攻坚战。下一步,省委省政府将研究制定领导干部分包扶贫的办法和部门对口扶贫的安排方案,制定阶段性任务,提出阶段性要求,切实将贫困地区党政主要领导的工作重心转移到扶贫开发上来,确保2020年如期实现全部脱贫的目标。

(三)全省贫困地区扶贫开发形成了明争暗赛的新局面

为促进县级党政一把手履行扶贫攻坚的主体责任,省政府创新考核指挥棒,出台《贫困县经济社会发展目标暨扶贫开发考核评价办法(试行)》,首次规定贫困地区县级党委政府考核扶贫开发占60%比重,经济社会发展占40%比重，并确定 A、B、C、D 四个考核等级，严格不同等级奖励与问责。全省53个贫困县分别研究制定全县脱贫攻坚意见，细化完善全县脱贫规划，列出脱贫时间表，确定脱贫路线图，下达脱贫任务书。各地以脱贫成效论英雄，扶贫开发形成了明争暗赛的新局面。同时，县与乡（镇）层层签订了减贫责任书，全省120万人减贫目标层层落实到县乡村户，各乡镇紧紧围绕减贫目标，强化精准扶贫措施落地生根，扶贫开发出现"比、学、赶、帮、超"的局面。

三 国内兄弟省份扶贫开发先进经验

（一）贵州经验

贵州省是全国扶贫开发的主战场、决战区和示范区。近年来，贵州省委省政府把扶贫开发作为"第一民生工程"，采用多种方式促进贫困县市脱贫减贫，推动扶贫开发机制改革创新，成效显著，成为全国扶贫开发"样板省"。主要经验有4项。

1. 实行考核分级和取消贫困县 GDP 考核机制

贵州省调整《市县经济发展综合测评办法》，将全省县市区分为经济强县、非经济强县、扶贫开发重点县三个级别。不同级别的县市政绩考核GDP 所占的权重不同，其中 10 个地处重点生态功能区扶贫开发重点县，因不具备推进新型工业化的条件而取消 GDP 考核，考核重点转移到居民收入增长、现代高效农业推进、旅游产业发展、生态环境保护等方面，其中生态环境一项的权重为20%。河南省"三山一滩"地区生态资源丰富而工业发展滞后，不少县市还是国家生态功能区试点示范区，宜在原来基础上进一步减少 GDP 考核权重，加大生态环境保护考核权重，切实推动贫困县市生态建设与贫困群众脱贫致富的有机统一。

2. 推行扶贫项目资金实行简政放权制度

近年来，贵州省对扶贫项目全面推行目标、任务、资金和权责"四到县"制度，增强县级政府扶贫开发工作的主动性、积极性、灵活性，并明确规定由村支两委、驻村工作队配合做好项目申报、实施和监管工作，推行扶贫项目资金乡村公示制度、"民生特派"和第三方评估制度，推动全社会共同参与监督，确保扶贫资金落到实处。同时改进扶贫项目实施方式，全面实施干部结对帮扶、产业扶持、教育培训、农村危房改造、扶贫生态移民和基础设施建设"六个到村到户"，确保扶贫实效。河南省在扶贫开发工作中，应进一步简政放权，规范管理，强化县、乡两级扶贫资金监管，把贫困县资源优势挖掘出来，把扶贫政策含量释放出来。

3. 创新金融扶贫投入机制

"十二五"以来，贵州省加快贫困地区信用体系建设。在全面实施金融服务网格化，提高贫困户申贷获得率的基础上，建立了贫困户个人信用档案。即对申请贷款的农户根据其履行还款情况评级，并建档立卡。还款计划执行得越好，信用评级越高，越容易获得下一步信用贷款支持。同时实行户村联和互助保制度，一户不能按期履行还款承诺，其他农户和所在村的信用也要受到影响，这样就促进了银行扶贫贷款回收力度。河南省不少农村贫困户有项目而缺乏资金投入，而银行因扶贫贷款存在回收风险而不敢加大投入。贵州创新扶贫开发金融信用等级制度，实现了双赢，值得河南省借鉴。

4. 尝试"企业包县，整体脱贫"扶贫模式

2014年，贵州省与万达集团签订协议，万达计划投入10亿元，帮助丹寨县五年脱贫。万达扶贫不是简单捐款，也不是单纯投资，而是注重长期与短期结合、提高人均收入与整体脱贫相结合。主要做法是结合丹寨县丰富物产资源，帮助当地农民从事土猪养殖和硒锌茶叶种植，并对产品进行订单收购、加工、销售，形成农民种养、企业加工、全国销售的良性循环，被称为可以复制的中国扶贫开发新模式。河南省"三山一滩"地区资源丰富，在政府、行业、社会三位一体的扶贫大格局中，可以参考贵州引进名企的扶贫模式，实现"三山一滩"特别是濮范台黄河滩区整体脱贫。

（二）湖北经验

湖北省与河南省同属中部地区，东北部与河南省信阳等地同属大别山扶贫开发片区，省情相似，扶贫开发任务较重。近年来湖北省大胆改革创新扶贫机制，多项工作走在全国行列。其值得借鉴的经验有4项。

1. 出台省级领导干部贫困县联系与包干制度

湖北省在坚持省领导联系贫困片区的基础上，进一步出台省"四大

家"领导联系脱贫奔小康试点县(市、区)工作制度。现任省领导每人明确一个贫困县为工作联系点,负总责,各省直部门分头挂钩片区扶贫,做到不脱贫不脱钩。同时推行市(州)党委政府主导、县(市、区)党委政府抓落实的管理体制,并采取分季度检查督办通报、年度组织考核等形式,推进扶贫开发落到实处。河南省扶贫开发工作受到各级党委政府的高度重视,成效显著,应在此基础上进一步借鉴湖北经验,推进扶贫开发工作走在全国先进行列。

2. 推行"减贫摘帽"激励机制

近五年来,湖北省一直实行"摘帽不摘政策"的退出机制。即摘掉贫困帽子的县乡(镇),省级优惠政策不变,支持力度不减,主要领导获得升迁。目前,全省已累计有19个县311个贫困乡(镇)实现"减贫摘帽",省级财政安排专项资金进行奖励,对减贫"摘帽"县的十多名县党政正职提拔重用。河南省目前依然是"摘帽摘政策",影响了个别贫困县领导甩掉贫困帽子的积极性,这一点湖北经验值得我省学习。

3. 强化财政扶贫投入保障机制

"十二五"以来,湖北省委省政府要求各级财政建立与本地区经济发展水平以及精准扶贫需求相适应的财政扶贫投入增长机制,分别按当年地方财政收入增量的15%增列专项扶贫预算。同时支持贫困县统筹财政资金建立风险补偿机制,健全利用扶贫资金建立担保金机制,创新发展扶贫小额信贷,对有需求的贫困户实现"10万元以内、三年期限、无担保、免抵押、全贴息"贷款全覆盖。从各方面反映的情况来看,河南省财政扶贫投入保障机制有待加强,应创新政策,加大扶贫贴息贷款支持力度,解决制约贫困户发展的难题。

4. 建立扶贫投入县级整合机制

"十二五"以来,湖北省一直探索完善扶贫投入县级整合机制。按照省级统筹、市州协调、县级整合的原则,湖北省建立了"以县为主体、省级支持配合,以财政资金为主体、引导金融和社会资金参与"的贫困县资金整合机制,夯实扶贫投入县级整合平台,实行资金、项目、招投标、管理、责任"五到县"。县级政府保证扶贫资金"集中使用、性质不变、渠道不乱"。省级做好总量分配,明确目标任务,抓好资金监管。省市县各司其职,有利于贫困县将各个渠道的资金整合起来办大事、办急事、办实事。河南省一些贫困县县级财政匮乏，虽然上级扶贫资金支持力度较大，但由于县配套资金不足，导致一些项目无法实施。应借鉴湖北经验，支持贫困县整合各口资金用于扶贫项目，放大扶持资金使用效益。

四 当前河南省扶贫开发面临的主要问题

（一）扶贫脱贫任务艰巨、形势紧迫

河南是全国的贫困人口大省，现有53个贫困县，根据贫困对象建档立卡数据，2014年底全省有贫困村8100个，农村贫困人口576万人，居全国总量第三位。其中，"三山一滩"地区共有贫困村5452个，占全省贫困村数的67.3%，农村贫困人口403.57万人，占全省农村贫困人口的70%。这些都是扶贫开发难啃的硬骨头，如果不采取超常规措施强力推进，很难在2020年实现脱贫致富奔小康。如仅在搬迁扶贫上，"三山"地区有搬迁意愿和需求，且需要实施搬迁的贫困人口有40万人左右，按照目前每年5万人的搬迁进度，需要8年才能搬完，而黄河滩区80万居民迁建（有30万左右贫困人口），任务更为艰巨。从贫困户致贫原因上看，缺资金的占34.8%，缺技术的占25.6%，因病致贫的占17.2%，因学致贫的占4.4%，这都需要多部门整体联动、加大投入，采取更有针对性的扶贫举措。从贫困村基础条件上看，全省8103个贫困村中还有一大批村的基础设施、公共服务较差，建设和发展资金短缺问题突出。多数地区自然条件恶劣，自然灾害较多，贫困人群的生产生活条件较差。从贫困县农民人均纯收入上看，2014年53个贫困县平均水平比全省低1345元，其中最低的4个县比全省低3000元左右，差距悬殊。

（二）与精准扶贫的要求还有一定距离

习近平总书记在贵州"6·18"重要讲话提出了扶贫开发的"六个精准"。对照起来，发现当前河南省扶贫开发工作还不是很到位。如在"扶贫对象精准"方面，由于精准识别难度较大，贫困户统计信息存在不少误差。在"建档立卡"实际操作中存在农民人口数量多、收入来源复杂、准确统计难度较大、扶持对象鉴定难等问题。特别是随着精准扶贫政策含金

量的提高,"争贫困"的现象凸显,有的地方未严格执行贫困人员认定标准,"关系户""人情户"依然存在。又如在"措施到户精准"方面,一些地方精准扶贫工作措施落实不到位。少数县对精准扶贫认识不深刻,习惯于传统的工作方法。有些县对贫困底数不清,未能有针对性地做到因地因人施策、因贫困类型施策。

(三)扶贫资源较为分散,缺乏统筹协调

中央、省要求专项扶贫、行业扶贫、社会扶贫"三位一体"统筹推进,但总体上看,河南省整合力度仍然不到位,资金使用分散现象仍然存在。行业部门在安排资金、项目时,与贫困地区脱贫规划缺乏有效衔接,扶贫资源统筹聚合缺乏有效约束机制。例如,目前上级下达县里的涉农项目比较多,有新农村建设资金、美丽乡村建设资金、农村安全饮水资金、农电改造资金等。但这些涉农资金分散在各个部门,每个部门都有各自的规划和使用政策,缺少统筹协调,不能形成政策合力,一定程度影响了扶贫的效果。

(四)产业扶贫难度较大,部分搬迁群众就业困难

产业扶贫是河南省扶贫开发的主要模式之一,也是让贫困人口彻底脱贫的治本之策,但目前产业扶贫还存在项目选择难、项目周期短、扶贫到户项目和模式相对单一、少数干部缺乏能力和动力、贫困群众参与程度较低以及参与积极性不高等问题。如在搬迁扶贫中,一些地方由于没有提前规划好产业,老百姓虽已从偏远山区搬出来了,但整日无事可做,加上生活成本比原来增加不少,存在有回迁的念头。

(五)对搬迁扶贫的后续研究不够

目前河南省一些扶贫搬迁项目点只解决了搬迁户的居住、交通不便、吃水难等问题,但搬迁后续工作研究明显不足。比如,搬迁农民就业问题,由于后续产业发展周期长,搬迁户脱贫致富尚没有明确的措施和目标;户籍转换问题,搬迁户目前只是从空间进行了转移,农民身份还没有改变,何时转、怎么转为城市户口,还都需要认真研究;安置房产权交易问题,虽然近期基本没有安置房买卖行为,但由于孩子升学、离开等多种

原因，未来某些搬迁户势必会存在卖房意愿，而作为集体产权的安置房，实际为"小产权房"，如何进行产权交易，还缺少明确的政策指引。另外，还有老宅基地的开发利用、后续开发项目的摆布等多方面问题，这些都需要进行及时研究，以便及时出台政策，予以规范。

五　政策建议

（一）加强组织领导，建立一支干事创业、敢于担当的扶贫干部队伍

到 2020 年，全省要确保完成 500 多万贫困人口的稳定脱贫任务，必须要有强有力的组织领导，需要有一支干事创业、敢于担当、甘于奉献、作风扎实、本领过硬的高素质干部队伍。只有这样的一批人，才能具有开拓的勇气和创新的精神，创造性地开展扶贫工作；才能执行政策不走样，切实维护好、发展好广大贫困群众的根本利益。建议：一是对贫困县主要领导干部进行集中培训，提高其对扶贫工作重要性、紧迫性、规律性的认识，增强责任感、使命感和紧迫感；二是加强扶贫部门人员的教育培训，提高扶贫开发工作的政策水平和工作能力。

（二）纠正政策执行偏差，切实做到精准扶贫

由于认识不到位，加上扶贫工作时间紧、任务重，个别地方项目审批部门重建设审批、轻资格审查；重建设管理、轻长远考量；对于安置房的面积标准不清、搬迁对象不清、搬迁任务不明等，造成了扶贫工作政策执行局部走样的现象。为落实精准扶贫，上述问题必须尽快加以纠正。同时，应按照精准扶贫的要求，逐条落实：一是强化精准识别，县级党政主要领导亲自抓建档立卡"回头看"工作，切实把"扶持谁"这个问题落实好；二是做到项目安排精准，将各类专项扶贫项目集中瞄准建档立卡贫困村和贫困户，组织引导行业扶贫、社会扶贫措施，集中瞄准贫困村和贫困户，力求扶贫扶到点上、扶到根上；三是做到资金使用精准，将 70% 左右的中央、省财政扶贫资金用于支持 53 个贫困县产业发展、能力建设类项目，增强资金使用的针对性和实效性；四是做到措施到户精准，按照"因地因人施策、因致贫原因施策、因贫困类型施策"的原则，采取"技能培

训、产业带动、贷款贴息、资金互助、周转扶持、搬迁直补、以奖代补、社会捐助、村企共建、党员干部结对帮扶"等形式,让扶贫对象,特别是贫困户得到直接有效扶持;五是因村(第一书记)派人精准,实行贫困村驻村帮扶全覆盖,对贫困户开展"一对一"帮扶,使每个贫困户都有帮扶责任人;六是做到脱贫成效精准,组织各地以村为单位制定贫困村脱贫规划,将每年减贫任务细化落实到贫困人口,确保精准脱贫。

(三)创新扶贫开发体制机制

"十三五"时期扶贫开发工作复杂艰巨,不仅需要资金支持,更需要体制机制的改革创新,加强政策保障。建议如下。一是探索片区特困县实行省财政直管。二是在扶贫项目安排上,由省下达资金规模,给予贫困县选择项目自主权,具体项目由县根据实际统筹安排,编制方案报省、市备案,变现在的由上级"端菜"为基层"点菜"。例如,近几年国家投资的教师周转房、廉租房、公租房、地质灾害防治等资金,并非对每个贫困县都是最需要,并未实现投资效益最大化。三是从省级层面整合与项目、资金管理相关部门政策,统一出台扶贫项目及资金管理政策,减少前期工作环节,降低工程成本。四是给予适度宽松的信贷政策,破解扶贫开发资金难题。如创新实施"宅基地抵押贷款,互助金担保贷款,乡镇及村、户信用贷款"等信贷模式,扩大信贷规模。

(四)将产业扶贫置于突出地位

各地的实践证明,扶贫开发的关键是鼓励发挥各地资源优势,积极发展特色产业,增强贫困地区的"造血"功能。建议如下。一是把扶贫与产业开发、扶贫与城镇化建设结合起来,构建地方政府、龙头企业、农村经济合作组织及贫困农户等多元主体共同参与、合作共赢的产业扶贫机制,积极探索"合作经营、龙头带动、参股分红、能力带动、干部帮带"等多种产业开发模式。二是积极协调引导搬迁区所在政府加强税收优惠,采取政府帮建等措施,着力引进制药厂、服装加工厂、矿产品深加工、电子加工厂等劳动密集型企业入驻,就近解决好搬迁群众的就业问题,起到让搬迁群众稳得住、能致富的目的。三是建议国家完善易地扶贫搬迁产业发展政策,在创业基金、小额贷款、税收减免等方面出台扶持政策。四是加强对安置区中年妇女的就业培训力度，提供就业创业技能培训，提高贫困人口自我发展能力。特别是要抓好困难家庭子女的教育培训，从根本上阻断贫困代际传递。

（五）加大搬迁扶贫后续工作的研究和探索

扶贫搬迁的前期已实现了"搬得出"，未来如何实现"稳得住、能发展、可致富"，后续还有很多问题值得深入研究。各地要结合扶贫驻村干部政策的落实工作，发挥好第一书记的作用，加大对搬迁农民老宅基地的开发利用、搬迁户土地流转、后续开发项目的布局、农民再就业、户籍转换等问题进行深入研究。建议如下。一是加强对老宅基地的利用研究，探索对老宅基地新功能的开发。扶贫搬迁户原有宅基地大多处于闲置状态，未来如何使用，政策上仍不清晰。各地应根据发展实际，鼓励支持采取租赁、购买、合作共建多种形式进行农村原有老宅和废弃村庄的开发，发挥其生产用房功能，提供当地就业场所，促进服务业发展，提高原有住房的使用价值。二是加强对现有搬迁户土地流转农业产业化经营组织形式等方面的研究。推进现有扶贫搬迁户土地流转，是摆在扶贫工作者面前亟待研究、亟待解决的课题。河南省各地现有搬迁户土地流转，究竟采用何种组织形式，目前还缺少系统研究。今后应积极稳妥地推进土地流转和转户进城人员退地，及时满足搬迁农户的耕种需要。同时，加强对一些地方创造的租赁开发型、股份合作型、大户承包型、买断经营型、委托代耕型和户际联营型等组织形式进行探索，总结一批成熟经验，选择性推广应用。三是加大对后续搬迁地区基础设施的统筹协调研究，防止重复建设和无效投资。调研发现，由于有关部门之间缺少沟通，一些深石山区后续搬迁村虽早已无人居住或即将无人居住，但道路等基础设施项目还在安排，造成资金浪费。今后，要统筹后续搬迁地区基础设施建设，通过协调有关部门，进行现场考察分析，确定停建区域，对于一些确实不适宜生产生活的搬迁区域，不再安排基础设施项目。

（六）国家调整部分扶贫标准

随着形势的发展，前些年国家确定的一些扶贫标准已满足不了实际需要，比较难以推行，建议进行适当调整。一是进一步提高搬迁扶贫补助标准。国家现行的易地扶贫搬迁补助标准为每人 6000 元，扣除安置小区配套设施建设公摊费用，实际给付搬迁户建房的国家资金补助一般为每户 1.7 万元左右，而河南省安置房一般建筑成本在 800～1100 元/平方，按照每户 100 平方米计算，需要资金 8 万～11 万元。相比之下，目前这个标准太低，远远不能满足搬迁群众的建房需求。为确保河南省易地扶贫搬迁项目的实施，让更多贫困群众顺利搬迁，实现脱贫致富目标，须进一步争取上级加大对易地扶贫搬迁项目的专项投入，建议将建房补助标准提高至 1.2 万元/人较为适宜。二是提高搬迁安置房面积标准。目前，国家规定的补助建房面积每户 40～60 平方米，这与广大农村群众的实际需求存在较大差异，现行标准明显偏低，比较难以执行。实际操作中，被调研地区执行的标准一般在 100 平方米左右。建议：尊重农民传统生活习惯，根据农村家庭实际需要，将每户安置房面积标准提高到 80～120 平方米。

（七）国家出台政策解决搬迁扶贫的土地指标问题

搬迁安置房建设用地是易地扶贫搬迁工作面临的主要问题之一。在国家从严控制建设用地的宏观背景下，搬迁新址的建设用地问题目前仍缺乏具体可行的政策规定，且土地上报的手续复杂，报批流程多，涉及部门多，没有土地批复就无法动工，这样直接影响了易地扶贫搬迁项目的申报和建设。各村又没有公共用地，搬迁中的土地难以解决，且因迁入地和迁出地的土地价值存在很大的差距，即使是置换土地也存在操作上的重大难题。建议国家出台专项政策解决扶贫搬迁土地指标问题。一是参照保障房政策，出台优惠政策，对搬迁安置点用地享受政府划拨，不占用建设用地指标，为乡镇安置点办理国有土地使用证或集体用地使用权登记。二是注重用地协调，把搬迁老村与国土部门土地整治项目相结合，通过土地流转、兑换、转让等方式解决搬迁用地。三是土地开发整理、河道整理等项目新增土地要优先保证扶贫搬迁项目。

（八）国家出台扶贫搬迁税费减免的政策

目前，河南省易地扶贫搬迁安置房建设的各种规费支出一般有：环保费、安评费、墙改基金、社保费、勘探费、测绘费、设计费、监理费、税金、图纸审查费等 10 余项，平均每平方米需要正常规费 120 元、每户需要额外交费 1.2 万元左右。这些若都纳入建设成本,由购房户分摊,则贫困群众负担过重,不利于搬迁工作的开展。地方政府又无法将该项开支作为政府支出,建议国家出台专门针对易地扶贫搬迁项目的优惠政策,最大限度地减少群众负担,促进扶贫搬迁工作顺利开展。

执笔:王琪、尹勇、张莎

河南省易地扶贫搬迁调研报告

易地扶贫搬迁是我国扶贫开发工作体系的重要组成部分，是落实精准扶贫、精准脱贫的重要内容。为掌握河南省扶贫搬迁的最新情况，促进及时调整政策方向和工作重点，顺利完成全省"十三五"易地扶贫搬迁任务，我所组织人员先后赴洛阳市栾川县、南阳市南召县和桐柏县、信阳市新县等4个国家扶贫开发工作重点县进行专题调研。总的看来，河南省在扶贫搬迁工作中取得了一些好经验，创造了一批新模式，但也存在不少问题，亟须采取针对性措施加以解决。

一　当前河南省易地扶贫搬迁工作的基本情况

"十二五"期间，全省争取中央预算内资金55500万元，地方配套11024万元，搬迁安置23个县22444户94334万人贫困群众，新建搬迁群众安置点221个，新建住房163.34万平方米、道路327.69公里、饮水66处，供排水管道387.18公里，护坡护堤17.85公里，配套电力、通信等基础设施。通过实施易地扶贫搬迁工程，使原来居住在不具备生存条件的深石山区的贫困群众，就近搬迁到交通便利、基础设施相对较好的集中安置点居住，极大地改善了贫困群众的生产生活环境，增加了贫困地区农民的收入，实现了开发式和精准式扶贫，深受贫困群众欢迎。

二 河南省易地扶贫搬迁工作的基本经验和启示

1. 各级地方政府对群众搬迁意愿的重视程度在增强，群众对政府的做法比较认可和支持

近年来，在各级党委和政府的高度重视下，相关部门齐心协力、密切配合，形成了以工代赈易地扶贫搬迁工作的良好局面。多年的探索实践，使易地扶贫搬迁工程的开展形成了一套行之有效的措施和办法，各地结合实际创造性开展工作积累了丰富的经验，为开展"十三五"易地扶贫搬迁工作奠定了良好的基础。如栾川县自2000年开始探索搬迁扶贫至今，先后投资7.38亿元，建成扶贫搬迁小区25个，使9952户33298人离开了交通不便、信息闭塞的深山区，实现了精神状态和经济状况双丰收。为确保深山群众搬得出，在搬迁政策上，栾川县政府积极探索保障房、周转房，鼓励自然村整体搬迁，引导山区群众向县城、社区、旅游景区服务区集中；在资金筹措上，坚持与生态移民、危房改造相结合，依托上级对建房户补贴，县级筹资重点对特困家庭差额补贴，乡级负责征地等基础设施建设，农户仅承担部分建房成本费。总体上看，河南省贫困搬迁群众对政府的做法比较认可和支持，因为通过实施易地搬迁工程，使原来居住在不具备生存条件地区的贫困群众，就近搬迁到了交通便利、基础设施相对较好的集中安置点居住，使广大搬迁户过上了城镇化的生活，从根本上摆脱了贫困，并逐步走上了致富路。

2. 扶贫搬迁适应了城镇化发展的大趋势

河南省扶贫搬迁工程主要采取的是异地集中安置，建设移民社区的方式，并引导贫困农民搬迁至靠近县城区、产业园区、乡镇集镇和公路沿线居住，从事第二、第三产业和劳务活动，这正与城镇化发展的大趋势不谋而合。各县的扶贫搬迁工作基本能与新型城镇化建设相结合，在移民社区的规划建设上，按照新型城镇化建设的要求，统一规划建设。移民社区建设成为地方推进城镇化的一个重要途径和措施，扶贫搬迁以新的方式推进了城镇化进程，有力地促进了新型城镇化建设；反过来，新型城镇化建设，为搬迁群众提供了更舒适、更便利的居住环境，极大地吸引了山区贫困群众踊跃搬迁入住。如栾川县的白土镇，将偏远山区的贫困农民搬迁至

镇区，沿河建设移民社区，实现与镇区基础设施和公共服务的共享。白土全镇总人口14000多人，出于子女上学、儿子结婚、就近就业、方便就医等原因，6000多名偏远山区村民主动选择进入镇区安置，加上镇区原有的2000多人，现在镇区聚集人口已达到8000多人，使得白土镇实际城镇化率接近60%。将扶贫搬迁与城镇化结合，既降低了扶贫搬迁的成本和难度，也有力地支撑了城镇化的推进，二者相辅相成、相互促进。

3. 各地进行积极探索实践，创造了一批扶贫搬迁新模式

各县在扶贫搬迁的工作实践中发挥创造性思维，积极探索，因地制宜，采用各种方式方法，解决项目建设中遇到的困难和问题。如栾川一些乡镇安置点通过整治荒山坡用于群众建房，南召县新征或置换土地用于安置点群众建房，桐柏县安棚镇王湾村通过治理空心村置换土地用于群众建安置房，新县乡镇政府利用原来新农村建设的土地或者采取租赁、购买方式取得安置地的土地使用权。各地经过几年来的摸索，已成功地创造了一批扶贫搬迁模式。移民扩街型，如栾川县白土镇将地处深山峻岭、自然灾害多发区的群众集中安置到沿河的集镇周围。该安置模式，充分发挥安置点交通便利、商业基础好、就业门路较广的优势，便于贫困群众就业发展。产业带动型，如南召县白土岗镇姬村社区，依托丰富的石材资源优势建成了石材开发产业园，90%以上的搬迁群众从事石材加工和销售服务，人均年收入在8000元左右；云阳镇玉兰社区，依托土地资源和交通便利的优势，建成了苗木花卉产业园和交易市场，85%的搬迁群众从事苗木花卉产业的种植和销售服务，人均年收入在1万元左右。中心村安置型，如桐柏县安棚镇王湾村安置点，将山区部分贫困群众搬迁到本乡镇地理位置较好的中心村，配合中心村建设集中安置。这种在本村内集中安置的模式，工作好操作，土地可保留，贫困群众迁出距离又不远，容易接受。公助民建型，如新县乡镇政府利用原来新农村建设的土地或者采取租赁、购买方式取得安置地的土地使用权，办理建设规划许可证等手续，进行土地平整。取得建房用地后，由搬迁户根据统一规划要求自己建房，政府建设水、电、路、学校、卫生室（所）等基础设施，解决安置地的路、饮水、用电、就医、上学等问题。搬迁户入住后，与乡镇签订入住协议书，进行搬迁资金发放公示。资金发放公示后，由县财政局拨付到乡镇财政所，通过"一卡通"形式将补助资金直接发放到搬迁户账户。

4. 扶贫搬迁要与产业发展相结合

各地的实践证明，只有与产业发展相结合的搬迁才可存续，更容易让老百姓实现"稳得住、能发展、可致富"。有些地方由于没有提前规划好产业，老百姓虽已搬过来了，但整日无事可做，加上生活成本增加不少，存在有回迁的念头；相反，那些提前做好产业规划的地方，搬迁户生活稳定。例如，栾川县在群众安置过程中，根据搬迁区地理及资源优势，积极协调引导搬迁区所在政府加强税收优惠、政府帮建等优惠政策，大力引进制药厂、服装加工厂、矿产品深加工、电子加工厂等劳动密集型企业，从而解决了搬迁群众就业问题，起到了让搬迁群众有活干、能致富的目的。

5. 需要一批能干事、愿奉献的人

扶贫搬迁工作是一项复杂的系统工程，政策性强、涉及面广，工作量大、战线较长，担子重、责任大。要如期完成"十三五"规划确定的目标任务，关键在于建设一支敢于担当、甘于奉献、作风扎实、本领过硬的高素质干部队伍。只有这样的一批人，才能具有开拓的勇气和创新的精神，才能执行政策不走样，才能切实维护好、发展好广大贫困群众和移民群众的利益，促进贫困地区和安置区经济社会又好又快发展。

三　主要问题

1. 对扶贫搬迁的认识有待提高

扶贫搬迁是解决深石山区贫困人口的治本之策，是改善区域经济发展环境、实施人口再分布、实现可持续发展的重大举措，是值得研究的重大课题。然而受传统思维的影响，一些地方领导平常重发展经济，轻民生改善，尤其对扶贫搬迁工作重视还不够、研究还不透，一定程度存在认识不清、概念模糊的现象，亟待加以纠正。

2. 对扶贫搬迁政策执行有偏差，存在超标准、超面积，搬迁对象资格审查不严等问题

由于认识不到位，加上扶贫搬迁工作时间紧、任务重，一些地方对扶贫搬迁执行出现局部走样的现象。一是超标准、超面积建设安置房。如南召和桐柏两县，安置房单户面积从 100 多到 200 多平方米的都有，个别安置小区近似建成了"白墅区"，造成了"搬富不搬穷"的现象，脱离了国

家实施搬迁扶贫政策的初衷。二是可能借用搬迁项目而实施街区旧房改造，如桐柏县安棚镇王湾村安置点，虽然有一些是较远地方的扶贫搬迁群众，但也不乏本地居民。三是对搬迁对象资格审查不严，可能造成少数非贫困户借用贫困户搬迁指标购房，如桐柏县，由于对部分搬迁户信息掌握不全，很可能让一些非贫困户混入其中。为正确贯彻落实国家关于扶贫搬迁的各项政策，真正实现精准扶贫，上述问题必须尽快加以纠正。

3. 对扶贫搬迁后续研究不够

目前一些易地扶贫搬迁项目点只解决了搬迁户的居住、交通不便、吃水难等问题，但搬迁后续工作研究明显不足。比如，搬迁农民就业问题，由于后续产业发展周期长，搬迁户脱贫致富尚没有明确的措施和目标；户籍转换问题，搬迁户目前只是从空间进行了转移，农民身份还没有改变，何时转、怎么转为城市户口，还都需要认真研究；安置房产权交易问题，虽然近期基本没有安置房买卖行为，但由于多种原因，未来某些搬迁户势必会存在卖房意愿，而作为集体产权的安置房如何进行产权交易，还缺少明确的政策指引。另外，还有老宅基地的开发利用、后续开发项目的摆布等多方面问题，这些都需要进行及时研究，以便提前出台政策，予以规范。

四 政策建议

1. 强化各级政府对扶贫搬迁工作的认识，切实做到精准扶贫

以工代赈易地扶贫搬迁，是我国扶贫开发工作体系的重要组成部分，是在贫困地区组织实施的一项重要专项扶贫举措，是开发式扶贫和精准式扶贫的重要内容，是一项将脱贫致富、生态保护、社会发展等多项目标协调一致的惠民政策。各级政府要加强对扶贫搬迁工作重要性、必要性和紧迫性的认识，突出搬迁扶贫的性质，抓住"十三五"时期国家加大扶贫攻坚力度的机遇，把当前的扶贫搬迁工作视为突出任务，搞好规划、抓好落实。为落实精准扶贫，针对以前政策执行中的局部偏差，进行及时纠正：一是严控安置房建筑面积，根据国家即将修订的新标准，不得超面积建设；二是严格扶贫搬迁项目的审批，对不符合条件的项目坚决不予批准；三是严格搬迁户资格审查工作，确保每一个享受补贴的搬迁

户都符合政策要求。

2. 加大搬迁后续工作的研究和有关政策的落实

扶贫搬迁的前期已实现了"搬得出",未来如何实现"稳得住、能发展、可致富",还有很多后续工作要做。建议各地要加大对搬迁农民就业、户籍转换、安置房产权交易、老宅基地的开发利用、后续开发项目的布局等问题的深入研究工作,进一步完善易地扶贫搬迁政策,抓好落实。如在解决搬迁户就业问题上,建议国家完善易地扶贫搬迁产业发展政策,在创业基金、小额贷款、税收减免等方面出台扶持政策,真正解决好搬迁农民的长远生计问题。

3. 强调因地制宜,创新搬迁模式

扶贫搬迁工作涉及面广、系统复杂,加上全省各地情况千差万别,在实际操作中一定要因地制宜。鼓励创新搬迁模式,尊重群众生产生活习惯,立足资源特点和环境容量,结合搬迁群众经济承受能力,积极探索符合当地实际、有利于群众致富的安置方式和建设方案。搬迁方案应与旧房改造、新农村建设、新型农村社区空置房源利用等结合起来,尽可能地减少投入,变废为宝。鼓励探索创建产业带动型、移民扩街型、中心村安置型以及新型农村社区(新农村)建设结合型、公助民建型、政府购买闲置商品房型等多种搬迁模式。

4. 加强对老宅基地的利用研究,探索对老宅基地新功能的开发

扶贫搬迁户原有宅基地大多处于闲置状态,未来如何使用,政策上仍不清晰。建议根据各地发展实际,选择性地开发老宅基地的三种功能:一是生产功能,即为搬迁户继续提供从事农业生产的居所;二是过渡功能,就是提供搬迁户从农村到城市的生活过渡期,以免除其后顾之忧。三是旅游功能,就是对原有村落进行整修和改造,用于发展乡村旅游。

5. 加强对现有搬迁户土地流转农业产业化经营组织形式等方面的研究

推进现有扶贫搬迁户土地流转,是摆在扶贫工作者面前亟待研究、亟待解决的课题。河南省各地现有搬迁户土地流转,究竟采用何种组织形式,目前还缺少系统研究。应积极稳妥地推进土地流转和转户进城人员退地的工作,及时满足搬迁农户的耕种需要。同时,加强对一些地方创造的租赁开发型、股份合作型、大户承包型、买断经营型、委托代耕型和户际联营型等组织形式进行深入研究,总结一批成熟经验,选择性推广应用。

6. 全面提高易地扶贫搬迁补贴标准

河南省的易地扶贫搬迁项目因贫困县多、人口多,项目资金总量偏少。同时,国家定的易地扶贫搬迁补助标准为每人6000元,扣除安置小区配套设施建设公摊费用,实际给付搬迁户建房的国家资金补助一般为每户1.7万元左右,而河南省安置房一般建筑成本按照每户100平方计算,需要资金8万~11万元。相比之下,目前这个标准太低,远远不能满足搬迁群众的建房需求。为确保河南省易地扶贫搬迁项目的实施,让更多贫困群众顺利搬迁,实现脱贫致富目标,就必须进一步争取上级加大对易地扶贫搬迁项目的投资,建议将建房补助标准提高。

7. 国家出台政策解决扶贫搬迁土地指标问题

搬迁安置房建设用地是易地扶贫搬迁工作面临的主要问题之一。在国家从严控制建设用地的宏观背景下,搬迁新址的建设用地问题目前仍缺乏具体可行的政策规定,且土地上报的手续复杂,报批流程多,涉及部门多,没有土地批复就无法动工,这样直接影响了易地扶贫搬迁项目的申报和建设。各村又没有公共用地,搬迁中的土地难以解决,且因迁入地和迁出地的土地价值存在很大的差距,即使是置换土地也存在操作上的重大难题。建议国家出台专项政策解决扶贫搬迁土地指标问题:一是参照保障房政策,出台优惠政策,对搬迁安置点用地享受政府划拨,不占用建设用地指标,为乡镇安置点办理国有土地使用证或集体用地使用权登记。二是注重用地协调,把搬迁老村与国土部门土地整治项目相结合,通过土地流转、兑换、转让等方式解决搬迁用地。三是土地开发整理、河道整理等项目新增土地要优先保证扶贫搬迁项目。

8. 国家出台扶贫搬迁税费减免的政策

河南省易地扶贫搬迁安置房建设的各种规费支出一般有:环保费、安评费、墙改基金、社保费、勘探费、测绘费、设计费、监理费、税金、图纸审查费等10余项,平均每平方米需要正常规费120元、每户需要额外交费1.2万元左右。这些如都纳入建设成本,由购房户分摊,则贫困群众负担过重,不利于搬迁工作开展。地方政府又无法将该项开支作为政府支出,建议国家出台专门针对易地扶贫搬迁项目的优惠政策,最大限度地减少群众负担,促进扶贫搬迁工作顺利开展。

9. 加大对涉农资金的整合和部门协调力度

目前用于搬迁资金几乎是"九龙治水"：有国土部门空心村整治资金、水利部门水库搬迁资金、扶贫办移民资金和以工代赈搬迁资金等，都分散在不同部门，都按照各自部门规定要求实施，缺少统筹协调，不能形成政策合力。建议按照统一规划、统一实施、各司其职、各记其功、捆绑使用的原则，尽量整合新农村建设资金、美丽乡村建设资金、农村安全饮水资金、农电改造资金、城镇建设资金等，与上述扶贫搬迁资金配合使用。加强与移民、扶贫、住建、民政、交通、水电等部门的工作衔接，把易地扶贫搬迁项目实施与其他部门的项目实施有机结合起来，实现项目同时规划，资金同时下达，建设同时进行，各部门项目资金打捆使用，最大限度地发挥建设资金的使用效益，降低搬迁群众的入住成本。

10. 提高搬迁安置房面积标准

目前，国家规定的补助建房面积每户40～60平方米，这与广大农村群众实际需求存在较大差异，现行标准明显偏低，比较难以执行。实际操作中，被调研地区执行的标准一般在100平方米左右。建议尊重农民传统生活习惯，根据农村家庭实际需要，将每户安置房面积标准提高到80～120平方米。

11. 加大对后续搬迁地区基础设施的统筹协调研究，防止重复建设和无效投资

本次调研发现，由于有关部门之间缺少沟通，一些偏远山区后续搬迁村，虽早已无人居住或即将无人居住，但道路等基础设施项目还在实施，造成资金浪费。建议，统筹后续搬迁地区基础设施建设，通过协调有关部门，进行现场考察分析，确定停建区域，对于一些确实不适宜生产生活的搬迁区域，不再安排基础设施项目。

执笔：王琪、尹勇、王新

河南省革命老区建设发展调研报告

根据省政协史济春副主席在促进大别山革命老区特色产业发展调研座谈会上的要求，按照委党组工作部署，我们会同地区处组织专门力量，于2016年11月1日至4日先后赴台前、南乐、确山、泌阳、新县进行了实地调研，与三市五县发改、农业、扶贫、环保等部门和有关企业进行了座谈交流，深入了解河南省革命老区建设情况，梳理存在的突出问题和主要原因，提出推进老区振兴发展的措施建议。现将调研情况报告如下。

一 革命老区建设发展的主要成效

河南省革命老区覆盖范围广、人口比重大。目前，经国务院和省政府认定的革命老区县（市、区）共有118个，占全省县（市、区）的74.7%；老区乡镇1234个，占全省乡镇总数的67%；老区行政村29941个，占全省行政村总数的63%；人口5565多万，占全省总人口的56%；土地面积10.4万平方公里，占全省面积的62.3%。新中国成立以来，特别是改革开放以来，在党委和政府的关心支持下，老区人民始终保持发扬战争年代那种革命精神和传统，艰苦奋斗，自强不息，开拓进取，老区综合经济实力显著增强，社会事业全面进步，群众生活明显改善。

（一）扶持政策体系逐步完善

长期以来，历届省委、省政府高度重视老区发展和老区群众生产生活，先后出台了《关于加快老区发展的意见》《关于加快革命老区发展全面建设小康社会的意见》《关于加大脱贫攻坚力度支持革命老区开发建设的实施意见》等一系列重要文件，2015 年成功争取将大别山革命老区振兴发展规划上升到国家层面，着力在深化改革开放、增强产业支撑、完善基础设施、保障改善民生、保护生态环境等方面加大资金投入和扶持力度。特别是"十二五"以来，河南省将扶贫攻坚作为革命老区建设发展的重中之重，先后出台了《关于打赢脱贫攻坚战的实施意见》，扶贫对象精准识别等"五个办法"，"转、扶、搬、保、救"等"五个方案"，教育、交通运输、医疗卫生、水利、电网等"五个专项"，形成了"1＋N"精准扶贫脱贫政策措施体系，不断探索全方位支持革命老区发展的新路径、新模式。目前，河南省 118 个革命老区县（市、区）中有 52 个县（其中，25个为国家集中连片特困地区重点县，12 个为国家扶贫开发工作重点县，15个为省定贫困县），比照西部大开发享受税收减免、转移支付等优惠政策；商城、新县、卢氏等 8 县先后两批纳入国家重点生态功能区生态补偿转移支付范围（全省共 10 个，另有西峡县和内乡县）。同时，有关省辖市、直管县也结合自身实际，出台了一系列专项支持革命老区发展的政策措施，形成相对完善的政策体系，为老区振兴发展提供了坚实的制度保障。

（二）经济综合实力大幅提升

经济发展质量效益逐步提高，主要呈现三个特点。一是总量比重提高。初步测算，2015 年全省 118 个老区县（市、区）生产总值达到25618.4 亿元，占全省 75.1%，比 2010 年提高了 29.5 个百分点；社会零售品消费总额、一般公共预算收入占全省的比重，分别在 2010 年的66.1%、73.1%的基础上提高了 1.1 和 1.2 个百分点。二是发展速度加快。在 101 个老区县（市）中，2015 年生产总值增速高于全省 8.3%平均水平的县（市）达到 80 个，工业增加值增速高于全省 8.6%平均水平的县（市）达到 87 个。三是产业结构优化。全省革命老区三次产比例由 2010年的 16.8：59.5：23.7 调整为 2015 年的 14.1：52.1：33.8，一产、二产增加值占生产总值的比重分别回落 2.7 个、7.4 个百分点，三产增加值比重提高了 10.1 个百分点。

产业实力不断增强。近年来，革命老区依托产业集聚区、服务业"两区"等产业发展载体，持续加大招商引资力度，强化重大项目谋划实施，着力破解资金瓶颈制约，积极承接国内外产业转移，培育形成了 100 多个

产值超百亿的优势产业集群。其中，新郑、巩义、荥阳、新密四市进入
2016 全国县域经济百强名单（工信部公布），林州、长葛、孟州三市产业
集聚区和虞城县特色商业区跻身 2015 年度全省前十强。

特色产业快速发展。各地围绕特色资源开发，不断探索"合作社＋农
户＋基地＋市场"的模式，推动穷人跟着能人走、能人跟着产业走、产业
跟着市场走，着力发展农业新型经营主体，加快耕地、林地、宅基地流
转，拓展延伸产业链条，培育形成了一批具有地方特色和较强竞争力的特
色产业集群。一是特色产业发展格局初步形成。目前，浅山丘陵贫困老区
的生猪、肉牛养殖、鲜奶、肉禽和水禽生产基地已初具规模，果蔬、油
脂、肉类等农副产品加工业均已形成较为完善的产业开发体系。信阳、南
阳优质茶产业链条相对成熟，驻马店花生、芝麻、食用菌、肉牛、生猪等
5 个特色产业集群实力不断增强，正阳花生、平舆白芝麻成为国家地理标
志产品，泌阳花菇畅销海内外。二是乡村旅游快速发展。栾川实施全域旅
游战略，探索"旅游景区＋风情小镇＋特色农庄"的发展模式，将"农村
变景区、村民变创客、民房变客房、产品变商品"，在景区周边和旅游通
道沿线大力发展观光休闲农业，打造乡村旅游新亮点。三是农村电商异军
突起。南乐县在京东、淘宝等电商平台设立特色馆，拓宽豆制品、晚秋黄
梨、西邵莲藕等特色农产品销售渠道；光山、台前两县积极搭建羽绒产业
电商平台，探索走出一条"互联网＋特色产业＋加工基地＋物流速递"发
展的新路子，实现由"背负千件销一地"向"轻点鼠标卖全球"的跨越。

（三）人民生活水平明显改善

近年来，老区群众生活水平持续提高，贫困地区的温饱问题基本解
决，部分革命老区加快向全面小康迈进。一是城乡居民收入大幅提升。初
步测算，2015 年，101 个老区县市的城镇平均工资达到 40183 元/年，比
2010 年增加了 23.1%；城镇和农村居民可支配收入分别达到 22238.8 元和
10646.4 元，比 2010 年增长了 67.5% 和 91.7%。二是社会事业不断完善。
教育投入不断加大，"两免一补"政策基本解决了中小学生上学难问题，
农村中小学校舍有很大改善，全省九年义务教育巩固率、学前三年毛入园
率、高中阶段毛入学率分别达到 94%、78.56%、90.3%，进城务工人员
随迁子女在流入地中小学就读的比例达到 99%。全省基本医疗卫生制度初

步建立，最低生活保障、养老保险等惠民政策全面展开，基本公共卫生服务经费达到每人每年 40 元，为居民免费提供 12 类 45 项基本公共卫生服务，全民医保覆盖面达到 98%，大病保险覆盖全部城乡居民，省内异地就医即时结算全部上线运行。三是住房保障水平稳步增强。"十二五"期间，城镇保障性安居工程和农村危房改造力度加大，全省累计开工保障性安居工程住房 244 万套，开工棚户区改造安置住房 130 万套，发放住房租赁补贴 37.8 万户，完成农村危房改造任务 100 万户。四是公共文化服务得到发展。公共文化服务机制不断创新，公共文化设施建设、文化惠民工程积极推进，城乡群众性文化活动基本普及，开发整理民族、民俗和红色文化资源的力度不断加大，爱国主义教育基地建设和红色旅游景区建设取得明显成效。

（四）精准扶贫脱贫成效显著

目前，河南省革命老区人口共有 299 万人，占全省贫困人口的 51.9%，其中大多数与大别山区、伏牛山区、太行深山区、黄河滩区"三山一滩"地区的脱贫人口重合。近年来，省委、省政府将扶贫攻坚作为推进革命老区振兴发展的一项重要举措，集全省之力加快推进。"十二五"期间，完成对 24.36 万深山区、石山区贫困群众的易地扶贫搬迁，对 5560 个贫困村的整村推进扶贫开发，对 102 万贫困家庭劳动力的"雨露计划"培训，对 56.7 万贫困户的产业扶贫支持，实现 670 万农村贫困人口稳定脱贫，兰考、滑县也将于今年年底率先脱贫摘帽，农村户籍人口贫困发生率由 2010 年底的 14.2% 下降到 2015 年底的 5.7%。同时，各地也积极探索扶贫脱贫的新路径、新模式。台前县坚持"转扶搬保救教，生光电金险"多路并进，建设产业化扶贫基地 18 个，"一村一品"产业小区 50 个，标准化养殖小区 24 个，吸纳贫困人口 4772 人就业。南乐县在大力推进光伏扶贫和电商扶贫的基础上，通过政府购买服务、市场化运营的方式，建设覆盖全县 322 个行政村的城乡环卫一体化系统，使农村 1600 余人脱贫，实现政府、企业、群众和贫困户多方受益。新县积极探索"美丽乡村＋乡村旅游和民宿经济＋增收脱贫"的新模式，举办了全国乡村复兴论坛，在田铺大湾打造首家创客小镇，2016 年前 10 个月接待游客 260 万人次，旅游综合收入达到 12 亿元，其中乡村旅游游客接待量和综合收入占了近五成。

安阳、长垣、遂平、唐河、新县、禹州、栾川等市县，分别打造建筑、厨师、家政、保安、涉外、电子、渔工等知名劳务品牌，以劳务经济发展促进老区群众致富。目前，新县常年在国外务工保持 8000 余人，年实现外汇收入 1 亿多美元，回国创业人数达到 3000 多人，带动了 5.7 万农村富余劳动力脱贫致富。

（五）城乡协调发展稳步推进

革命老区中小城市建设日新月异，城市文化场所、商业区、住宅区、市政建设和美化绿化亮化硬化等现代化气息浓厚，城市功能和承载能力不断增强。一是人口向城镇及二、三产业的转移步伐加快。初步测算，截至 2015 年底，全省老区的城镇化率约为 40.7%，同比提高了 1.9 个百分点；101 个老区县（市）的从业人员达到 5114.8 万人，二、三产业从业人员占从业人员总量的 56%，比 2010 年提高 5.6 个百分点。二是基础设施逐步完善。"十二五"期间，河南省加快推进乡村通畅工程，五年新建、改建农村公路 4.2 万公里，改造危桥 20 万延米，特别是对秦巴山、大别山两个片区共建设县乡道 1718 公里、通乡和通村油路 889 公里，基本形成"广覆盖、深通达、提品质"的交通运输网络，较好地解决了老区群众出行难的问题。农田水利建设工程快速推进，先后投资 1226 亿元，开工建设河口村、出山店、前坪水库，清理整治贾鲁河、伊洛河、北汝河等 6 条重要支流和 362 个中小河流，老区防汛抗旱减灾整体能力大幅提升。农村邮政服务体系逐步完善，全省五年共完成 138 个空白乡镇邮政局（所）补建、605 个乡镇邮政局（所）改造工作、3 万个村邮站建设，实现邮政局（所）全乡镇覆盖。三是美丽乡村建设成效明显。自 2013 年启动"美丽乡村"建设试点以来，截至 2015 年底，全省共投入近 59 亿元，通过竞争立项方式选定并实施 430 个美丽乡村建设项目，打造了一批特色景观旅游名镇（村）和传统村落、传统民居。

（六）生态环境保护持续加强

革命老区干部群众不断解放思想、创新思路，按照"绿水青山就是金山银山"的理念，不断探索实践既保护生态环境又推动经济发展的新路子。一是积极修复老区生态系统。南阳市、济源市、固始县、新县、兰考等革命老区，积极修复和保护辖区内的重要生态保护区、水源涵养区、江河源头区，在 2015 年 6 月成功列入国家级生态县市。二是建立生态功能区补偿机制。河南省前后颁布《河南省主体功能区规划》和《关于健全生态保护补偿机制的实施意见》，建立健全林业、水流生态、湿地生态和耕地等四项保护补偿机制。据统计，2008～2014 年，中央财政共下达河南省国家重点生态功能区转移支付资金 59.41 亿元。三是探索生态激励机制。出台实施了《河南省碳排放权交易管理办法》和《河南省碳排放权配额分配方案》，现已核证自愿减排项目达到 177 个，预计年减排量 2620 万吨二氧化碳当量。2014 年，平顶山市和新密市年度调水 2200 万方的 20 年水权交易顺利进行，开启了河南省跨流域水权交易的实践探索。

回顾河南省多年来促进革命老区建设发展工作，我们深刻地认识到，要实现革命老区的振兴发展，让老区人民群众得到更多的实惠，党委和政府关心重视、高看厚爱是关键，老区人民自力更生、奋发进取是根本，社会力量热情支持、广泛参与是补充，有效的政策扶持、务实的工作举措是保证。

二 革命老区建设发展存在的突出矛盾和问题

总的来看，河南省革命老区经济社会整体发展态势向好，但受历史、自然等因素影响，部分老区还处于发展滞后甚至贫困状态，与发达地区相比，差距有进一步扩大的态势，离全面建成小康社会目标还有较大差距。

（一）扶持政策覆盖不均衡，部分推进措施落实比较困难

长期以来，我国对革命老区建设规划管理始终处于零散的、局部的状态，实施差别化扶持政策，缺少整体性、稳定性、规范性的建设依据，间接导致河南省乃至全国革命老区发展不均衡的局面。从国家近几年先后出台的川陕、左右江、大别山、陕甘宁革命老区振兴规划和支持赣南等原中央苏区振兴发展若干意见内容来看，赣南等原中央苏区的政策含金量较高，国家对其的支持力度也相对较大。从河南省革命老区发展情况看，享受西部大开发政策的老区比其他老区，在发展速度上相对高，在发展质量

和效益上要相对好一些。"十二五"期间，河南省 66 个未享受西部大开发政策的革命老区县（市、区）生产总值年均名义增长 9.2% 左右，较纳入"两个比照"范围的 52 个老区县（市）约低 1.2 个百分点，较 12 个国家扶贫开发工作重点县约低 1.3 个百分点；2010 年，52 个享受西部大开发政策的革命老区县（市）人均生产总值、人均财政收入分别为 15055 元、414 元，分别相当于未享受西部大开发政策的 66 个老区县（市、区）的 42.1% 和 51.3%，到 2015 年分别上升了 8.2 个、5 个百分点。另外，由于缺乏统筹协调、监督问效和实施细则，现有部分扶持措施还存在落实难、推进慢的问题。如《濮阳市建设中原经济区濮范台扶贫开发综合试验区总体方案》中提到的金堤河流域治理工程、引黄灌溉调蓄工程、天然气管道建设工程等，因受限于资金、土地等要素，推进相对缓慢。

（二）基本公共服务能力不足，社会事业和民生领域欠账依然较多

河南省革命老区基本公共服务规模不足、质量不高，城乡区域发展不均衡的矛盾比较突出，服务主体和提供方式相对单一，发展公共服务事业的任务艰巨繁重。一是老区基本公共服务财政供给能力有限。目前，相当一部分老区县（市）没有稳定的和高质量的财源和税源，财政自给率较低，大多数是"吃饭财政"，财政开支大部分靠转移支付维持，对保障改善民生的投入远远不足。初步匡算，2015 年，全省 118 个老区县（市、区）人均一般公共预算收入和支出分别为 1602.4 元、4702.5 元，财政自给率仅为 34.1%，比全省低 10.2 个百分点。其中，财政最为困难的信阳市（含固始县），2015 年一般公共预算总收入 60.4 亿元，总支出 320.2 亿元，缺口高达 260.2 亿元，财政自给率仅为 18.9%，比全省低 25.3 个百分点。二是教育和医疗卫生均等化问题尤为突出。老区教育、医疗资源城乡配置不均，农村中小学基础设施简陋，有的农村家庭因寄宿陪读每年需支出一万余元，群众反映强烈的"看病贵""大班额"等问题没有从根本上得到缓解。2015 年，信阳市教育支出 83 亿元、医疗卫生（含计划生育）支出 45.6 亿元，人均分别为 954 元、524.7 元，相当于全省人均支出的 71.2%、69.8%；驻马店市人均教育、医疗支出也仅相当于全省平均水平的 73.4%、91.4%。另外，由于山区老区工作条件艰苦、工资待遇偏低，人才往往引不来、留不住，

进而形成恶性循环。

（三）贫困现象大面积存在，脱贫攻坚任务艰巨

不少老区村因地理位置偏僻，或处在省际、市县交界，山高路远、林深水冷，且居住分散、交通不畅，再加上生产成本与运输成本较高、文化水平和职业技能低，生存境况艰难。一是贫困面积大、贫困人口多。目前，全省53个贫困县有52个位于革命老区（除内乡县），老区贫困人口高达299万人，总量与陕西（288万）、湖北（308万）全省的贫困人口相当，占河南省贫困人口的51.9%；全省6492个贫困村绝大部分散落在革命老区，贫困村占老区行政村总数的1/5左右。二是相对贫困和因故返贫相互交织。老区面对的不只是贫中之贫、困中之困的绝对贫困，还有大量相对贫困和致富能力弱的广大群众，再加上因灾、因病、因学等特殊事故返贫，到2020年实现全面小康不落一人的任务非常艰巨。据国务院扶贫办建档立卡统计，因病致贫、因病返贫贫困户占建档立卡贫困户总数的42%，患大病的和患长期慢性病的贫困人口疾病负担重。河南省43万深山区、滩区和其他"一方水土养不起一方人"非宜居区域群众，绝大部分分布在革命老区，需要实施易地搬迁扶贫，财力、物力缺口巨大。三是地方脱贫兜底保障压力较大。对于丧失劳动能力，无法通过自我发展实现脱贫的困难群众，扶贫就是兜底。目前，河南省农村低保补差标准是1584元/年，与现行2855元/年的贫困线标准相比，相差1271元/年。据新县初步测算，该县已纳入低保线、未达到脱贫线的还有3371人，要实现农村低保线与贫困线"两线合一"，县财政每年要支出400多万元，而且还有3490名贫困群众未纳入低保，实现应保尽保对地方财政产生很大的压力。

（四）产业整体实力不强，转型发展制约因素较多

目前，河南省革命老区县域经济的发展主要是依托当地自然资源禀赋，产业结构单一，带动能力强的龙头企业不多，能够持续增强老区造血功能和可持续发展的大项目匮乏。一是经济基础薄弱，造血功能不强。老区传统产业竞争力不强，新兴产业尚未形成有效支撑，新的经济增长点难以弥补传统要素优势减弱形成的缺口。初步测算，2015年革命老区52个贫困县的人均生产总值为25454.6元，仅为全省平均水平的65%、全国平

均水平的51.7%。二是产业结构欠优,规模收益不高。老区特色种养业占比少,农产品以粗加工为主,大别山片区16县4区粗加工品和一般加工品占总量的87.1%,精深加工品仅占12.9%。工业中能源资源型企业偏多,创新型、技术密集型企业偏少,部分产业集聚区尚未形成明确的主导产业集群,主导产业增加值比重不足两成。服务业占生产总值的比重为33.8%,低于全省5.7个百分点,电子商务、商务服务、文化创意、乡村旅游、养老健康等新兴产业发展严重滞后,专业市场、大型商品交易平台较少,伏牛山区、大别山的优质土特产销路不畅。三是资源禀赋优势减弱,经济转型升级难度较大。受经济下行压力加大、市场需求增长放缓、企业投资意愿下降等宏观因素影响,近年来老区人口、资源等要素比较优势逐渐减弱,工业企业贷款利率加上资产评估费、中间业务费、理财、贴现等各种费用,综合成本大多在10%以上,再加上产业集群发展的配套基础设施不完善,老区加快产业转型升级难度不断加大。2016年前8个月,驻马店平舆县、遂平县、西平县产业集聚区停产半停产企业均超过20家以上,信阳市家具、纺织产量下降10%以上,郑州、洛阳两市部分老区县新技术企业遭遇技术革新与减少就业两难问题。

(五)农村基础设施建设滞后,生态环境保护任重道远

河南省革命老区大多地处深山区、石山区和传统农区,道路、供水、供电、通信等基础设施相对滞后,环境保护和生态建设任务繁重,对老区快速健康发展形成了一定程度的制约。一是交通、水利等基础设施综合支撑能力不足。目前,老区的道路密度低于全省平均水平,快速通道较少,国道、省道路况较差,县、乡道路等基础设施普遍落后,内联外通的路网结构尚未全面形成,交通运输能力不足、物流成本偏高。特别是鄂豫皖三省交界地区的断头路较多,大别山区中小水库大多建于20世纪50~70年代,受当时社会、经济、技术条件的影响,普遍存在标准不够、设计施工质量差等问题,加上长期运行,投入不足,建筑物老损严重,安全问题比较突出。二是生态发展激励机制还需进一步完善。根据《河南省主体功能区规划》,河南省国家级重点生态功能区的2个县全部为老区县,省级重点生态功能区的11个县(区)中有9个是老区县,在构筑生态屏障、提供生态产品、提升环境质量、维护区域生态安全等方面做出了较大贡献,

同时也牺牲了不少发展机遇。虽然国家和河南省安排了生态补偿资金，但仍不足以弥补相关产业退出所带来的损失。据信阳市初步测算，2015年省级对浉河区、罗山县、光山县的生态转移支付虽然增加到2000万元、1000万元、900万元，但三区县因生态保护而遭受的损失保守估计也达到9000万元、7900万元、12000万元，缺口较大。这些都需要我们高度重视、综合施策、统筹解决。

三 推进革命老区加快建设发展的几点建议

河南省革命老区分布广、摊子大、发展现状不一，当前面临的最大问题是发展不够。推动老区振兴发展，需坚持一手抓经济总量扩张和质量效益提升，一手抓精准扶贫脱贫和民生保障改善，跳出老区看老区，将老区置于全省、中部地区乃至全国大局进行通盘考量，进一步强化顶层设计和基层落实，促进政策、资金、项目、人才共振，扶贫"输血"和"造血"协同，推动老区尽快脱贫致富，在更高的起点上谋求新的发展。

（一）进一步加大政策扶持力度，助力老区振兴发展

推进老区经济社会全面发展，关键是充分发挥党委和政府的支持引导作用，进一步加大向国家的政策争取力度、区域层面的协作力度、省内的倾斜支持力度。

1. 争取设立革命老区经济社会发展基金

设立革命老区经济社会发展基金或投资创业引导基金，用于支持老区经济结构调整，鼓励探索创新产业发展新模式，吸引更多企业和民间资本参与贫困地区的产业扶贫，壮大产业规模，提升质量效益，促进农民就地就业和向技能型转变，实现贫困地区产业的可持续发展和农民的持续增收，缓解目前老区建设和经济社会发展所面临的困难。

2. 争取将革命老区所有县（市）纳入比照西部大开发政策范围

河南省现有52个革命老区县（市）比照西部大开发，享受企业所得税、鼓励类产业项目进口设备关税减免和民生专项转移支付、扶贫资金支持等优惠政策，发展态势相对好于其他革命老区。建议争取国家从东中西区域平衡、省域革命老区间平衡、政策普惠覆盖等方面综合考量，将河南

省其他66个革命老区县（市、区）纳入"两个比照"范围，享受西部大开发政策，推动老区发展整体提速。

3. 争取国家建立大别山革命老区振兴发展部际联席会议制度

为推动赣南等原中央苏区振兴发展，国家建立了专门部际联席会议制度，负责研究解决原中央苏区经济社会发展中的重大问题。目前，大别山革命老区振兴发展规划的实施工作正处于攻坚期，需要国家相关部委对鄂豫皖三省加强指导、协调和支持，细化相关政策，推动沿海发达省市和央企加大对大别山革命老区的结对帮扶，指导三省在特色产业、红色旅游、基础设施建设等方面强化区域战略合作。

4. 争取国家相关部委加大政策倾斜支持力度和扩大对口支援范围

目前，国家相关部分纷纷采取不同措施加大对贫困地区的支持力度，如财政部的彩票公益金项目、国土资源部的国土整治项目、国家旅游局的旅游扶贫试验区、国家林业局的林下经济示范基地等。同时，中央单位对贫困地区的结对帮扶力度也不断加大。据了解，江西省赣州市全境18个苏区县均有中央单位对口支援，吉安、抚州两市共有13个中央单位对口支援。建议进一步加强与国家相关部委的沟通对接，争取国家加大对河南省革命老区特别是大别山革命老区的倾斜支持力度，将河南省重点革命老区县（市）纳入中央单位对口支援范围，明确对口支援单位，下派挂职干部。

5. 建议出台《河南省革命老区发展促进条例》

考虑到老区建设发展的全局性、长期性、艰巨性，建议借鉴湖北、福建等兄弟省份做法，将《河南省革命老区发展促进条例》纳入立法计划，把长期以来河南省历届党委和政府对革命老区建设的基本政策和行之有效的措施办法以法律形式确立下来，推动老区建设走上法制化、规范化的轨道。

（二）进一步保障和改善民生，让老区人民全面分享改革发展成果

实现老区的振兴和持续健康发展，确保全面小康不落一人，需要不断提高老区公共服务共建能力和共享水平，解决好老区人民群众最关心、最直接、最现实的利益问题。

1. 持续加大对人的投入

导致老区发展滞后的一个最关键、最核心制约因素，就是人的因素。

建议进一步加大对老区教育的投入，全面提升老区人民文化水平和职业技能，通过扶智、扶业、扶技，授人以渔，激发活力，增强贫困地区和贫困家庭的自我发展能力。一是优化完善老区农村义务教育学校布局。支持老区农村中心小学办成寄宿制学校，对人口稀少、地处偏远、交通不便的老区农村优先保留或设置村小或教学点，争取"十三五"期间对老区的每个乡（镇）新建或改扩建1~2所农村寄宿制中心小学。二是完善优质教育资源向老区倾斜机制。建议出台针对老区农村中小学职教人员的职称评定、职务晋升、专项补贴等优惠政策，扩大面向老区的高校专项招生规模。三是建立健全基础教育和职业教育跨区域协作机制。建议制订老区初中毕业生到省内外较发达地区重点职业教育学校接受教育的实施方案，争取推动省内外高等院校、重点中小学与老区农村中小学建立结对帮扶关系，分区域、分批次对全省革命老区基础教育骨干教师进行系统培训。

2. 凝聚扶贫攻坚合力

当前推进老区建设发展的首要任务，就是紧盯"两不愁三保障"目标，实施精准扶贫脱贫。一是争取国家将河南省所有易地扶贫搬迁任务的老区县全部纳入增减挂钩节余指标在省域范围内流转使用的范围。目前，国土资源部已将河南省19个国家贫困县和5个省级贫困县纳入享受此项政策的范围，但仍有29有易地扶贫搬迁任务的县（均为革命老区县）未纳入。二是争取国家加大对老区贫困县的投入力度。按照《中共中央、国务院关于打赢脱贫攻坚战的决定》中"严格落实国家在贫困地区安排的公益性建设项目取消县级和西部连片特困地区地市级配套资金的政策"要求，建议争取国家对河南省革命老区的贫困县（市）比照西部连片特困地区享受取消地市级配套的政策，争取中央财政对老区贫困县公益性建设项目取消县级配套后的资金缺口予以支持。三是建议出台低保线与扶贫线"两线合一"的实施方案。河南省低保和扶贫两者重合覆盖的人口很少，要实现信息共享、标准互通，充分发挥好保障兜底政策和扶贫政策的共振作用，建议借鉴河北、贵州做法，出台分步骤、分区域推进"两线合一"的工作方案，充分体现帮贫不帮懒、救贫不救懒的原则，从根本上提高老百姓的脱贫积极性。

（三）进一步提升产业规模质量，增强老区自主发展能力

促进老区从根本上摆脱落后局面，需结合当地资源禀赋，选准产业主

攻方向，不断提升产业规模和产出效益，增强自主"造血"功能和可持续发展能力。

1. 完善主导产业转型提质机制，壮大优势产业集群

针对老区资源原材料产业比重高、主导产业竞争力不强、发展态势分化等问题，建议进一步加强对老区县（市、区）产业发展的扶持力度。一是增强老区产业集群内生发展能力。引导老区各县（市、区）明晰产业链纵向整合、同类企业集群共生、制造业与生产性服务业融合发展等产业集群发展路径，合理选择细分领域，确立转型主攻方向，完善基础和配套设施，强化资金、土地、人力资源等要素保障，多措并举盘活产业集聚区厂房、设备、土地等闲置资产。支持老区以产业集聚区为单位组建售电公司，加大对老区骨干企业实施生产智能化、绿色化、循环化改造的专项资金支持力度。二是支持引导老区创新招商方式。用足用好国家对注册在贫困地区企业的上市"直通车"政策，支持老区引进一批具有一定研发创新能力的技术密集型和劳动密集型企业，以骨干企业延链条、聚配套、强集群，真正将资源优势转化为经济优势和产业优势。

2. 完善特色产业培植扶持机制，丰富老区人民创业致富路径

充分利用革命老区自然资源丰富、生态环境良好的比较优势，制定产业扶持方案，设立特色产业发展基金，完善农民工返乡就业激励政策，支持老区因地制宜发展投资少、风险小、带动强、发展快，具有一定竞争优势的特色林果、畜牧养殖、乡村旅游、农产加工、电商流通、劳务输出等特色产业。一是选准发展方向。引导老区立足自身实际，宜农则农、宜林则林、宜牧则牧、宜商则商、宜游则游，形成特色发展、规模经营、互补共赢的产业布局。二是创新扶持方式。探索托管、合作、股份、银行融资等帮扶模式，加快建设一批持续惠及老区群众的特色产业基地。三是强化要素保障。加快农村耕地、林地、宅基地流转步伐，扩大政府购买电商、乡村旅游、技能培训等社会服务规模，完善道路、信息网络、垃圾污水处理等基础设施，为老区特色产业发展奠定基础。

3. 健全农业综合效益提升机制，促进老区农民持续增收和农业可持续发展

当前，老区农业结构不优，呈现"两高一低"（种植业比重高、畜牧业比重低、粮食占种植业比重高）格局，在粮食高产量高进口高库存、种粮成本刚性上升、价格下行压力加大的新常态下，加快推进种养业供给侧结构性改革对老区农业发展尤为重要。一是加快种养业结构调整。引导老区各县（市）结合自身生态类型、资源承载能力和发展基础，推进优质小麦、优质花生、优质草畜、优质瓜果规模化生产，促进特色农业向拳头产品集结、生产布局向重点区域集结，逐步提高农业比较效益。二是促进农业规模化经营。深化农村土地制度改革，加快推进所有权、承包权、经营权三权分置改革，着力培育专业大户、家庭农场和新型农业合作组织，支持开展代耕代种、联耕联种、土地托管等专业化生产性服务，强化农产品加工增值链、资源循环利用链、质量全程控制链的有机融合，促进种养户向带动主体集结、资源要素向产业链条集结，提升农业产业化水平。三是推进农村产业融合"百县千乡万村"试点。创新农业内部融合、链条延伸融合、多种功能融合等模式，大力发展特色种植业、设施园艺、生态休闲业、创意农业和农产品加工业，促进农业生产、生态、观光、休闲、科普教育多态复合，让老区农民分享更多的产业链和价值链增值收益。

（四）进一步加强生态环境保护，提升老区可持续发展能力

豫南革命老区是国家重要的生态功能区，丹江口库区是南水北调的水源地，在国家生态安全格局中的地位突出。保护好、开发好、利用好革命老区的生态资源，实现在发展中保护、在保护中发展，需要进一步加大投入力度，探索创新生态文明建设机制。一是争取将部分承担生态功能的老区县调整为国家级、省级重点生态功能区，划定红线保护范围，享受国家和河南省相应标准的生态转移支付。二是支持老区重点生态功能县与受益地区通过资金补偿、对口协作、产业转移、人才培训、共建园区等方式建立横向补偿关系。三是建立省级生态保护补偿资金投入机制，加大对承担生态保护功能老区县的支持力度。四是支持老区加强林业碳汇建设，实施林业生态工程，争取更多的老区生态县列入国家天然林资源保护二期工程。

执笔：张长星、袁伟、尹勇、李守辉

图书在版编目（CIP）数据

河南省践行新发展理念对策研究：河南省发展和改
革委员会经济研究所成果选编：2016/河南省发展和改
革委员会经济研究所编．--北京：社会科学文献出版社，
2017.11

ISBN 978 - 7 - 5201 - 1468 - 4

Ⅰ.①河…　Ⅱ.①河…　Ⅲ.①区域经济发展 - 研究 -
河南 - 2016②社会发展 - 研究 - 河南 - 2016　Ⅳ.
①F127.61

中国版本图书馆 CIP 数据核字（2017）第 240128 号

河南省践行新发展理念对策研究

——河南省发展和改革委员会经济研究所成果选编（2016）

编　　者／河南省发展和改革委员会经济研究所

出 版 人／谢寿光
项目统筹／王晓燕
责任编辑／李建廷　王晓燕

出　　版／社会科学文献出版社·人文分社（010）59367215
　　　　　地址：北京市北三环中路甲 29 号院华龙大厦　邮编：100029
　　　　　网址：www.ssap.com.cn
发　　行／市场营销中心（010）59367081　59367018
印　　装／三河市尚艺印装有限公司

规　　格／开　本：787mm×1092mm　1/16
　　　　　印　张：21.5　字　数：342 千字
版　　次／2017 年 11 月第 1 版　2017 年 11 月第 1 次印刷
书　　号／ISBN 978 - 7 - 5201 - 1468 - 4
定　　价／79.00 元

本书如有印装质量问题，请与读者服务中心（010 - 59367028）联系